文库编委会

主　编：李建平

副主编：廖福霖　苏振芳　何贻纶　李建建

编　委：（按姓氏笔划排列）

王岗峰　刘义圣　何贻纶　李建平
苏振芳　陈少辉　陈永森　陈桂蓉
吴有根　张华荣　杨立英　林　卿
林子华　林旭霞　林修果　郑又贤
郑传芳　赵麟彬　郭铁民　黄晓辉
俞歌春　蔡秀玲　廖福霖　潘玉腾

福建师范大学省重点学科建设项目

马克思主义哲学研究专辑
专辑主编 王岗峰

马克思主义理论与现实研究文库
主编 李建平

林可济/著

《自然辩证法》研究

A Study of Dialectics of Nature

社会科学文献出版社
SOCIAL SCIENCES ACADEMIC PRESS (CHINA)

马克思主义理论与现实研究文库
总序

神州大地风雷激荡，海峡西岸春潮澎湃。福建师范大学省重点高校建设项目《马克思主义理论与现实研究文库》与大家见面了。

本文库以坚持、发展和弘扬马克思主义为宗旨。这既是神圣的使命，又是历史的责任。马克思主义问世已经一个半世纪了，尽管她遭遇到各种各样的围攻、谩骂、禁锢、歪曲……但仍顽强地成长、广泛地传播、蓬勃地发展；尽管也有成百上千种理论、学说来与之较量，企图取而代之，但都无法得逞。"苏东剧变"虽然使世界社会主义遭受严重挫折，但无损马克思主义真理的光辉。马克思主义者在认真总结"苏东剧变"的教训后，将使马克思主义理论变得更纯洁、更成熟，朝着更健康的方向发展。

当20世纪即将结束的时候，英国广播公司在全球范围内举行过一次"千年风云人物"网上评选。结果，马克思被评为千年思想家，得票高居榜首。中国共产党人80多年来，坚持以马克思主义为指导，取得了革命和建设一个又一个的胜利，开创了中国特色社会主义道路，把一个贫困落后的中国，变成一个初步繁荣昌盛、欣欣向荣的中国。在进入21世纪后，中国共产党人再次庄严宣告，马克思主义是我们立党立国的根本指导思想，是全党全国人民团结奋斗的共同思想基础，并且以极大的决心和气魄，在全国实施马克思主义理论研究和建设的宏大工程，在马克思主义发展史上留下光辉的篇章。

马克思主义之所以具有如此强大的生命力和竞争力，在于她具有以下五个突出的品格。

一是科学性。一种理论、观点能称为科学，它必须满足两个条件：一是合理地解释历史的发展，特别是其中的一些难题、怪象；二是有效地预见未来，并为尔后的实践所证实。列宁在评价马克思一生中的两大发现之一唯物史观时这样写道:"马克思的历史唯物主义是科学思想中的最大成果。过去在历史观和政治观方面占支配地位的那种混乱和随意性,被一种极其完整严密的科学理论所代替。这种科学理论说明,由于生产力的发展,从一种社会生活结构中发展出另一种更高级的结构,如何从农奴制度中生长出资本主义。"① 中国改革开放20多年的实践已向世人有力地证明中国所选择的建设中国特色社会主义道路及其指导思想马克思主义是完全正确的,而西方一些别有用心的人士所鼓吹的"中国崩溃论"等论调则是完全错误的。

马克思主义是科学,这就要求我们以科学的态度对待马克思主义。针对林彪、"四人帮"肆意割裂、歪曲毛泽东思想,邓小平提出要完整、准确地理解毛泽东思想,这是十分正确的。同样,我们对马克思主义的主要创始人马克思的学说也要完整、准确地理解。在这方面,由于种种原因,我们还做得不够理想。例如,对马克思主义哲学,我们主要通过恩格斯、列宁,甚至斯大林的著作来了解,而对马克思在《资本论》中所应用的十分丰富的辩证法思想,则研究得不多。《资本论》虽然主要是研究资本主义的这一特殊的市场经济,但同任何特殊事物中都包含着一般一样,透过资本主义市场经济这一"特殊",马克思也揭示了市场经济的"一般",这个"一般"对社会主义市场经济也是同样适用的。因此,我认为要从现时代的观点重新解读《资本论》,发掘那些有益于建设社会主义市场经济的东西。学术界有人提出要"回到马克思"、"走近马克思"、"与马克思同行",但最重要的是要完整、准确地理解马克思。恩格斯在《资本论》第二卷序言中写道:"只要列举一下马克思为第二卷留下的亲笔材料,就可以证明,马克思在公布他的经济学方面的伟大发现以前,是以多么无比认真的态度,以多么严格的自我批评精神,力求使这些发现达到最完善的程度。"② 因此,我们对待马克思的著作,对待马克思的一系列"伟大发现",也要采取"无比认真的态度"和"严格的自我批评精神"。只有以科学的精神和科学的态度才能产生科学的结论。

二是人民性。列宁指出:"马克思学说中的主要的一点,就是阐明了无产阶级作为社会主义社会创造者的世界历史作用。"③ 马克思主义从来没有

---

① 《列宁选集》第2卷,人民出版社,1995,第311页。
② 《马克思恩格斯全集》第24卷,人民出版社,1972,第4页。
③ 《列宁选集》第2卷,人民出版社,1995,第305页。

隐讳，她是为无产阶级服务的，是无产阶级认识世界和改造世界的思想武器。但是，无产阶级又是人民群众的一部分——当然是核心部分。无产阶级的利益和广大人民群众的利益是相一致的，而且，无产阶级只有解放全人类，才能最后解放自己。可以说，马克思主义不仅是反映无产阶级利益的学说，同时也是反映最广大人民群众利益的学说。阶级性和人民性本质上是相一致的，只不过在不同的时期强调的侧重点有所不同罢了。在革命战争年代，强调马克思主义的阶级性，是完全必要的，也是十分正确的；在社会主义建设时期，随着社会主要矛盾的转换，在坚持马克思主义阶级性的同时，应该强调她的人民性，强调马克思主义反映最广大人民群众的根本利益要求。"三个代表"重要思想以及科学发展观、"执政为民"、"以人为本"、构建和谐社会、开展荣辱观教育等理论，一经问世就广为流行，受到了人民群众的热烈拥护，就是因为它们具有鲜明的人民性。过去很长一段时间中，由于受"左"的思潮的影响，我们把人权看成是资产阶级的观点，采取回避、批判的态度，结果在国际政治斗争中经常处于被动境地。这一情况在20世纪90年代发生了根本变化。1991年11月1日中国正式公布了《中国的人权状况》（又称《中国人权白皮书》），高度评价人权是一个"伟大的名词"、"崇高的目标"，是"长期以来人类追求的理想"。以此为开端，中国掀起了研究人权、关心人权、维护人权的热潮，人权理论成了马克思主义理论体系的一个重要组成部分。从人权理论在我国所发生的变化，说明人民性的确应该成为马克思主义的一个重要特征。

三是实践性。"强调理论对于实践的依赖关系，理论的基础是实践，又转过来为实践服务。判定认识或理论之是否真理，不是依主观上觉得如何而定，而是依客观上社会实践的结果而定。真理的标准只能是社会的实践。"①毛泽东同志在将近70年前讲的这段话，至今仍十分正确。马克思主义是放之四海而皆准的普遍真理，因为她揭示了人类社会发展的客观规律，为人类进步、社会发展，为全人类的最后解放指明了正确方向；但在实际运用马克思主义的理论时，又要同各国的具体实践相结合，不能生搬硬套，不能搞教条主义。实践在发展，马克思主义本身也要随着实践的发展而发展。马克思主义虽然诞生于19世纪，但她没有停留在19世纪。作为一个开放的理论体系，150多年来，她始终与时代同行，与实践同步。党的十六大把"与时俱

---

① 《毛泽东选集》第1卷，人民出版社，1991，第284页。

进"作为中国共产党新时期思想路线的重要内容，把能否始终做到实践基础上的理论创新当做我们必须长期坚持的治党治国之道，正是对马克思主义实践性的高度重视和深刻体现。

社会实践是检验科学与非科学、真理与谬误的巨大试金石。当苏联解体、东欧剧变时，西方一些人兴高采烈，并且迫不及待地兜售所谓的"华盛顿共识"，把它当成是解决各国社会经济危机、走向繁荣富强的灵丹妙药。但实践表明，推行"华盛顿共识"的国家非但没有摆脱危机，反而陷入了更深重的灾难，"华盛顿共识"不得不宣告失败。与之形成鲜明对照的是，中国坚持和发展马克思主义，走中国特色社会主义道路，取得了令世人瞩目的伟大成绩。中国的成功实践已在国际上逐步形成了"北京共识"，这既是中国20多年来改革开放实践的胜利，也是中国化的马克思主义的胜利。

四是战斗性。马克思在《资本论》第一卷的序言中写道："在政治经济学领域内，自由的科学研究遇到的敌人，不只是它在一切其他领域内遇到的敌人。政治经济学所研究的材料的特殊性，把人们心中最激烈、最卑鄙、最恶劣的感情，把代表私人利益的复仇女神召唤到战场上来反对自由的科学研究。"① 由于马克思主义公然申明是为无产阶级和广大人民群众谋利益的，所以从她一问世，就受到了敌人的百般攻击，在其生命的途程中每走一步都得经过战斗。马克思一生中的主要著作大多是和资产阶级思想家进行论战的记录，就连《资本论》的副标题也是资产阶级"政治经济学批判"。"正因为这样，所以马克思是当代最遭嫉恨和最受诬蔑的人。"② 可是，当马克思逝世的时候，在整个欧洲和美洲，从西伯利亚矿井到加利福尼亚，千百万战友无不对他表示尊敬、爱戴和悼念。恩格斯十分公正地说："他可能有过许多敌人，但未必有一个私敌。"③

在我国，马克思主义已经处于意识形态的指导地位，在马克思主义的指引下，全党全国人民正在为实现第三步战略目标、推进现代化建设而努力。但是，也要清醒地看到，在新的历史条件下，巩固马克思主义在意识形态领域的指导地位面临的形势是严峻的。从国际看，西方敌对势力把中国作为意识形态的主要对手，对我国实施西化、分化的图谋不会改变。从国内看，随

---

① 《马克思恩格斯全集》第23卷，人民出版社，1972，第12页。
② 《马克思恩格斯选集》第3卷，人民出版社，1995，第777页。
③ 《马克思恩格斯选集》第3卷，人民出版社，1995，第778页。

着社会主义市场经济的发展和对外开放的扩大，社会经济成分、组织形式、就业方式、利益关系和分配方式日益多样化，人们思想活动的独立性、选择性、多变性和差异性进一步增强。在这种情况下，出现非马克思主义甚至反马克思主义的思想倾向，也就不可避免了。面对这种挑战，我们不能回避，不能沉默，不能妥协，更不能随声附和、同流合污。苏联、东欧的前车之鉴，我们记忆犹新。我们应该表明态度，应该奋起反击，进行有理有据有说服力的批判，以捍卫马克思主义的科学尊严。例如，有人肆意贬低、歪曲、否定马克思的劳动价值论，企图动摇马克思主义政治经济学大厦的基石，难道我们能听之任之吗？有人千方百计地要把"华盛顿共识"推销到中国来，妄图使中国重蹈拉美、俄罗斯、东欧和东南亚一些国家的覆辙，我们能袖手旁观吗？当然不能！这不仅是党性立场所致，也是科学良知使然！在这一点上，我们应该向德国工人运动的老战士、杰出的马克思主义理论家弗朗茨·梅林学习，他在一个世纪前写的批判各种反马克思主义思潮的论文（已收入《保卫马克思主义》一书中，苏联1927年版，中文版为人民出版社1982年版），今天读来仍然感到新鲜和亲切。

五是国际性。1848年，当马克思、恩格斯出版《共产党宣言》，发出"全世界无产者，联合起来"的号召时，就注定了马克思主义是一种超越地域、肤色、文化局限的国际性的思想理论体系。当今，方兴未艾的经济全球化浪潮正深刻地影响着世界各国的经济社会进程，尽管这种影响有其积极的一面，但也会给许多发展中国家造成消极的甚至是严重的后果。这已为许多事实所证明。如何在经济全球化进程中趋利避害，扬善去恶，除了以马克思主义作指导外，别无其他更好的主义。因此，马克思主义的国际化，现在比以往任何时候都显得重要和迫切。西方垄断资本出于维护其根本利益的考虑，竭力反对马克思主义的国际化，也就不足为奇了。

中国共产党人把马克思主义普遍真理与中国具体实践相结合，产生了中国化的马克思主义，指引中国的革命与建设不断取得新的胜利。随着中国改革开放的不断深入、综合国力不断强大、人民生活不断改善、国际地位不断提高，世界各国对中国的兴趣日益浓厚。因此，"北京共识"、"中国模式"逐渐成为国际论坛的重要议题。看来，中国化的马克思主义正在走向世界，这不仅是马克思主义在中国85年发展的必然，也是当今世界经济社会形势发展的必然。作为中国的马克思主义者，应该感到自豪，因为对马克思主义的发展作出了自己的贡献；应该要有广阔的国际视野，不仅要关注世界的风云变幻,也要了解和研究国外马克思主义研究的动态。要积极推进国际的学术交流与合作,让中国化的马克思主义为世界各国朋友所了解,并与他们一道,共同推进马克思主义的发展。

以上所述马克思主义的五大品格,也是本文库所遵循的指导思想。福建师范大学历来重视马克思主义理论的教学与研究,20多年来在本科生、研究生中坚持开设《资本论》和其他马克思主义原著课程,出版、发表了许多用马克思主义立场、观点和方法分析问题、解决问题的论著。学校把马克思主义理论研究和学科建设紧密结合起来,迄今已获得理论经济学、历史学、中国语言文学等一级学科博士点、博士后科研流动站和马克思主义原理、马克思主义中国化、思想政治教育等二级学科博士点,培养了一大批有志于马克思主义理论教学和研究的学术骨干。2006年初,学校整合相关院系师资,成立了马克思主义研究院。本文库是学校学习、研究、宣传马克思主义理论的重要阵地,也是开展对外学术交流的重要平台。

本文库初步安排10辑。大体是:马克思主义哲学研究;《资本论》与马克思主义经济理论研究;中国社会主义市场经济研究;马克思主义中国化研究;思想政治教育研究;马克思主义发展史研究;社会主义经济发展史研究;国外马克思主义研究;西方经济学与当代资本主义研究;建设海峡西岸经济区研究等。每辑出若干本著作,计划用10年左右的时间,出版100本著作。本文库的出版得到福建省重点高校建设项目的特别资助和社会科学文献出版社的大力支持,在此表示衷心感谢!

胡锦涛同志十分重视实施马克思主义理论研究和建设工程,勉励参与这一工程的学者要进一步增强责任感和使命感,满腔热忱地投身这一工程,始终坚持解放思想、实事求是、与时俱进,大力弘扬理论联系实际的马克思主义学风,深入研究马克思主义基本原理,深入研究邓小平理论和"三个代表"重要思想,深入研究重大的理论和实际问题,为马克思主义在中国的发展,为全面建设小康社会、开创中国特色社会主义新局面作出新的更大的贡献。这段语重心长的话,也是本文库所追求的终极目标。

是为序。

李建平
2006年3月31日

序　言

关于自然辩证法，我国已经出版的著作很多。这些著作主要有两类：一是对恩格斯的名著《自然辩证法》的解说、辅导、导读，一是对作为一门学科的自然辩证法的系统表述。真正对《自然辩证法》一书进行深入系统研究的著作并不多。林可济同志的《〈自然辩证法〉研究》一书，在我匆匆翻阅一遍之后，给我的突出的印象就是，它确实是一本作者对《自然辩证法》进行了多年认真的科学研究，有自己独立见解的学术成果。我认为本书作为一项科研成果有以下特色。

首先，作者对《自然辩证法》的科学体系提出了自己的理解。《自然辩证法》不是一本系统的著作，而是一堆未完成的手稿和札记，但恩格斯本人是有一个思想体系的，多处谈到过他的想法，虽然他始终没有形成一个明确而又完整的自然辩证法理论体系。作者根据恩格斯的一些提示，从自然辩证法这门学科的研究对象出发，有选择地吸收了前人的研究成果，提出了自己所理解的《自然辩证法》的科学体系，即本书的第五、六、七章，分别是自然认识史、自然界的一般规律和认识规律、自然史（包括各基础学科的哲学问题）。这个体系既包括了《自然辩证法》的全部内容，也比较接近恩格斯研究自然辩证法的思路。

其次，作者没有回避《自然辩证法》出版以来遭遇到的质疑、挑战和反对，而是直截了当地提出这些问题，如实介绍各种不同观点，最后作出自己的分析和结论。在恩格斯的著作中，《自然辩证法》是争论最大的一本。许多自称为马克思主义者的学者认为作为一种理论的自然辩证法是对马克思，从而是对马克思主义的背离，马克思根本没有什么自然辩证法，只有历史辩证法，即唯物史观，自然辩证法以及沿着这条思路出现的辩证唯物主义是恩格斯以及普列汉诺夫、列宁、斯大林强加于马克思以及马克思主义身上的。这种观点不仅在西方广为流行，在我国也有不小的市场。至于在马克思主义理论界以外的西方科学哲学对自然辩证法和《自然辩证法》一直是采取否定甚至蔑视的态度。这种状况逼得我国理论界和教育界为了与世界"接轨"，不得不用科学技术哲学这一名称来取代自然辩证法。究竟自然辩证法能否成立？这对于马克思主义哲学显然不是一个局部问题，而是一个生死攸关的根本问题。有些学者对《自然辩证法》的反对采取了比较缓和的态度，认为它仅仅反映了19世纪自然科学发展的水平，今天早已过时了。此外，关于《自然辩证法》还有一系列其他问题。本书作者也用了三章的篇幅来处理这些问题，即第八章谈《自然辩证法》的历史地位，第九章谈它的现代意义，第十章谈当代科学如何丰富和发展了自然辩证法。作者十分令人信服地论证了自然辩证法就是马克思和马克思主义的自然哲学以及自然观与历史观的辩证统一，反驳了否定自然观或割裂自然观与历史观的统一的观点。特别令人感兴趣的是，尽管西方自然科学界不重视自然辩证法和《自然辩证法》，作者仍然举出了一些著名的自然科学家对《自然辩证法》的高度评价，如日本的坂田昌一、宫原将平、比利时的普利高津、中国的钱学森等。普利高津的高度评价具有特殊的意义，因为20世纪下半叶自然科学的最突出的发展就是系统自组织理论的出现，而普利高津是其主要代表之一。这就是说，恩格斯在19世纪下半叶创立的自然辩证法经过20世纪上半叶的被冷落，在它创立100年后开始为自然科学界所理解。作者还提到在20世纪的著名科学家中，爱因斯坦对《自然辩证法》的评价不高。对于爱因斯坦与普利高津的不同评价，作者引用了曾国屏同志的解释，即认为爱因斯坦毕生从事的是对物质世界的存在统一性的追求，这就限制了他对恩格斯从哲学上达到的物质世界的演化统一性的理解；而普利高津则在自然科学上架起了从存在到演化的桥梁，从而深刻理解了《自然辩证法》的重要价值。这预示着《自然辩证法》所开辟的事业经过了一个否定之否定之后，将进入一条发扬光大的坦途。这是意味深长的。作者不是简单地反驳各种对《自然辩证法》的批评或冷落，而是把这种现象同自然科学发展的历史结合起来考虑，这是科学的态度。

第三，作者对自然辩证法和《自然辩证法》所提出的各种观点和论断是实事求是的。除上述内容而外，作者还对自然辩证法这门学科的研究对象、历史渊源以及《自然辩证法》的写作与出版过程进行了考察，提出了许多观点。全书提出的各种论断都是从材料出发，从事实出发，言之有据，平实稳妥。在谈到恩格斯关于自然界的各种观点时，作者总是把它们同现代科学发展水平相比较，一方面说明恩格斯的基本观点的科学性，一方面说明其历史局限。作者说："恩格斯的基本观点不会过时但要发展。"这是完全正确的，足以表明作者的科学态度。

《自然辩证法》并非句句是真理，但它所创立的自然辩证法（自然哲学）是科学的，是不可能被推翻的。如果能把它置于当代自然科学的基础之上加以丰富和发展，并正确地运用它的基本观点来指导自然科学的研究，我国的自然科学将步入空前的繁荣兴旺的状态。我相信，在这个事业中，林可济同志的著作将发挥出它的积极的作用。

黄枬森

1997年7月于北京大学未名湖畔

再版自序
《〈自然辩证法〉研究》的写作缘起

自然辩证法是马克思主义哲学的一个分支学科,将马克思主义哲学的一个研究领域定名为"自然辩证法"是恩格斯作出的。虽然恩格斯的未完成著作《自然辩证法》的书名,并不是他自己确定的,但他在逝世前不久,将有关这一著作的所有论文和札记分成四束,并把最接近完成的六篇论文放在第三束,而这一束的标题就是:"自然辩证法"。后人以此作为书名,出版这一著作,也是顺理成章的。正是这部未完成的著作开辟了马克思主义哲学的一个新的研究领域,而它也成为以后发展起来的一个新分支学科的奠基性著作。

马克思主义理论的创立是以马克思的名字命名的,这是人所共知的事实。但是,由恩格斯所开辟的"自然辩证法"这个新领域及其基本思想,是否得到马克思的首肯?长期以来,这成为许多研究者,特别是西方学者提出的一个引人关注的问题。这是一个"真问题",还是一个"伪问题"?以前有争议,今后也还可能存在争议,人们当然可以见仁、见智,各自保持自己的看法。

我一直认为,在对自然辩证法这个领域的开辟及其基本观点方面,并不存在马克思与恩格斯的根本对立和原则性的差异。换句话说,马克思与恩格斯在关于马克思主义哲学的基本定位和哲学的本性上,两人的基本观点是一致的;当然,这并不排除他们在阐释的角度和侧重点上的若干差异。

本书不是全面研究恩格斯的整个思想,甚至也不是研究恩格斯的整个哲学思想。本书研究的只是恩格斯的未完成手稿《自然辩证法》,因此,我无意去探讨两位伟大思想家整个思想或整个哲学思想的关系,以及两者之间的同与异。全书在相关的章节中,已经阐述了马克思关于人与自然关系的若干基本观点，以及他对恩格斯从事自然辩证法方面创作、研究，所持的支持态度。只要读者浏览了全书，便可一目了然。

只要是读过恩格斯晚年的成熟著作《路德维希·费尔巴哈和德国古典哲学的终结》，一定不会不对恩格斯的下列一段话留下深刻的印象。恩格斯在书中讲到"从黑格尔学派的解体过程中还产生了另一个派别"，指出"这个派别主要同马克思的名字联系在一起的"。对这句话，恩格斯加写了一段重要的注释。他说：

> 近来人们不止一次地提到我参加了制定这一理论的工作，因此，我在这里不得不说几句话，把这个问题澄清。我不能否认，我和马克思共同工作40年，在这以前和这个期间，我在一定程度上独立地参加了这一理论的创立，特别是对这一理论的阐发。但是，绝大部分基本指导思想（特别是在经济和历史领域内），尤其是对这些指导思想的最后明确的表述，都是属于马克思的。我所提供的，马克思没有我也能够做到，至多有几个专门的领域除外。至于马克思所做到的，我却做不到。马克思比我们大家都站得高些，看得远些，观察得多些和快些。马克思是天才，我们至多是能手。没有马克思，我们的理论远不会是现在这个样子。所以，这个理论用他的名字命名是理所当然的。①

从恩格斯的这一段话中，再清楚不过地表明：恩格斯在一定程度上独立地参加了马克思主义理论的创立，虽然是以马克思的名字来命名这个理论，但他们两人的基本观点是一致的。恩格斯所说的马克思本人没有从事过的"几个专门的领域"之中，除了众所周知的军事学领域之外，"自然辩证法"就是"几个专门领域"中的一个。只要不抱成见，不带偏见，就不难由此得出，马克思会与恩格斯在对待这一专门领域的基本态度和基本观点上，并不存在什么根本对立或原则性的分歧。从本书对恩格斯撰写《自然辩证法》的几个主要阶段的阐述中，人们也不难看出，我们在这里这样说并不仅是逻辑的推论，而是客观存在的事实。

既然"自然辩证法"是马克思主义哲学的重要组成部分，又是恩格斯着重研究的"几个专门领域"之一，那么，要了解"自然辩证法"的基本

---

① 《马克思恩格斯选集》第4卷，人民出版社，1995年，第242页。

原理，恩格斯撰写的《自然辩证法》应该是首选的经典著作。这是不言而喻的。至于我为什么要写这本《〈自然辩证法〉研究》，这就要从我所研究的专业、从我在1954年报考北京大学哲学系的经历说起。

我初中就读于当时的福州市立初级中学（现在的福州三中），对文科较有兴趣；高中是在省立福州中学（现在的福州一中）读的，对物理、数学也有兴趣。高中还没有毕业，福州解放了。1950年4月，我参加了中国人民解放军，同年的年底，又参加了抗美援朝战争。后来朝鲜战争停战了，为了适应大规模经济建设的需要，政务院（后改称国务院）和中央军委联合发出通知，号召动员地方和部队的、高中毕业或具有同等学力的青年报考大学。由于我在中学时代对文科和理科都有兴趣，但参军4年大多又都荒疏了，报考什么专业，一时拿不定主意。有的老同志建议我报考哲学系，因为哲学是"自然科学和社会科学的概括和总结"而又偏重于文科的一个专业。当时全国高等学校中，只有北京大学设哲学系，要报考哲学系，只有报考北京大学，经过考试有幸被录取。到了高年级时，系领导要求我们在哲学这个学科中，选择自己重点的攻读方向。那时，党中央发出"向科学进军"的号召，国务院组织了科学规划委员会，制定了全国十二年（1956—1967年）科学发展的远景规划。该规划包括自然科学和哲学社会科学，"自然辩证法"作为哲学的一个重要组成部分，也列入其中。规划草案拟定了9类研究题目，50多位专家分别写了说明书（包括研究意义、研究内容、研究现状和前景等）。也许受到这个形势的影响，在哲学专业的几个专业方向中，我选择的是"自然辩证法"这个研究方向。

当时北京大学哲学系的学生无论你在高年级时选择什么专业方向，在低年级时都要上"自然科学基础"这个必修课。到我们那一届，又增设"自然和自然发展史"一课。它的内容除绪论外，还包括"物理世界"、"生物世界"和"人"三个部分。于光远亲自讲绪论，理科的几位著名专家，如周培源、王竹溪、黄昆、徐光宪、乐森璕、沈同等几位老师，分段讲授后面三部分。这也是全系同学都要学的必修课。作为自然辩证法专业方向的学生，只学这些当然远远不够，系里还安排我们到理科有关的系里，选修一些自然科学的课程。我选修了"数学分析"和"普通物理学"等课程。因为是跟班上课，任课的老师对我们哲学系学生的要求，和对所在系学生的要求是一样的，既要听理论课，还要上习题课和实验课。课后，复习教材、做作业的任务很重，每天的自修时间都安排得很满。也正是在这个阶段，我第一次比较系统地读了恩格斯的《自然辩证法》，它是我所从事的这个领域的最基本、最重要的经典著作之一。

1958年大学毕业后，我被分配到福建师范学院从事哲学教学。当时，学校设置的课程只有"辩证唯物主义与历史唯物主义"，我开始讲课时，讲授的就是这门课。只是在60年代初期，校工会举办马列主义夜大学时，我才为理科各系的教师讲授过"自然辩证法"课程。真正作为一门规范的课程来开设，那是在粉碎"四人帮"之后的1978年。那一年，我们学校成立了自然辩证法教研室。此后，我还参加了中国自然辩证法研究会举办的一系列学术活动。1984年，学校为了加强社会科学的研究工作，成立了社会科学研究所，下设若干研究室，自然辩证法研究室是其中之一。1987年开始招收硕士研究生。在科研方面，除了个人搞研究、写论文之外，最主要的是参加全国的社会科学研究重点项目《自然辩证法百科全书》的撰写，此外，还参与主编全国部分省属师范院校的校际协作项目《自然辩证法基本原理》的编写。在国际交流方面，1991和1995年，先后出席第9届和第10届分别在瑞典乌普萨拉和意大利佛罗伦萨召开的"国际逻辑学、方法论和科学哲学大会"。经常性的教学工作则是为全校理科各系的硕士生讲授"自然辩证法概论"课程，为地理系的博士生讲授"现代科学技术革命与马克思主义"课程。从1958年到1998年初退休，我在高校40年的教学生涯中，讲授"自然辩证法"方面的课程，进行与此相关的研究，是我所从事的主要工作。

在这几十年的教学生涯中，我和许多同行们无论在平时交谈，还是在参加的学术会议上，经常探讨的问题之一，就是如何评价恩格斯的《自然辩证法》？在科学技术飞速发展的今天，还有没有其理论上的价值？在现实中还有没有指导意义？正因为如此，就有必要对之进行一番认真的研究。

1962年9月我曾写了《自然辩证法讲课纲要》，1979年11月又写了《自然辩证法解说》（1986年重新修订）。这两本讲义都是供校内使用的油印稿，而且印数不多。长时间以来，我一直有个愿望，就是要在前面两本讲义内容的基础上拓宽思路，重新写一本以恩格斯的原著作为研究对象的、有自己见解的研究性的书。这个想法虽然酝酿了很久，却一直没有下决心。真正促使我下决心的，是在20世纪90年代中期。那一年的某一天，我在逛书店时，偶然发现杜镇远等同行写的《哲学与科学——现代自然科学唯物主义引论》（1991年）一书，它在许多问题上都给我以启发。杜镇远是我在北京大学哲学系的同窗好友。当时我和他,以及另外几位同学,都是选读"自然辩证法"这个专业方向的。毕业之后,我回福建,他去山西,各自一方。十一届三中全会后不久,在几次全国性的学术盛会上,我与他久别重逢。当时,我们几位见解比较一致的老同学,曾经打算合作撰写一本阐发自然辩证法若干问题的专著,为此也交换过几次意见。后来,由于在不同省份工作,相互联系不便,只好作罢。时间过得真快,一晃十几年过去了。我在翻阅了他们写的书之后,十分高兴。他终于把他在上个世纪70年代末、80年代初的愿望实现了。而且,比他原来的看法更加明确、更加深刻了。此书的内容和他锲而不舍的治学精神触动了我,终于促使我以一段比较集中的时间,全力以赴,完成了《〈自然辩证法〉研究》这本书的写作。从有这个想法,到最后实现,经历了几十年的时光!

这本《〈自然辩证法〉研究》共分为10章。第1章讲的是自然辩证法的研究对象、主要内容和学科体系。读者从中可以看出,自然辩证法这个学科研究的范围和所包括的内容,比恩格斯当年所写的手稿,要丰富得多了。第2—3章讲自然辩证法创立的哲学渊源和自然科学基础。阐述哲学渊源,重点放在欧洲哲学发展史上辩证法的两种历史形态:古希腊哲学和德国古典哲学,特别是黑格尔的自然哲学。对自然科学史的阐述,不可能也不必要面面俱到,只是挑选那些对哲学自然观和思维方法的演变关系密切的若干重大的科学概念、科学理论及其发展概况。第4—7章是本书的主体部分。在第4章简略地对《自然辩证法》的写作过程和出版经过作了说明之后,就按照该书1984年出版的新编本的顺序,对它的基本内容作了重点的阐述,这其中只求脉络清晰,不作详细注释。第8—10章分别论述了《自然辩证法》的历史地位和现代意义,以及进一步丰富和发展自然辩证法的若干思路。其中,不可避免地要涉及近年来学术界争论的一些问题。

学术问题的争论,当然应当遵循"百家争鸣"的方针。有的问题,经过讨论已达到共识,或基本上有了共识;也还有些问题,至今仍有分歧。我在书中所持的看法,大多数是采用《中国大百科全书·哲学》和《自然辩证法百科全书》中所持的观点。之所以这样,固然是因为这类大型辞书,作为集体智慧的结晶,本身具有相当的权威性;更主要的是因为,作为《自然辩证法百科全书》分支学科编写组的成员和若干条目的撰写人,我从1983年起,就参加为完成该书而召开的好几次学术讨论会。百科全书所持的观点是我所赞同的,至少也是我可以理解的。

在撰写本书的过程中，我曾参考了许多同行撰写的有关著作，其中主要的已列入参考文献的书目之中。本书对《自然辩证法》基本内容的论述，受益于《〈自然辩证法〉解说》之处甚多。这本《解说》是中国人民大学、北京大学、北京师范大学的好几位从事自然辩证法教学的专业工作者集体编写的，是我国目前已经公开出版的同类读物中最好的一本。此外，龚育之的《自然辩证法在中国》、查汝强的《论马克思主义自然哲学（争鸣集）》，对我的写作也有很大帮助。

本书的第一版于1997年10月由福建教育出版社出版。从那时起到现在，已经有16年。现在呈现在读者面前的这本书是作为福建师范大学"马克思主义理论与现实研究文库"的著作之一，由社会科学文献出版社再版。

1997年此书付梓前，我曾以全部文稿呈送黄枬森先生审阅，并请他为之作序。黄枬森（1921—2013，他曾用黄楠森署名）先生是我在北京大学哲学系读书期间（1954—1958年）的老师。当时他还担任《光明日报》"哲学"专刊的主编，我读书期间在该刊发表的几篇不成熟的文章，就是由他审阅后刊登的。大学毕业后，我分配到福建老家的高校从事哲学的教学与研究工作。由于南北分隔以及众所周知的客观原因，所以彼此联系不多，更谈不上见面求教了。1978年党的十一届三中全会之后，有时我到北京出差或参加学术会议，才又得以见面请教。这时，他是我国马克思主义哲学史学科的开创者和卓有建树的专家，我能以《〈自然辩证法〉研究》的文稿向他请教，是再好不过了。但他很忙，是否能够为之作序，在当时我只是抱着试试看的态度。1997年上半年，我提前将打印的文稿寄给他，并附信表达我的愿望。想不到黄老师欣然答应了我的请求。暑假开始，当我去北京到他家中拜访时，他就把已经写好的序言交给我了。序言对我的文稿的鼓励之语，既增加了我的信心，也令我汗颜。后来，我又有几次向他请教的机会。就在几个月之前，即2012年10月，北京大学哲学系成立100周年的庆典期间，我们还见过面。那天在系庆的隆重会议上，他接受哲学系授予"哲学教育终身成就奖"的情景，还恍如昨天。想不到2013年初，他竟因病仙逝。现在，我在他曾经为之作序的本书再版时，写下这段回忆的文字，是想以此表达我对黄老师的感激与怀念之心情。

本书初版的文字是黄先生在生前审阅并为之作序的，所以，这次再版时，我除了对排印时的错字的改正和引文的校订之外，在基本内容、基本观点上，仍依其旧，未作变动，也不宜变动。不同的是，增写了再版跋，选择了几篇论文作为附录。这些论文有的是书中没有涉及的,有的书中虽有提到,但未充分展开。它们曾在有关刊物发表过,列入附录之前,作了若干修订或删节。

自然辩证法作为马克思主义哲学的一个分支学科,还是一门很年轻的学科,恩格斯的未完成的《自然辩证法》手稿又是马克思主义哲学经典著作中争议最大的一本。由于学养所限,我写的这本书肯定存在不少问题,有的问题还考虑得不成熟,错误缺点在所难免,敬请同仁专家和广大读者不吝赐教。

林可济 于福建师范大学华庐
2013 年 2 月 27 日

目 录

第一章 自然辩证法的研究对象和学科体系 ……………………………… 1
 第一节 自然辩证法的研究对象 …………………………………………… 1
 第二节 自然辩证法的主要内容 …………………………………………… 2
 第三节 自然辩证法的学科体系 …………………………………………… 5

第二章 自然辩证法创立的哲学渊源与科学基础（上） ………………… 7
 第一节 古希腊罗马的科学成就和自然哲学思想 ………………………… 7
 第二节 近代自然科学的产生与机械唯物主义自然观 …………………… 14

第三章 自然辩证法创立的哲学渊源与科学基础（下） ………………… 20
 第一节 近代自然科学在19世纪的全面发展和形而上学
    自然观的破产 ……………………………………………………… 20
 第二节 德国古典哲学的自然观和方法论 ………………………………… 26

第四章 《自然辩证法》的写作与出版 …………………………………… 35
 第一节 《自然辩证法》的写作过程 ……………………………………… 37
 第二节 《自然辩证法》的出版经过 ……………………………………… 46

第五章 《自然辩证法》的基本内容（上） ……………………………… 51
 第一节 自然科学的历史发展 ……………………………………………… 51
 第二节 自然科学和哲学 …………………………………………………… 63

第六章 《自然辩证法》的基本内容（中） …… 69
第一节 自然界的辩证法。辩证法的规律和范畴 …… 69
第二节 认识自然的辩证法。认识论和辩证逻辑 …… 83

第七章 《自然辩证法》的基本内容（下） …… 99
第一节 物质的运动形式。自然科学的辩证法 …… 99
第二节 数学和各门自然科学中的辩证法 …… 109
第三节 劳动在从猿到人的转变中的作用 …… 136

第八章 《自然辩证法》的历史地位 …… 141
第一节 《自然辩证法》与黑格尔的自然哲学 …… 141
第二节 自然辩证法是马克思主义的自然哲学 …… 143
第三节 马克思主义哲学体系中自然观与历史观的辩证统一 …… 147

第九章 《自然辩证法》的现代意义 …… 152
第一节 《自然辩证法》主题思想的再认识 …… 152
第二节 现代自然科学家对《自然辩证法》的评论 …… 159
第三节 《自然辩证法》的基本原理不会过时但要发展 …… 169

第十章 自然辩证法的丰富与发展 …… 173
第一节 现代科学技术的进步和自然辩证法的发展 …… 173
第二节 吸收现代西方科学哲学研究中的积极成果 …… 183
第三节 继续巩固和进一步发展哲学家和科学家的联盟 …… 190
第四节 把恩格斯开创的伟大事业继续向前推进 …… 195

再版跋　辩证自然观·生态伦理·生态文明
　　　　——兼论《自然辩证法》的理论价值和现实意义 …………… 198

附录1　马克思与自然辩证法 ………………………………………… 209

附录2　恩格斯《自然辩证法》中从抽象上升到具体的方法 …………… 225

附录3　现代科学技术对自然辩证法的丰富与发展
　　　　——读新校重编的《自然辩证法》 ……………………………… 235

参考文献 ……………………………………………………………………… 248

第一章
自然辩证法的研究对象和学科体系

自然辩证法是马克思主义哲学的一个重要的分支学科。马克思主义哲学的创始人马克思（K. Marx，1818—1883）和恩格斯（F. Engels，1820—1895）一贯重视自然科学，密切注视着它的发展，并运用辩证唯物主义观点来研究和总结其最新成就，共同创立了辩证唯物主义自然观。恩格斯把马克思主义哲学的这一个研究领域定名为"自然辩证法"（Dialectics of Nature），而《自然辩证法》（Dialektik der Natur）则是恩格斯阐述自然界和自然科学辩证法的一部未完成著作的手稿。

第一节　自然辩证法的研究对象

自然辩证法的研究对象是自然界和自然科学技术发展的一般规律以及人类认识和改造自然的一般方法。由于客观自然界的辩证规律就反映在自然科学的辩证内容中，自然辩证法的研究途径只能通过对自然科学成果的概括来进行。因此，自然界的辩证法和自然科学的辩证法是密切联系而不可分的。由于自然科学既是反映自然界的本质及其运动规律的知识体系，又是一种独特的社会劳动，并且发展为一种社会体制；自然辩证法所理解的"自然"概念，既包括天然自然，也包括人工自然，而人工自然的研究则涉及社会现象的一般规律的研究。因此，自然辩证法的研究和社会辩证法的研究，不仅不是彼此孤立的，而且是相互衔接、相互交错的。

自然辩证法作为马克思主义哲学的一个分支学科，当然是马克思主义哲学体系中的重要组成部分。但是，自然辩证法的研究领域却不是马克思主义者所独有的。就研究领域而言，它大体上和当今西方学术界研究的自然哲学、科学哲学和技术哲学相同。按照《不列颠百科全书》（第15版）的说法，自然哲学着重研究客观自然界的本体论问题，科学哲学着重研究自然科学中的认识论、方法论和逻辑问题。技术哲学则是近年来从科学哲学中逐渐分化出来的一个新学科。尽管自然辩证法的研究领域也是自然哲学、科学哲学和技术哲学，但它是用马克思主义的观点来研究的。从这个意义上说，我国学术界的不少学者认为，自然辩证法就是马克思主义的自然哲学、科学哲学和技术哲学，或者简略地称之为马克思主义的自然哲学。

第二节 自然辩证法的主要内容

自然辩证法研究的主要内容，包括以下几个方面。

一 自然界辩证法

自然界的辩证法，即辩证的自然观。这方面的研究，要求不断地概括和运用自然科学的最新成果，发展和更新人们关于自然界辩证发展的总图景和对自然界的总观点（物质观、运动观、时空观、信息观、系统观、规律观），以及自然发展史和自然界各种运动形式的划分、联系、转化等；要求探讨辩证法的基本规律（对立统一规律、质量互变规律、否定之否定规律）和一系列范畴（原因与结果、本质与现象、必然性与偶然性、结构与功能、有限与无限、可逆与不可逆、有序与无序、平衡与不平衡、连续与间断、对称与不对称等）在自然界各种过程中的丰富多样的表现及运用。通过研究，既是揭示唯物论、辩证法的一般规律和范畴在自然界中不同于社会、思维领域中的特殊表现；同时，也可以使人们对唯物辩证法基本规律和范畴的理解，不断充实和深化，在许多方面进一步清晰化、准确化和精细化，从而把辩证唯物主义自然观提高到同自然科学的发展相适应的现代水平。

自然界辩证法所指的"自然界"，就其狭义而言，是与社会相区别的自然；就广义而言，应包括无机界和生命界，而生命界又包括非人的生物和人类社会。这样，自然界就不仅指独立于人之外的自然界，而且还包括经过人改造了的自然界、人按照自然规律创造出来的人工自然界。辩证唯物主义自然观的研究，应当包括研究人工自然界的辩证发展。

二 自然科学研究的辩证法

自然科学研究的辩证法，即自然科学认识论、方法论，简称自然科学方法论。根据马克思主义关于世界观、认识论、方法论三者统一的原则，前面所说的对自然界的辩证法的研究，特别是其中关于规律和范畴的认识，对自然科学的研究都具有认识论和方法论的意义。但是，自然科学作为人类对自然的一种认识活动，又有它不同于社会科学研究和哲学研究的特殊的认识规律和认识方法。

这样，对于认识论和方法论的研究，就要包括三个层次的内容：第一层次是普遍适用的一般认识论和方法论，有辩证认识论、辩证逻辑、形式逻辑、数学、系统科学等横断科学方法；第二层次是自然科学、社会科学、技术科学等各自的认识论和方法论；第三层次是各个具体学科的各自的认识论和方法论。自然科学方法论属于第二层次的研究，它既研究一般的哲学方法、逻辑方法、数学方法等在自然科学研究中的具体应用，又研究自然科学所特有而为各个自然科学具体学科所共有的一些方法。

自然科学方法论的研究具体包括以下几个方面：（1）自然科学研究的认识过程的规律（科学知识的性质与特征；科学认识与科学实践的关系；科学认识中的主客体关系；科学认识过程中的感性认识上升到理性认识的规律；科学知识结构中经验知识和理论知识的关系；科学真理观等）。（2）自然科学的经验认识方法（科学观察和科学实验）。（3）自然科学的理论思维方法（各种形式逻辑方法、辩证逻辑方法和横断科学方法在自然科学研究中的运用；科学发现的一般程序和逻辑模式；假说与模型；科学想象、科学灵感、科学直觉在科学发现中的作用等）。（4）各种假说的评价和选择，各种命题、理论的检验和判定问题。（5）科学语言的形成、演变、类型及其在科学认识中的作用。（6）自然科学知识发展的一般规律与模式（科学理论发展中的渐进与革命、继承与革新的辩证关系；学科发展中的分化与统一的辩证关系）。上述自然科学认识论和方法论的研究，已成为自然辩证法研究中最富于成果和最引人注意的领域。

三 自然科学辩证法

自然科学辩证法也称自然科学观或自然科学论。自然科学就其是人类对自然界的反映而言，它是一种认识现象；而就其具有社会意识形态和社会生产力的两重性而言，它又是一种社会现象。我们既然已经把自然科学作为认识现象的本质及其发展规律的研究划入前面关于自然科学研究的辩证法之中；这里所说的自然科学辩证法，就着重是研究自然科学作为社会现象的本质及其发展规律了。

自然科学辩证法的研究，比起历史唯物论中对自然科学的研究更具体一些；但它又比科学学和科学社会学的研究更抽象一些，它仍然是一般理论层面的研究。其具体内容主要有：（1）自然科学作为社会现象的基本性质的研究（现代社会第四产业中的一个重要知识生产产业；知识形态的间接生产力，不具有阶级性；作为重要的社会意识形态，是社会精神文明的一种形式）。（2）科研产业生产力的发展规律（科研生产力组成要素；科研生产关系；科研生产力和科研生产关系的矛盾等）。（3）科学向直接生产力转化的规律。（4）科学和经济、政治、军事、教育等社会因素的相互关系；科学革命和技术革命、产业革命、社会革命的相互关系；科学和哲学、宗教、道德、法律、艺术、文化等的相互关系。（5）科学在不同社会制度下发展的特点。（6）科学发展中的生长点和带头学科形成的规律。

四　技术辩证法

技术辩证法即技术哲学或技术论，它是从科学哲学中分化独立出来的一个新的研究领域。

技术辩证法研究是从总体上对技术作哲学的思考，具体内容包括：（1）从人与自然关系、人工自然的角度研究技术的本质、结构和分类以及技术发展一般规律的辩证性质。（2）技术发明的认识论、方法论。（3）技术在社会有机体中的地位和作用以及技术和科学、生产、经济、政治、军事、文化等其他社会现象的相互关系。

五　自然科学和技术科学各部门的辩证法

自然科学和技术科学各部门的辩证法即各门自然科学和技术科学哲学。自然辩证法研究，无论是自然界辩证法研究还是自然科学（包括技术科学）辩证法研究，一方面要从自然界和自然科学（包括技术科学）的总体和综合上进行；另一方面还要从各门自然科学和技术的分体上进行。分别结合各门科学的各种基本理论、基本概念和各自的研究方法，结合它们的思想发展史以及重大发现史、重大创造史的案例，结合它们同社会各方面发展的关系，从哲学上进行深入细致的专门研究，由此构成自然科学和技术科学哲学问题的广阔领域，从而展示出自然辩证法的丰富多彩的内容。

第三节 自然辩证法的学科体系

自然辩证法作为一个相当广阔的研究领域，它不是由一个或几个学科所构成，它包括一系列学科，是一个学科群，确切地说，是由许多学科所构成的学科体系。

从上述自然辩证法研究具体内容来看，自然辩证法的学科体系就有总论类和分论类两个大的方面。

总论类包括：自然界辩证法（辩证自然观）、自然科学研究的辩证法（自然科学认识论和方法论）、自然科学辩证法（自然科学观或科学论）、技术辩证法（技术哲学或技术论）等。

在分论类中，已经分化独立出来的各门自然科学哲学有：数学哲学、系统科学（控制论、信息论、系统论）哲学、物理学哲学、化学哲学、天文学哲学、地学哲学、生物学哲学、心理学哲学、环境科学哲学。其中，数学和系统科学严格来说，已超出自然科学之外，属于横断性方法论性质的学科；但习惯上仍将它们放在自然科学的序列之中。

各门技术科学哲学有：工学哲学（即工程技术哲学，它还包括工业以外的产业部门中的工程技术）、农学哲学（包括养殖技术、林业技术在内的大农学）和医学哲学。

除了总论类和分论类之外，还有历史类。它包括自然科学史、自然辩证法史和现代西方科学哲学史。广义的自然哲学史包括科学哲学史，它研究人类关于自然和自然科学的哲学思想的历史；自然辩证法史研究自然辩证法学科创立、传播及其在当代的发展史；现代西方科学哲学史则研究现代西方科学哲学各个流派不同观点的演变、更替的历史。历史类是综合性的，是总论、分论所有学科的综合性的历史。

马克思主义自然辩证法这个学科的名称本身，反映了研究者的观点。就研究领域而论，自然界辩证法相当于西方的自然哲学；自然科学方法论和自然科学论合在一起，相当于西方的科学哲学中的自然科学哲学部分（西方科学哲学还包含社会科学哲学）；技术论相当于西方的技术哲学。这是自然辩证法和西方科学哲学各个部分的相互关系。

以上是自然辩证法学科体系构成的大体轮廓。关于自然辩证法研究对象、具体内容和学科体系等问题，是一个颇有争议的问题。作为本书依据的是我国《自然辩证法百科全书》框架条目设计所持的看法；它未必获得公认，但却也反映了自然辩证法发展到现在具有的宏大的研究规模。后面我们将会看到，19世纪70—80年代恩格斯在马克思的合作下创立的自然辩证法，比较起来，没有现在这样丰富多彩。

第二章
自然辩证法创立的哲学渊源与科学基础（上）

列宁在论述马克思主义的来源时，曾经明确地指出：

> 在马克思主义里绝没有与"宗派主义"相似的东西，它绝不是离开世界文明发展大道而产生的故步自封、僵化不变的学说。恰恰相反，马克思的全部天才正在于他回答了人类先进思想已经提出的种种问题。
> 马克思主义就是共产主义从全部人类知识中产生出来的典范。
> 凡是人类社会所创造的一切，他都用批判的态度加以审查，任何一点也没有忽略过去。[①]

作为马克思主义哲学的重要组成部分的自然辩证法，当然也不例外。它是欧洲哲学史上从古代希腊的自然哲学到近代德国古典自然哲学，特别是黑格尔自然哲学中辩证法思维的继承和发展，也是自然科学特别是19世纪自然科学伟大成就的概括和总结。

第一节 古希腊罗马的科学成就和自然哲学思想

早在公元前6世纪，希腊奴隶社会的经济就已经比较发达。希腊人发扬光大了东方的科学遗产，创造了辉煌的文化成就。人类古老文明的源头虽然在东方，但古希腊科学却是近代自然科学的真正先驱。希腊人不仅开启了科学，而且也开启了哲学；古希腊的自然哲学是欧洲辩证思维发展史的第一个

---
① 《列宁选集》第2卷，人民出版社，1972年，第441页；第4卷，第347页。

历史形态。在古代世界的所有民族中，少有像希腊人那样对近代世界发生过如此巨大的影响。

古希腊罗马的科学和自然哲学的发展，可分为如下三个阶段：（一）希腊古典时期（公元前6世纪到公元前4世纪）；（二）希腊化时期（公元前4世纪到公元前2世纪中期）；（三）罗马帝国时期（公元前2世纪中期到公元5世纪）。

一　希腊古典时期

早期希腊哲学出现两股各有特色的思潮：一股是伊奥尼亚学派。他们立足于直观认识和经验科学，有较丰富的朴素唯物论色彩，但缺乏对自然事物的数量关系和深层结构的分析；另一股是南意大利学派。他们注重对自然本质的抽象分析，探究其数量关系和"有定形"结构，但已萌生唯心论思想因素。

伊奥尼亚学派最著名的代表有米利都的泰勒斯（Thales，约公元前624—前547）、阿那克西曼德（Anaximandros，约公元前610—前546）、阿那克西米尼（Anaximenes，约公元前585—前526）和爱非斯的赫拉克利特（Herakleitos，约公元前540—前470）。泰勒斯是西方历史上第一个自然哲学家，他提出"万物源于水"，认为水是万物的本原；阿那克西曼德认为，世界万物产生于一种没有固定性质和形状的物质，他称之为"无限定"；阿那克西米尼认为万物是由气所组成；赫拉克利特认为火是万物的本原，火化生一切，一切又复归于火。这些都是某种可感知的具体的物质形态。他们大都用物质固有的内部矛盾来说明万物的变化，赫拉克利特还提出了"斗争是万物之父"的著名论断而被列宁称誉为"辩证法的奠基人之一"①

南意大利学派最著名的代表有毕达哥拉斯派的毕达哥拉斯（Pythagoras，约公元前580—前500）和爱利亚派的巴门尼德（Parmenides，约公元前6世纪末—前5世纪）。毕达哥拉斯及其学派认为无形体、不动的"数"是比自然万物更高的实在，是世界的本原；由数所支配的宇宙，是一个和谐的统一体。巴门尼德继承了该学派克塞诺芬尼（Xenophanes，约公元前565—前473）关于神是不动的"一"的思想，提出了万物的本质是不动的"存在"的理论。他的学生芝诺（Zenon，约公元前490—前425）提出四个著名的

---

① 《列宁全集》第38卷，人民出版社，1959年，第390页。

"悖论"（两分法、阿基里斯与龟、飞矢不动、一半时间等于一倍时间）来维护"一"与"存在"，反对"多"与运动，其结论虽然错误，但由于揭露了一与多、静止与运动、连续与间断的矛盾，在哲学史和自然科学史上都起过积极作用。

公元前5世纪后半叶，自然科学思想有较大进展，在综合伊奥尼亚和南意大利的不同学说中，产生了以逐步深入地探究物质结构为主要特征的自然哲学，主要代表为恩培多克勒（Empedocles，约公元前495—前435）、阿那克萨戈拉（Anaxagoras，约公元前500—前428）、留基伯（Leukippos，约公元前500—前400）和德谟克利特（Demokritos，约公元前460—前370）。恩培多克勒主张水、火、气、土这四"根"是构造自然界万物的基本要素；阿那克萨戈拉提出了"种子论"，认为万物都是由带有它本身的特质的更小的种子所产生。原子论的奠基者是留基伯，而它的著名代表则是德谟克利特。他认为，原子和虚空是万物的本原。原子是一种最小的、不可见的、不能再分的物质微粒，它没有性质上的差异而只有大小、形状、排列次序和位置不同。原子在虚空中急剧而零乱地作直线运动，彼此碰撞而结合成世界上的万物。德谟克利特不是用感性直观而是用理性思维来把握世界的本原，这比米利都学派前进了一大步；他的原子论是古希腊唯物主义发展的最重要的成果。

古希腊的哲学家往往同时又是自然科学家。泰勒斯博学多才，是希腊的"七贤"之一，他曾准确地预言过日食。阿那克西曼德是西方第一个发明日晷和绘制地图的人，他提出的宇宙是球状的看法，是希腊球面天文学的开始；他的关于人类是从水里的鱼变化而来的猜测，可以说是最早出现的进化论思想。他和恩培多克勒、阿那克萨戈拉、德谟克利特等人先后以不同方式提出的宇宙漩涡运动起源的学说，在科学史上有可贵的价值。毕达哥拉斯还是个数学家，以他的名字命名的毕达哥拉斯定理在西方学童皆知。他的关于数是万物本原的哲学观点和他的宇宙和谐结构的科学见解联系在一起。至于德谟克利特，他在科学的众多领域都有所研究，被马克思恩格斯称为"经验的自然科学家和希腊人中第一个百科全书式的学者"。[1]正因为当时的哲学家大都同时又是科学家，因此，他们在哲学思辨中都洋溢着理性主义的科学精神，并在科学方法方面，提出了不少有价值的东西。赫

---

[1] 《马克思恩格斯全集》第3卷，人民出版社，1960年，第146页。

拉克利特最早论述了感觉经验和理性智慧的区别和联系，而恩培多克勒的"流射说"、阿那克萨戈拉的"感觉论"和德谟克利特的"原子影像论"，都倡导了反映论的科学认识方法。

公元前5世纪之前，希腊的殖民城邦文化比本土更为发达，随着上述伊奥尼亚学派和南意大利学派由于地区的衰落而衰落，雅典开始成为古希腊世界的经济、政治和文化中心。这时，哲学研究的重点从探究世界的本原和结构，转向以人为中心，着重研究认识论和伦理学。著名的哲学家苏格拉底（Sokrates，公元前469—前399）、柏拉图（Platon，公元前427—前347）和亚里士多德（Aristoteles，公元前384—前322）都活跃在雅典的学术讲坛上，柏拉图和亚里士多德分别创立了西方哲学史上最早出现的、庞大的哲学思想体系。

苏格拉底曾经尖锐地抨击伊奥尼亚学派的自然科学，认为这种自然哲学对于探究世界的本原和人生并没有什么价值。他自己偏重研究伦理问题的辩证法，重视定义和归纳方法，从个别中概括出普遍；这些对柏拉图和亚里士多德均产生重要影响。

柏拉图哲学思想最核心的部分是他的"理念论"。他认为，在感觉世界之外有一个永恒不变的、独立的、真实存在的"理念世界"，而现实世界只是理念世界的影子。在感觉范围内得来的认识只是意见而不是真知，是不可靠的；只有以理念为对象的理性知识才是真知，才是可靠的。人们以可感事物为诱发手段，凭借灵魂"回忆"的天赋功能，重新获得已遗忘的理念。这就是他的"回忆说"。他又把知识分为两级，最高一级叫做辩证法，它是以理念作为认识对象；次一级是理智，它所认识的对象是数学的对象，必须通过假设才能认识它们。在西方哲学史上，这是第一次运用"辩证法"这个概念并将它提到这样高的地位。他在唯心主义的基础上，以抽象的方式，探讨了存在与非存在、一与多、动与静、同与异等自然界中最普遍的辩证关系，对早期希腊自然哲学中的有关争论作了某种总结。柏拉图在学园的门口，曾立了一块写着"不懂数学者不得入内"的牌子，表明了他对数学的重视。在自然科学领域中，他不仅对演绎方法的建立和完善起了重要的作用，而且，他所建立的宇宙论把原子论和毕达哥拉斯派的宇宙数学结构说结合起来，对当代西方的哲学和科学都颇有影响。

亚里士多德是古希腊哲学和科学知识的集大成者。他的著作甚丰。其中《工具论》主要涉及逻辑问题，《形而上学》主要涉及抽象的一般理论问题，

《物理学》等主要涉及自然哲学问题。他的博大精深的自然哲学体系，对当时所有的自然科学知识作了系统的总结，在哲学史和科学发展上占有很高的地位。他把理论知识分为物理学、数学和哲学三个部分。在哲学上，他的思想动摇于唯物主义与唯心主义、辩证法与形而上学之间。他一方面认为，万物的基础是原始物质，它具有热和冷、干和湿的对立特性，它们相互结合就形成火、气、土、水四种元素，从而构成整个自然界；另一方面又认为，天宇和星球是非物质的神圣以太构成，否定了物质的统一性。他研究了物质运动的各种形态，但又断言只有天上的运动才是完善的运动。他一方面把客观存在的个别事物看作最根本的，并能有所变化；但另一方面又认为，包含了个别事物的种或属可以独立化，可以与个别相分离而存在。他认为，最初的原因共有四种：质料因、形式因、动力因、目的因。其中形式因又是动力因和目的因。在他看来，可以有一个最终的、没有质料的形式，它本身是不动的、永恒的，但却是引起运动变化的根源，这就是"第一推动者"，也就是神。他十分重视逻辑学，确定了形式逻辑的基本内容，首创了三段论推理的格和规则的学说，是形式逻辑的创始人。他所说的物理学，包括了当时的自然科学各个领域。他认为，宇宙是以不动的地球为中心的球体，地球之外包围着许多层中空球形的天宇，最外的一层是恒星天。这是当时的地球中心说的进一步的系统化。他还认为，地上物体的运动是直线运动。所有物体都有回到其天然处所的趋势，这叫做天然运动，如土和水向下，气和火向上。重性越多，下落速度越快。除了天然运动，还有受迫运动，推动者一旦停止推动，运动就会立刻停止。他认为，在自然界中，重物不如轻物高贵，天尊而地卑；推动者比被推动者高贵；灵魂比肉体高贵。他按照灵魂的等级，把生物分为植物、动物和人。这些显然是不对的。但他以一个完全是近代生物学家的姿态去观察、实验，总结生物界的现象和规律。他的生物学的著作是他的科学工作中最有价值的。他以博学多才载入哲学和科学的史册，被恩格斯称为是古希腊哲学家中"最博学的人物"。①

二 希腊化时期

公元前336年，马其顿国王亚历山大即位。他所建立的跨欧、亚、非三大洲的大帝国虽然很快就瓦解，但以亚历山大里亚城为中心的希腊文化得到

---

① 《马克思恩格斯选集》第3卷，人民出版社，1972年，第59页。

了广泛的传播,这就是"希腊化时期"。

在哲学方面,对当时的科学成就作出唯物主义总结的是伊壁鸠鲁(Epikouros,公元前341—前270)及其学派。伊壁鸠鲁继承并发展了德谟克利特的原子论。他在德谟克利特认为原子具有体积和形状这两个特性之外,增加了原子有"重量"这个特性。他还指出,原子有因重量而垂直下落的运动、稍微偏离直线的偏斜运动和由此产生的碰撞运动等。原子自动偏斜运动的学说,包含着物质运动的内在源泉的思想,它防止了德谟克利特由于只主张必然性从而导致的宿命论,为人的自由意志提供了理论根据。在这个时期,还有斯多阿学派的宿命论和禁欲主义,以皮浪(Pyrrhon,约公元前360—前270)为代表的怀疑论,以普罗提诺(Plotinos,约公元204—270)为代表的新柏拉图主义。后者将犹太神学、柏拉图和斯多阿学派的哲学糅合成一种宗教神秘主义。这种哲学的出现标志着古希腊自然哲学的没落。

这个时期却是古希腊科学技术发展中最富生命力的时期,自然科学的思想得到了系统化,有些成果对后世的哲学和科学都产生了重大的影响。

在天文学方面,当时有两种对立的学说。塞莫斯的阿利斯塔克(Aristarchus,公元前4世纪末—前3世纪上半叶)提出太阳中心的天体运行假说,认为恒星和太阳不动,地球围绕太阳作圆周运动。这一科学猜测虽未能为当时学者所接受,但对近代科学有重要影响。亚里士多德的地球中心说在公元前130年左右被喜帕恰斯(Hipparchus,约公元前190—前120)发展,至公元127—151年又经托勒密(C. Ptolemaeus,约公元85—168)在《天文学大全》中详尽阐发。它认为,地球对太阳是偏心的,主张日、月、行星等每个天体都在一个"本轮"的圆形轨道上匀速运动,而本轮的中心又在大的圆形"均轮"轨道上围绕地球匀速运行。由于它能符合日常对天体的观察并能预测日食和月食,因而在西方流行1500多年。

在数学方面,演绎几何学体系的确立是一个重要的科学成就。托勒密王朝的欧几里得(Euclid,约公元前330—前275)于公元前300年左右,在13卷的《几何原本》中将已有的几何学知识加以整理、发展和系统化。该书推理严密,论断清晰,犹如古代一座最宏伟庄严的科学宫殿,在后世盛行不衰。欧氏空间观念后为牛顿所接受,成为经典物理学的一个支柱。

在力学方面,叙拉古的阿基米德(Archimedes,公元前287—前212)是机械力学和流体静力学的奠基人。他发现杠杆作用原理及液体浮力原理,形成物体的密度观念等,是近代力学理论的重要来源。他既重视观察实验,又十分注重逻辑推理和数学论证；近代自然科学的研究方法在他那里已露端倪。

在生理和医学理论方面，盖伦（C. Galen. 公元 129—199）全面地综合了古希腊自希波克拉底以来的生理解剖和医学知识，创造了自成体系的医学理论。他的理论基于大量的、在活的动物身上的解剖实践和自己的临床实践。他考查了心脏的作用并对脊髓进行了研究，在生理学和病理学方面也发现了许多事实。他的药物学著作中载有植物药物 540 种，动物药物 180 种，矿物药物 100 种。他在医学中的地位就像托勒密在天文学中的地位一样，影响西方医学界达 1500 多年之久。当然，他的医学思想中也有不少谬误，例如他认为动物和人体的构造是上帝有目的地造成的；认为人体由不同等级的器官、液体和灵气组成；认为级别不同的血液各自可以流动，但不能产生循环。后者直到 17 世纪"血液循环论"确立之后才被抛弃。①

三　罗马帝国时期

公元前 2 世纪中期，希腊被罗马所吞并。这个时期延续到公元 5 世纪罗马帝国崩溃为止。

在哲学方面，卢克莱修（Lucretius Carus，约公元前 99—前 55）在他的《物性论》这部哲学诗篇中，追随伊壁鸠鲁，对原子论的本原说、宇宙论及灵魂学说，作了详细而生动的阐述，并提出某些新颖的观点，例如进化思想。

这个时期的西塞罗（M. T. Cicero，公元前 106—前 43）、普卢塔克（Plutarchos，约 46—125）等一些学者，都撰写了多卷整理、记载当时各类科学知识的综合性著作。普林尼（Gaius Pliny Secundus，23—79）所写的 37 卷的《自然史》，材料取自 500 位作者的近 2000 本著作，分 24707 个条目。它是一部综合古希腊罗马科学技术知识的百科全书，在科学史上很有价值，受到 18 世纪法国启蒙科学家的高度赞扬。

相对而言，罗马人在理论科学方面并不擅长，但在实用技术和公益事业方面（农学、建筑工程、公共医疗）有非常杰出的创造和伟大的业绩。

---

① 托勒密、盖伦等人，从社会历史分期上讲，已进入罗马时代。但他们的科学成就，依然属于希腊文化而不属于罗马文化。所以，不少科学史著作中还是把他们放在希腊化时期来阐述。

第二节　近代自然科学的产生与机械唯物主义自然观

近代自然科学是古代科学的继承与发展,但两者又有着本质的区别。古代科学基本上是处于现象的描述、经验的总结和猜测性思辨的状态,并且主要是以直觉和零散的形式出现的;而近代科学则是把系统的观察实验同严密的逻辑推理结合起来,形成以实验事实为根据的系统的科学理论。

在经过了中世纪封建社会的漫漫长夜之后,欧洲进入了资本主义发展的近代历史时期。这是一个在世界历史上发生巨大变革的时代。近代自然科学是当时生产力发展和文艺复兴的产物,而且是在一场深刻观念变化的科学革命中诞生的。16世纪,由哥白尼发动的天文学革命拉开了整个近代科学革命的序幕;随着17世纪牛顿经典力学体系的形成,近代自然科学牢固地确立起来了。与此同时,机械论和形而上学的自然观和思维方式也随之逐渐地形成了。

一　从哥白尼的太阳中心说到牛顿经典力学

波兰天文学家哥白尼(N. Copernicus, 1473—1543)经过30多年长期的天文观测,并从古代希腊人有关的文献中得到启发,终于在1543年出版系统阐述日心说的《天体运行论》。他的关于太阳是宇宙中心,地球绕日和行星绕日运行的学说,在今天虽然已成为常识,但在当时却是一场伟大的科学革命和思想革命。它推翻了托勒密地心说的长期统治,为近代天文学奠定了科学基础;它矛头直指宗教神学,把自然科学从神学的禁锢中解放出来。

在哥白尼提出了"太阳中心说"之后,意大利哲学家布鲁诺(G. Bruno, 1548—1600)为宣传这个新的宇宙观而献出了生命;意大利物理学家伽利略(G. Galilei, 1564—1642)用自己制造的望远镜观察天体,发现了许多新的天文现象,有力地支持了哥白尼学说。特别是德国天文学家开普勒(J. Kepler, 1571—1630),根据丹麦天文学家第谷·布拉赫(Tycho Brahe, 1546—1601)遗留的大量天文观测材料,经过他精心的计算与研究,于1609年提出了行星运动的轨道定律和面积定律,又于1619年提出了周期定律。这三个定律的发现,不仅进一步支持了哥白尼的学说,而且为牛顿力学,特别是万有引力定律的发现,提供了重要的理论基础。

伽利略的科学贡献不仅在天文学方面,更重要的是在力学方面。他发现了摆的等时性定律;通过斜面实验,提出了自由落体定律,论证了物体运动的惯性原理；还研究了抛物体的运动规律。他的研究纠正了亚里士多德关于重物先于轻物落地、外力是保持物体运动的原因等错误观点，并为牛顿力学的建立奠定了基础。

英国科学家牛顿（I. Newton，1642—1727）是近代科学史上划时代的人物。他在伽利略、开普勒等人工作的基础上，把物体的运动规律归结为三条运动基本规律（惯性定律、加速度定律、作用与反作用定律）和万有引力定律。所有这些，构成了他在1687年出版的《自然哲学的数学原理》一书的核心。他以大量的事实为依据，进行了严格的逻辑论证和数学分析，把天上和地上两种物体的运动规律都概括在一个严密的统一的理论体系之中。这既是物理科学，也是人类认识自然的历史中第一次理论的大综合，它为近代自然科学提供了坚实的理论基础，也是机械唯物论自然观形成的决定性的科学根据。

二 16—18世纪自然科学其他学科的进展

在这个时期，除了天文学和力学取得重大成就之外，数学和自然科学的其他学科也取得了不同程度的进展。

在数学方面的主要成就是法国数学家笛卡尔（R. Descartes，1596—1650）建立了解析几何，牛顿和德国数学家莱布尼茨（G. W. Leibniz，1646—1716）各自独立地创立了微积分，还有耐普尔（J. Napier，1550—1617）发明了对数。

在物理学方面，由于天文观察的需要，光学的发展很快。这时，人们不仅对光的反射、折射、双折射、衍射等现象有了相当的研究，而且在此基础上，对光的本性也提出了自己的看法，从此开始了以牛顿为代表的"微粒说"和以荷兰科学家惠更斯（C. Huygens，1629—1695）为代表的"波动说"的长期争论。热学在17世纪还显得比较落后，到了18世纪却有了相当的进展。由于建立了测定温度的标准，人们把温度与热量区别开来了；由于潜热和热容量的发现，人们研究不同材料的吸热或放热及热传导能力，也有了理论指导。在对热现象进行定量研究的基础上，英国科学家布莱克（J. Black，1728—1799）提出了"热质说"，它成为18世纪关于热的本质占统治地位的观点。电磁学的研究最初只是集中于静电和静磁，从研究静电到研究动电的转折点的标志是电流的发现。意大利医生伽伐尼（Luigi Galvani，1737—1798）发现了电流，意大利实验电学家伏打（A.

Volta，1745—1827）发明了"伏打电堆"。有了电池所提供的恒定电流，人们才有可能对电流进行大量的实验，也才有19世纪以后电学的大发展。

在化学方面，英国科学家波义耳（R. Boyle，1627—1691）把化学从古代炼金术中解放出来并确立为一门科学。他所提出的科学的元素概念，为正确理解化学反应提供了科学的立足点。他和法国科学家马略特（E. Mariotte，1620—1684）还先后发现了波义耳—马略特定律。当时的化学虽已从炼金术中解放出来，但却信奉着"燃素说"。这个学说是德国人施塔尔（G. E. Stahl，1660—1734）提出来的，在相当长的时间内统治着整个化学界。直到法国化学家拉瓦锡（A. L. Lavoisier，1743—1794）建立了科学的燃烧理论——氧化学说之后，才被人所抛弃。拉瓦锡的氧化学说的建立和他的《化学纲要》的出版，标志着化学作为一门科学已经形成。

在生物学方面，直到18世纪，仍然处于搜集材料阶段。瑞典科学家林奈（C. Linna，1707—1778）用"双名法"命名生物，创立了科学分类体系，把前人积累的全部生物学知识系统化了。但他还坚持物种不变说。

在对人体的研究方面，早在哥白尼发表太阳中心说的同时，比利时的医生维萨留斯（A. Vesalius，1514—1564）就纠正了古代医学家盖伦关于血液流动的一些错误观点。接着，西班牙医生塞尔维特（M. Servetus，1511—1553）提出了血液"小循环"（肺循环）的理论。到17世纪，英国医生哈维（W. Harvey，1578—1657）更前进了一大步，提出了血液"大循环"（体循环）的理论。血液循环理论的发现，使生理学发展成为科学。

科学与技术是紧密相关的。在18世纪60年代，发生了近代史上的第一次技术革命。这次技术革命开始于纺织工业的机械化，以蒸汽机的广泛使用为主要标志。近代以来，为发明蒸汽机而作出贡献的有：法国人巴本（D. Papen，1647—1712）、英国工程师塞维利（T. Savery，1650—1715）、英国铁匠纽可门（T. Newcomen，1663—1729）等，蒸汽机的主要改进工作应归功于英国工匠瓦特（J. Watt，1736—1819）。他应用当时热学的潜热现象的新发现，提高了蒸汽机的效率。而蒸汽机的使用，是人类继发明用火之后，在驯服自然力方面所取得的最大胜利。

三　近代自然科学的认识论和方法论

随着近代自然科学的建立和发展，科学的认识论和方法论不仅成为哲学研究的重点，也是自然科学家关注的问题。欧洲各国的哲学家和科学家围绕着什么是认识自然的可靠方法，进行了热烈的探讨。

以弗兰西斯·培根（F. Bacon, 1561—1626）为代表的英国哲学家，包括霍布斯（T. Hobbes, 1588—1679）、洛克（J. Locke, 1632—1704）等人，他们认为经验是人的一切知识或观念的唯一来源，片面强调经验或感性认识的作用和确实性，贬低乃至否定理性的作用和确定性。他们的哲学观点属于"经验论"学派。培根在1620年出版的《新工具》一书中，提出了实验归纳方法论，主张在占有了足够的经验事实后，先加以分类和鉴别，然后按照金字塔模型自下而上的方向进行归纳。由于他反对假设演绎法，不重视数学在科学实验中的地位和作用，因而对伽利略的科学工作缺乏应有的反应。他所主张的归纳法在17世纪的数理科学中发挥的作用不大，而在以后主要靠搜集材料得出结论的生物科学和地质科学中才得到有效的运用。

与此相反，以笛卡尔（R. Descartes, 1596—1650）为代表的法国、荷兰以及德国的哲学家，包括斯宾诺莎（B. Spinoza, 1632—1677）、莱布尼茨（G. W. Leibniz, 1646—1716）等人，他们认为，具有普遍必然性的可靠知识不是也不可能来自经验，而是从先天的无可否认的"自明之理"出发，经过严密的逻辑推理得到的。他们的哲学观点属于"唯理论"学派。笛卡尔在1637年出版的《方法谈》一书中，提出了他的数学演绎方法论。他认为，面对着十分复杂的对象，经验固然重要，但未必可靠，以它为基础进行推理往往会出错；而只要前提正确，演绎法却不会出错。

其实，更能代表近代科学方法论精神的是伽利略和牛顿。伽利略最先倡导并实践的是实验和数学相结合的方法。他所说的实验主要是理想化的实验。他认为研究程序应分为直观分解、数学演绎、实验证明三个阶段。其中直观分解至关重要，它意味着将一个无比丰富的感性自然界通过直观转译成简单明了的数学世界，而全部近代物理学正是建立在自然的数学化基础之上的。就此而言，伽利略当之无愧地成为近代物理学之父。牛顿的科学方法可以称之为"归纳—演绎"法。他不同意笛卡尔的"先天演绎"法，十分重视归纳。但这不意味着他忽视数学演绎，相反，公理化是构成他的力学体系的根本方法。只是他认为演绎的结果必须重新诉诸实验确证。由此可以看出，伽利略和牛顿在一定程度上避免了培根和笛卡尔各自存在的片面性，而把实验观察与数学演绎紧密地结合在一起了。

四 机械论自然观和形而上学思维方法

机械唯物主义自然观在 16 世纪兴起，并随着经典力学体系的建立而在 17—18 世纪的西方哲学中占据统治地位。17 世纪上半叶，笛卡尔根据力学的成就，按照他的演绎推理方法，建立了一个机械的宇宙演化模型。他认为，宇宙中无论天上还是地下，处处充满着同样的广延物质；整个世界处在一个巨大的漩涡运动之中。他将运动定义为位移运动，而且提出永恒的机械运动守恒原理。他还认为，人造的机器与自然界中的物体没有什么本质的区别，动物乃至人体，本质上也是一架机器，它的机能均可用力学加以解释。

牛顿把经典力学原理加以无限推广，将宇宙描述成为以各种自然力为联结点，完全做着机械运动并具有机械结构的统一图景。他还以机械的、惰性的、被动的粒子作为宇宙机械运动的出发点，提出了不依赖于物质的"绝对空间"和"绝对时间"的概念。他把统一的物质与运动截然分开，设想有丧失运动的物质和独立于物质之外的运动。虽然具体物体运动的源泉，可以是外在物质的作用力；但整个物质世界运动的源泉，就只有求助于上帝的"第一推动力"了。

18 世纪，在牛顿经典力学理论的基础上，经过欧拉（L. Euler，1707—1783）、达兰贝尔（J. D'Alembert，1717—1783）、拉格朗日（J. L. Lagrange，1736—1813）等人对分析力学的研究，得出一些关于体系动力学的普遍方程，使理论力学发展到更加完善的地步。它深刻地影响并带动了其他学科的发展，使其他学科无不染上力学的色彩。18 世纪法国唯物论哲学家应用当时更加发达的力学成就，进一步贯彻了机械论的自然观。例如，拉美特里（J. O. La Mettrie，1709—1751）从笛卡尔"动物是机器"的命题出发，进一步得出"人是机器"的结论。和 17 世纪的机械论者不同，他们肯定物质能运动并具有多种多样的性质，但却进一步发挥了机械决定论的观点。例如，霍尔巴赫（P.—H. D. Holbach，1723—1789）宣称，宇宙本身只不过是一条生生不息的永不间断的因果链条，原因和结果具有严格确定的、不可移易的必然联系。这种机械决定论在自然科学理论中的表现就是拉普拉斯决定论。拉普拉斯（P. S. Laplace，1749—1827）认定，宇宙中全部未来的事件都严格地取决于全部过去的事件，只有必然性而没有偶然性。

近代自然科学当它处在搜集材料阶段时，还原分析的方法是一种主要的方法。它把复杂的事物还原为简单的事物，把整体分割为它们的组成部分，然后对各个组成部分及其简化了的关系进行考察和分析，最后归纳出规律性的结论。这种方法虽然推动了科学的发展和认识的进步，但却给人们带来了孤立地、静止地看问题的习惯，再经过哲学家的加工和移植，逐步形成了形而上学的世界观和思维方法。随着自然科学从搜集材料进入整理材料阶段，从经验科学进入理论科学，这种形而上学的世界观和思维方法愈来愈不适用，并成了自然科学进一步发展的障碍。

第三章
自然辩证法创立的哲学渊源与科学基础（下）

19世纪被誉为科学的世纪。在这个世纪里，自然科学的各个门类都相继成熟起来，形成了人类历史上空前严密和可靠的自然知识体系。在16世纪兴起，17世纪确立，18世纪进一步发展了的机械论的自然观和形而上学思维方法，在一系列重大科学成就的冲击下逐步地遭到破产，进化、发展的观念进入了自然科学理论之中。德国古典哲学的兴起，特别是黑格尔的唯心主义辩证法体系的形成，标志着欧洲辩证思维的发展进入了第二个历史形态。

第一节　近代自然科学在19世纪的全面发展和形而上学自然观的破产

近代自然科学从18世纪下半叶起，特别是19世纪，获得了全面的系统的发展，它从不同的领域打开了形而上学自然观的一个又一个缺口，为辩证唯物主义自然观的产生准备了自然科学的前提条件。

一　近代自然科学在19世纪的全面发展

在天文学方面，随着天文观测手段的进步，人类的视野从太阳系扩展到银河系和河外星系，从天体力学扩展到天体物理学的领域。天文观测上所获得的成果，主要有对恒星和双星的观测、小行星的发现以及光行差和恒星视差的发现。而最有意义的是英国天文学家赫舍尔（W. Herschel，1738—1822）于1781年发现天王星后，由于天王星明显的"越轨"行为而导致的海王星的发现。英国剑桥大学学生亚当斯（J. C. Adams，1819—1892）于

1845年10月，法国天文学家勒维烈于1846年7—8月先后计算出它的位置，柏林天文台台长加勒于1846年9月23日，在收到勒维烈来信的当夜发现了它。海王星的发现使万有引力定律的正确性再次得到验证。在对天体现状研究的基础上，人们对天体的起源与演化提出了新的假说。德国科学家和哲学家康德（I. Kant, 1724—1804）在1755年出版的《自然通史和天体论》（中译本名为《宇宙发展史概论》）中，以鲜明的历史自然观和宇宙发展论思想，提出了关于太阳系起源的星云假说，指出太阳系是原始星云由于微粒的斥力和引力的作用演化而来的。它从根本上否定了牛顿的"第一次推动"的假说。1796年，法国科学家拉普拉斯在《宇宙系统论》中，用牛顿力学详细地论证了太阳系的演化过程，更完整地提出了星云假说。康德—拉普拉斯假说在僵化的形而上学自然观上打开了第一个缺口。

在地质学方面，围绕着岩石成因问题，有"水成论"与"火成论"之争。前者由英国人伍德沃德（J. Woodward, 1665—1728）提出，德国地质学家维尔纳（A. G. Wemer, 1749—1817）集大成；后者由意大利人莫罗（A. L. Moro, 1687—1764）提出，英国地质学家赫顿（J. Hutton, 1726—1797）集大成。两者各持所见，"水火不相容"，争论了好多年。在地壳运动变化的方式上，有"灾变论"与"渐变论"之争。前者的代表是法国生物学家居维叶（G. Cuvier, 1769—1832），后者的代表是英国地质学家赖尔（C. Lyell, 1797—1875），他在《地质学原理》一书中指出，地壳的变化不是突如其来的灾难性的剧变，而是在漫长的历史进程中由于内力（地震、火山）和外力（风、雨、雪、温度变化等）的长期作用而缓慢发生的。赖尔的观点，从地质学方面支持了康德学说中关于自然界生成的观点，也是打破形而上学自然观的重要科学根据。

在物理学方面，18世纪末美国人伦福德（B. T. Rumford, 1753—1814）于1798年所做的钻头加工大炮的实验和英国化学家戴维（H. Davy, 1778—1829）所做的真空中摩擦冰块的实验，都给"热质论"以沉重的打击，这些实验证明热不是一种物质而是一种运动，证明机械运动可以转化为热。到19世纪的前30年，物理学中又有一系列的成就，从不同方面揭示了自然界中各种运动形式的相互转化。主要的有：英国科学家尼科尔逊（W. Nicholson, 1753—1815）和医生卡莱尔（A. Carlisle, 1780—1840）于1800年通过电解水的实验，证明电能也可以产生化学能；丹麦物理学家奥斯特（H. C. Oersted, 1777—1851）于1820年通过实验，证明电（能）可以转化为磁（能）；英国物理学家法拉第（M. Faraday, 1791—1867）于 1831 年通过实验，证明了磁（能）可以转化为电（能）；德国人塞贝克（T. J. Seebeck, 1770—1831）于 1821 年制成温差电偶，证明热可以转化为电；等等。1824 年，法国工程师卡诺（N. L. S. Carnot, 1796—1832）通过对"理想热机"工作过程的研究，提出了他的理想热机的理论，奠定了热力学的理论基础。所有这些，都为能量守恒与转化定律的创立提供了条件。1840 年起，许多国家的科学家从不同的途径，发现了这个自然界的伟大规律。他们是：德国青年医生迈尔（J. R. Mayer, 1814—1878）、英国科学家焦耳（T. P. Joule, 1818—1889）、德国物理学家和生理学家赫尔姆霍茨（H. Helmholtz, 1821—1894）、英国律师格罗夫（W. R. Grove, 1811—1896）和丹麦科学家柯尔丁（L. A. Coding, 1815—1888）。他们的工作各具特色，并且是独立地做出的。从论文发表时间上讲，迈尔占先；从提供确凿的实验证据上讲，焦耳占先；从全面而精确地阐发这一原理上讲，赫尔姆霍茨占先。能量守恒与转化定律在热力学上的特殊表现，就是热力学第一定律，它的发现表明要制作第一种永动机是不可能的。到了 19 世纪 50 年代，由于热力学第一定律的确立，人们有可能从能量转换的观点重新认识卡诺定律的意义，并以不同的表述形式总结出热力学第二定律。英国物理学家威廉·汤姆森（W. Thomson, 1824—1907；1892 年册封为开尔文勋爵）于 1851 年第一次提出了热力学第一定律和第二定律的概念，并表述了第二定律。它的发现表明要制作第二种永动机是不可能的。与此同时，提出热力学第二定律的还有德国物理学家克劳胥斯（R. J. E. Clausius, 1822—1888），他还给出了这个定律的数学表达式。能量守恒与转化定律揭示了热、机械、电、化学等各种运动形式之间的统一，是物理科学发展中的第二次理论大综合。而热力学第二定律的发现，突出了物理世界的演化性、方向性和不可逆性，给出了与牛顿宇宙机器图景完全不同的世界演化图景。这些都再次打击了机械论形而上学的自然观。

19 世纪以前，光、电、磁三者是分别研究的，19 世纪下半叶，由于电磁理论的确立，才把这三者联系起来了。在此之前的光学研究中，英国物理学家托马斯·杨（T. Young, 1773—1829）为了解释光的"偏振"现象，第一次提出了光的横向振动的假说；法国工程师菲涅耳（A. J. Fresnel, 1788—1827）用此观点解释了光的衍射、干涉和偏振现象，使波动说取得了很大的成功。而促使波动说战胜微粒说的决定性的实验是光速的测定，法国的菲佐（A. H. L. Fizeau，1819—1896）、傅科（J. L. Foucault，1819—1868）和美国的迈克尔逊（A. A. Michelson，1852—1931）为此做了一系列的实验，使光波的概念终于被人们所理解。在电与磁的研究方面，德国物理学家欧姆（G. S. Ohm，1787—1854）、法国物理学家安培（A. M. Ampere，1775—1836）、德国物理学家楞次（H. F. E. Lenz，1804—1865），还有前面提到的奥斯特、法拉第各自做了许多工作。在发现了电与磁相互转化的现象之后，为了说明相互转化的机制，法拉第提出了"场"的概念，并用电力线和磁力线表示电场与磁场的空间分布。英国物理学家麦克斯韦（J. C. Maxwell，1831—1879）在上述科学工作的基础上，特别在法拉第已有成就上继续前进，以场论的观点，运用演绎法建立了系统的电磁理论。他在1855年、1862年、1864年先后发表了三篇论文，1873年又出版了名著《电磁学通论》，这些论著构成了他的电磁学理论的框架，其中的精华是麦克斯韦方程组。1888年德国物理学家赫兹（H. R. Hertz，1857—1894）用实验发现了麦克斯韦所预言的传播速度等于光速的"电磁波"的存在。至此，光、电、磁三者的统一性终于被揭示出来。这是物理科学的第三次大综合，它不仅为19世纪70年代开始的，以电力的应用为中心的近代第二次技术革命奠定了理论基础，而且也是对机械论形而上学自然观的有力打击。

在化学方面，19世纪中的主要成就有原子—分子论的建立、人工合成尿素和元素周期律的发现。原子—分子论是英国化学家道尔顿（J. Dalton，1766—1844）和意大利科学家阿伏加德罗（A. Avogadro，1776—1856）先后建立的。道尔顿在研究当时已有的当量定律和定组分定律的基础上，提出了倍比定律。他从研究气体性质入手，逐步形成了科学的原子论；原子是不可见、不可分的，它们在一切化学变化中保持其本性不变。他所提出的原子量的概念很快被化学界所接受，原子理论经过不断完善后终于成为能够说明化学现象的统一理论。1811年，阿伏加德罗以盖—吕萨克（J. L. Gay—Lussac，1778—1850）所做的实验为基础，提出了分子的概念。他的分子理论纠正了道尔顿学说的不完善之处，从此，原子—分子论逐步得到普遍承认，促进了化学的发展。过去，生命力论者把有机物质神秘化，人为地制造有机化合物与无机化合物的界限。由于德国化学家维勒（F. Wohler，1800—1882）于1828年用人工成功地从无机物氰酸氨中合成了有机物尿素，从而把无机界与有机界之间鸿沟大部分填平了。元素周期律的发现的主要贡献应归功于俄国化学家门捷列夫（Д. И. Менделеев，1834—1907）。在他之前，德国的段柏莱纳

(J. W. Dobereiner, 1780—1849)、法国的尚古多（B. de Chancortois, 1820—1886）、德国人罗泰尔·迈耶（J. L. Meyer, 1830—1895）、英国人纽兰兹（J. A. R. Newland, 1837—1898）等先后提出过关于元素性质的规律性的不同学说。门捷列夫在他们工作的基础上，于1869年提出了元素周期律，把原来认为是彼此孤立、各不相关的各种元素看成是有内在联系的统一体。

在生物学方面，19世纪是重大的转折时期。生物学从搜集材料发展成为整理材料，从描述性的科学发展成为实验的历史的科学。由于比较方法在生物学中得到广泛的应用，人们就有可能从联系的统一的历史发展的观点来看待生物界。这是细胞学说和进化论建立所必不可少的重要的思想条件。德国植物学家施莱登（M. J. Schleiden, 1804—1881）和动物学家施旺（T. Schwann, 1810—1882）于1838年和1839年先后创立了细胞学说，揭开了有机体产生、成长及其构造的秘密，把人们关于生物界统一性的思想提到了一个新的阶段。早在1802年，法国生物学家拉马克（J. B. Lamarck, 1744—1829）就提出了生物进化论的思想，接着在1809年发表的《动物哲学》中又进一步作了论述。但进化论的集大成者是英国生物学家达尔文（C. R. Darwin, 1809—1882），他在研究、吸收了先驱者思想的基础上，于1859年出版了巨著《根据自然选择，即在生存斗争中适者生存的物种起源》（简称《物种起源》）。在这部著作中，达尔文以极其丰富的资料，令人信服地证明了生物界是从简单到复杂、从低级到高级，不断发展、不断进化的。达尔文用物种变异的普遍性的观点，推翻了物种不变的形而上学观点，打击了当时流行于自然科学中的"目的论"，戳穿了神创论者关于"上帝创造人"的谎言，从而第一次把生物学放在完全科学的基础之。在《物种起源》写作期间，英国自然科学家华莱士（A. R. Wallace, 1823—1913）也独立地提出了与达尔文类似的观点。《物种起源》出版后，英国生物学家赫胥黎（T. H. Huxley, 1825—1895）为捍卫和传播进化论作出了重大的贡献；德国博物学家海克尔（E. H. Haeckel, 1834—1919）、德国生物学家魏斯曼（A. Weismann, 1834—1914）各自从不同方面发展了达尔文的学说。

电磁理论的实际应用，引发了继蒸汽机之后，以电力应用为标志的近代史上的第二次技术革命。这次技术革命开始于19世纪70年代。当时，有实用价值的发电机和电动机已经制成，直流电机供电已取代蒸汽动力而占统治地位。特别是电力远距离运输的成功，促使了电力的广泛应用。电力不仅可以作为工业动力，而且还可用于通讯与照明。此外，内燃机的研制成功和应用，也为各种类型交通工具提供动力，从而导致汽车、飞机等新型交通工具的发明。电机和内燃机的发明和应用，是第二次技术革命的主要内容。由于这次技术革命，人类历史上开始了以电用于动力、照明、通讯为基础的现代文明生活。从第二次技术革命的发生和发展过程，生动地表明科学对技术应用、对生产发展的巨大指导作用。

二 近代自然科学的发展与人类自然观和思维方式的改变

前面已经讲到，近代自然科学刚刚产生时，它是从神学的禁锢中解放出来的。当时，自然科学发展得比较充分的是天文学、力学和数学这三门古老的学科。直到牛顿经典力学的理论体系建立时，无论是研究天体运动，还是研究地面上宏观物体的运动，都是在机械运动的水平上，用力学的规律来加以把握。随着牛顿力学的进一步完善化和在各个领域的广泛应用，人们往往用力学的尺度去衡量一切，用力学的原理去解释一切自然现象。久而久之，这种状况就在人们思想上形成了一种机械的自然观：一切运动都归结为机械运动，一切运动的原因都归结为某种"力"。自然界在人们的心目中就是一架按照力学规律运动着的庞大的机器，动物和人也不例外，只不过比较复杂一点而已。这种典型的机械论的自然观，正是由当时自然科学发展的水平决定的。

近代自然科学发展的前期，多数自然科学部门还处于搜集经验材料的阶段，自然科学家采用的研究方法主要是观察实验、解剖分析和归纳推理。在分门别类地搜集材料的过程中，往往容易产生孤立、静止的形而上学的思维方式：只见树木，不见森林；只见状态，不见过程。既然一切事物都是一成不变的、都是某种一下子造成的东西，那么，为什么天体会运动呢？动植物的物种又是如何产生的呢？在这些问题面前，即使是卓有成就的科学家也感到困惑不解，最后只好用造物主的"第一次推动"（如牛顿）和神创的"第一物种"来搪塞。形而上学的思维方式必然要导致唯心主义，这是当时科学与哲学发展中难以避免的结局。

于是，我们看到了人类自然观和思维方式的第一次转变：从与古代初步发展的科学水平和主要靠直觉和思辨的科学方法相适应的朴素唯物论的自然观和自发辩证法的思维方式，转变到机械唯物论的自然观和形而上学的思维方式。

但是，自然科学在生产力发展的推动下还是要继续向前发展的。随着19世纪近代自然科学的全面发展，各门学科中所取得的一系列的突破，机械唯物论的自然观和形而上学的思维方式的局限性愈来愈暴露出来了，它们严重阻碍着科学的进一步发展。因而，它们迟早要被辩证法的自然观与思维方式所取代。

于是，我们看到了人类自然观和思维方式的第二次转变：从机械唯物论的自然观和形而上学的思维方式，转变到辩证唯物论的自然观和唯物辩证法的思维方式。

如果说，第一次转变是历史的必然的话，那么，第二次转变也是历史的必然。

在古代，唯物论曾经与辩证法结合在一起的，当然那时无论是唯物论，还是辩证法，都是朴素的、自发的。后来，到了近代，唯物论与辩证法分离了，唯物论曾经在一个相当长的时间内与机械论和形而上学结合在一起，这就是机械唯物论或形而上学唯物论。18 世纪下半叶，特别是 19 世纪自然科学的进一步发展，在客观上提供使唯物论和辩证法重新结合在一起的科学前提。但是，这种结合却不是一下子就能实现的。在欧洲近代哲学史上，在马克思主义哲学产生之前，我们看到的是辩证法与唯心主义结合的哲学形态，这就是从康德到黑格尔的德国古典哲学。

第二节　德国古典哲学的自然观和方法论

德国古典哲学是在 18 世纪末到 19 世纪上半叶德国资本主义发展的独特条件下产生的。德国资产阶级既要革命又缺乏勇气的两面性决定了德国古典哲学的两重性：既有革命的辩证法，又有抽象、思辨的唯心主义。

德国古典哲学从康德开始，经过费希特（J. G. Fichte, 1762—1814）、谢林（F. W. J. Schelling, 1775—1854）到黑格尔（G. W. F. Hegel, 1770—1831），唯心主义辩证法得到了充分的发展。费尔巴哈（L. A. Feuerbach, 1804—1872）是个唯物主义者，但他的人本学唯物论仍然属于直观的、形而上学的旧唯物主义的范畴。他虽然未能实现唯物论与辩证法的结合，但却是黑格尔和马克思主义之间的重要的中介环节。

一　黑格尔的唯心主义辩证法体系

黑格尔的唯心主义辩证法是德国古典唯心主义哲学发展的最高峰，是欧洲哲学史上辩证法发展的第二个历史形态，是马克思主义哲学的重要理论来源之一。

黑格尔的庞大的客观唯心主义体系的基本纲要、萌芽和雏形，是他的《精神现象学》，它实际上是一部人类意识的发展史。黑格尔通过对人类意识发展诸阶段的描述，深刻地揭示了人的个体发展和人类社会发展两个方面的历史辩证法。黑格尔哲学的最基本、最重要的范畴是"绝对观念"（它先于一切事物而存在，是一切事物的本质），他的哲学体系的构成，就是"绝对观念"的辩证发展的过程。这个过程经历了三个阶段：逻辑阶段、自然阶段、精神阶段。相应地，他的哲学体系也是由逻辑学、自然哲学、精神哲学三个部分所组成。他在《哲学全书》（包括《逻辑学》、《自然哲学》和《精神哲学》）中系统地阐述了他的唯心主义辩证法体系。

所谓逻辑阶段，就是自然界和人类出现以前的阶段。在这个阶段，绝对观念以"纯概念"的形式存在，并表现为一个概念向另一个概念的转化与发展。在这个阶段，纯概念的运动与发展经历"存在"、"本质"和"概念"三个小阶段。

在"存在论"中，黑格尔通过质、量、度的推演分析，在西方哲学史上最先把质量互变作为一条普遍的规律提出来。质是某物之所以为某物的规定性，质本身就含着量，所以由质而推出量。量作为事物外在的规定性，其变化一般不影响事物的性质，但这种量变又是有一定限度的。度就有量变不影响质变与影响质变的双重含义，故称为质量互变的"交错点"；由这种交错点组成的线称之为"交错线"。他指出，量变是"渐进性的过程"，质变是"渐进过程的中断"，是"飞跃"。据此，他批判了否认质变和飞跃的形而上学的发展观。

在"本质论"中，有本质自身、现象、现实三个层次。黑格尔的杰出贡献在于：通过本质自身的推演，分析了同一、区别、对立、矛盾诸概念，揭示了对立统一这个宇宙发展的根本规律，深刻批判了否认矛盾及其普遍性的形而上学世界观。他强调指出，一切事物都包含着矛盾，矛盾是一切运动和生命力的根源，矛盾的发展是一个从"自在"到"自为"的过程。他还指出，矛盾中的对立面转化是有条件的，而转化则标志着旧矛盾的扬弃和新矛盾的产生。本质与现象、偶然与必然、可能与现实等范畴，都存在着既对立又统一的辩证关系。

在"概念论"中，黑格尔对主观性、客观性、理念这三个阶段的概念进行了推演。在主观性部分，黑格尔批评把传统逻辑作为世界观所表现出来的形式主义和僵化的倾向，提出了关于概念、判断、推理的辩证观。他特别集中地揭示了普遍与特殊相联结的丰富的辩证内容，从而把他所创立的辩证逻辑与传统逻辑作了严格的区别。在客观性部分，黑格尔把目的性作为人所独具的实践的特征之一，认为目的性的实现，要借助于工具和手段。关于工具重要性的思想，是黑格尔哲学中所包含的向历史唯物主义前进的合理因素之一。在理念部分中，包括生命、认识的理念、实践的理念、绝对理念等层次。在这里，他集中地表述了他的真理观和方法论。他认为，真理存在于对立统一之中，是全面的、具体的。而绝对理念则包含了在它之前的概念发展的全部真理。黑格尔在客观唯心主义前提下，以辩证法为贯串其中的主线，把本体论、认识论和逻辑结合为一体，这在辩证法发展史上有重大意义。纯概念发展到绝对观念阶段，就到了它的顶点。这时，一切矛盾都得到了调和，绝对观念已经不可能在纯概念的形式中继续发展了。于是，纯概念就"外化"为自然界。黑格尔哲学就由逻辑学过渡到自然哲学。

在自然阶段，绝对观念虽然披上了物质的外衣，但它仍然隐藏在自然现象的背后，操纵着自然现象的变化与发展。这样，自然界的一切变化与发展，只是绝对观念的变化与发展的外在表现，实际上只有空间上的展开，而没有时间上的发展。在自然阶段，绝对观念经过，机械性、物理性和有机性三个阶段。在机械性阶段，自然界表现为一个零星的、分散的物质混沌状态。部分与部分之间互不相关，表现为无穷的杂多。到了物理性阶段，分散的物质开始形成了行星和单个的物体。而在有机性阶段，则是前两个阶段的统一，又经过了地质有机体、植物有机体、动物有机体三个小阶段。在动物有机体发展的过程中出现了人。人的出现表示着绝对观念开始超出自然界，进入精神阶段。这时，绝对观念摆脱了物质形式，以适合于自身的精神形式出现。

在精神阶段，绝对观念经历了主观精神、客观精神和绝对精神三个阶段。主观精神是指精神的主观性，又可分为灵魂、意识和自我规定着的精神。在这里，黑格尔着重考察了人的意识的形成和发展。客观精神是精神把自己表现在人类社会之中，包括抽象法权、道德、伦理（家庭、市民社会、国家）三个小阶段。在他看来，世界历史的发展应当在普鲁士君主向其臣民约许的君主立宪中达到顶峰。绝对精神，也就是绝对观念，它是黑格尔哲学的顶点。绝对观念克服了主观精神与客观精神的互相对立，把两者的差异包含于自身之中，使精神实现了它的绝对的、无限的本性。绝对精神包括艺术（感性直观形式）、宗教（表象的形式）和哲学（概念的形式）三个发展阶段。历史上的各种哲学体系的不断变化发展过程，不过是绝对精神自我认识的不同阶段。哲学史是在时间中发展的哲学，而哲学则是在逻辑体系中的哲学史。哲学与哲学史相统一的思想，体现了逻辑与历史的辩证统一。

综上所述，绝对观念经过了漫长而曲折的发展过程，从逻辑学的存在开始，到精神哲学的绝对精神，它不是简单地回复到自身，而是经过一系列概念的推演，展示出自己全部丰富内容之后，在更高的阶段上回复到它自身。这个完全认识了自己的绝对观念，便是黑格尔的哲学；正如恩格斯所说的：

> 黑格尔第一次——这是他的巨大功绩——把整个自然的历史的和精神的世界描写为一个过程，即把它描写为处在不断的运动、变化、转变和发展中，并企图揭示这种运动和发展的内在联系。①

正因为如此，黑格尔哲学体系虽然颠倒了思维与存在的真实关系，但却包含有异常深刻的合理内容，提供了空前系统而"广博的辩证法纲要"，是欧洲辩证法思维发展史的第二个历史形态。

二 黑格尔的《自然哲学》

自然哲学是黑格尔哲学体系的第二个组成部分，《自然哲学》原为《哲学全书》的第二部，后来曾单印成本。中译本由商务印书馆于1980年出版。

黑格尔的自然哲学是与机械论相对立的德国自然哲学发展的结果，是德国思辨哲学与当时的自然科学相结合的产物。他所写的《自然哲学》一书一方面从自然科学中汲取了丰富的营养，另一方面，又用思辨的方式力图对自然科学作出系统的概括和总结。这部著作包括导论、第一篇力学、第二篇物理学和第三篇有机物理学。

导论包括三个问题：考察自然的方法、自然的概念和自然哲学的划分。对这三个问题的回答，构成了黑格尔自然哲学的整个自然观和方法论的纲要。

在考察自然的方法的问题上，他的总的看法是应当把认识自然的理论态度与改造自然的实践态度统一起来。认识自然的片面的理论态度，就是从感

---

① 《马克思恩格斯选集》第3卷，人民出版社，1972年，第63页。

性知识出发，只是思考自然，不发挥能动性，缺乏实践环节。这实际上就是16—18世纪机械论或形而上学考察自然的方式。对此，黑格尔提出了批评。同时，他也批评了改造自然的片面的实践态度。他认为，这种态度是从利己的欲望出发的，它虽然展现了人类征服自然的智慧，但由于没有用概念把握自然的规律，因而不仅不能征服自然，使自然服从自己的目的，反而会毁灭自然。片面的理论态度虽然从关于自然的感性知识中得出了某种普遍的东西，但这不是与个别性相统一的具体普遍性；片面的实践态度虽然使用感性的方式，包含着个别性，但未能把握自然界中的普遍性的东西，无法达到人与自然的统一。这两种片面性只有得到克服，才能实现理论与实践、普遍与个别、主体与客体的统一。黑格尔的这些看法，包含着关于认识自然和改造自然的辩证法，是很可贵的。但他把考察自然的方式规定为概念的认识活动，讲的是作为主体的精神如何认识隐藏在客体中的精神的问题，是从唯心主义的存在与思维的同一性的前提下来回答问题的。他还在思辨哲学的立场上，强调了自然哲学必须以自然科学为基础，批评了自然科学蔑视思维的经验主义倾向。他认为，自然科学虽然是用思维方式考察自然，但用的是抽象片面的知性范畴，而缺乏辩证法的思维。这些对于正确解决哲学与自然科学的关系问题，具有深刻的启发意义。

在如何理解自然的概念的问题上，黑格尔同样表现出唯心主义与辩证法的两重性的态度。作为客观唯心主义者，黑格尔认为自然界是由理念产生出来的，是自我异化的精神，是精神的物质外壳。这是一种变相的宗教神学的创世说。但作为辩证法的思想家，他又认为，既然自然界是精神的产物，它就应当与作为它的内在本质的精神相适应。正如精神是一个活生生的总体一样，自然界也应当是一个活生生的整体。自然是由各个发展阶段组成的体系，其中一个阶段是从另一个阶段中必然产生的。当然引导和支配它们向前发展的辩证法，不是自然界所固有的，而是作为构成自然界的根据的理念里产生出来的。至于自然界变化发展的方向，既不能是纯粹的进化，也不能是纯粹的退化，而是进化与退化的统一。他认为进化与退化两者是相互联系、相互渗透的，两个方向应当完全相合为一，贯穿在一起。他还着重批评了只讲量的变化，忽略质的区别的错误看法，认为既然概念是按质的规定性分化的，那么，就一定会造成飞跃；那种自然界里无飞跃的说法，完全和概念的分裂过程不相容。

在自然哲学的划分问题上，黑格尔认为，划分自然系统的原则是按照由简单到复杂、由低级到高级的发展过程；这也是确定自然哲学的结构与阐述进程的原则。在客观唯心主义者黑格尔看来，这种由简单到复杂、由低级到高级的发展过程，并不是以自然的方式进行的，而是在理念之内并在理念支配之下进行的。从概念的运动来说，这就是从最抽象的概念到最具体的概念的发展过程。根据这个原则，在划分自然系统时，要充分体现概念自己规定自己、自己实现自己的过程，表明自然对象是在精神的支配下不断提高自己的组织程度，而达到独立的有机生命的；表明各种自然形态仅仅是概念的形态，它们的完善程度取决于它们反映内在概念的程度如何来加以衡量的。但是，作为辩证法的思想家，黑格尔又认为，在自然系统的划分中，要表现出物质系统在其属性、功能与组织方面的进化过程，要揭示出各种自然形态有一个发展的阶序。黑格尔从他的客观唯心主义体系出发，把自然哲学看作逻辑学在自然界的应用。在逻辑学中有存在论、本质论、概念论；而在自然哲学中，他就把自然界划分为力学、物理学、有机物理学三个领域。其中，与力学相对应的是存在论的范畴；与物理学相对应的是本质论的范畴；与有机物理学相对应的是概念论的范畴。这样，力学考察的是直接存在的概念，是完全抽象的相互外在的东西（空间和时间），是个体化的相互外在东西及其抽象关系（物质和运动），是自己运动的物质（天体系统）；物理学考察的是表现为必然性纽带的隐蔽概念，是在差别和对立中相互映现的个体性，有普遍的个体性（天体物理系统、元素系统和气象系统）、特殊的个体性（比重、内聚性、声音和热），总体的个体性（磁、颜色、电和化学过程）；有机物理学考察的是达到其实在性的概念，是凌驾于形式差别之上的个体性，而这种概念或个体性作为充实的、自我性的、主观的总体就是生命（地质有机体、植物有机体和动物有机体）。黑格尔认为，在力学领域，物质系统的各个规定或环节彼此处在外在状态，它们是在自身之外寻求自己的中心；在过渡到物理学领域之后，虽然内在概念把各个物体或元素组织在一起，使它们彼此有一种反映关系，但它们在外部偶然性面前还不能自己保持自己而总是趋于瓦解；只有发展到有机物理学领域，才出现了具体的总体，才能够自我保持、自我组织和自我繁殖，于是那种自己规定自己的概念在生命里找到了自己。黑格尔根据上述在唯心主义前提下，从物质的属性、作用和组织程度来研究形态形成或系统演进过程的基本观点，正确地批判了还原论。他认为，那种把物理系统归结为力学系统的机械论和把生命系统归结为原子组合的化学论都是错误的。

在第一篇力学中，黑格尔考察了空间和时间、物质和运动以及天体运动。他认为，空间总是充实的，而现实事物本身的历程则构成了时间。他坚持并论证了空间和时间依赖于运动着的物质的观点，批判了牛顿把空间和时间同物质运动相割裂的"绝对时空观"。

在物质与运动的相互关系问题上，他一方面批评了那种认为存在着没有运动的物质的机械论观点；另一方面，也批评了那种存在着没有物质的运动的唯心论观点。他的结论是：正如没有无物质的运动一样，也没有无运动的物质；物质与运动是不可分离的。当然，他不是把运动视为物质的谓语，而是把物质视为运动的谓语，他认为运动是真正世界灵魂的概念。他对天体运动的考察，根据当时天文学所能提供的知识，仅限于太阳系，认为太阳系是自己运动的物质系统。他认为，太阳作为绝对的中心物体，表现出抽象的运动，即围绕其中心的内在旋转，是概念总体的第一个环节，相当于"正题"；彗星和月球作为自身无中心的附属物体，只有围绕自身之外的中心的运动，而没有独立的旋转运动，是概念总体的第二个环节，相当于"反题"；各个行星作为相对的中心物体，自身具有相对的中心，它们的运动方式既是自转，又有围绕绝对中心的运动，是概念总体的第三个环节，相当于"合题"。这种泛逻辑主义的三段式推演，固然反映了黑格尔把太阳系视为完善力学系统的唯理主义，但却存在着某种牵强附会和科学上的失误。在考察太阳系时，黑格尔的可贵之处在于，他认为吸力作为支配天体运动的一种力量，应是吸引力和排斥力、向心力和离心力的统一。他批评了牛顿的"第一推动力"，指出牛顿理解引力的方式，是知性的方式而不是理性的方式。因为牛顿把行星的运动看作从外部传给的运动，而不是行星自己使自己运动。

在第二篇物理学中，黑格尔考察了由物理天体、物理元素和气象过程组成的普遍个体性；由比重、内聚性、声音和热组成的特殊个体性；由磁、颜色、电和化学过程组成的总体个体性。他认为，在物理领域中，这种以内在方式把自己的各个环节统一起的个体性系统，最初是把个体性包含在普遍的东西中，然后进入了有差别的规定中，最后又从这种差别返回到自身。这就表现为普遍的个体性到特殊的个体性，最后是总体的个体性。在物理学领域中，除了包括天体物理学、气象学、光学、热学、声学、电磁学这些属于物理学的分支学科之外，实际上也包括了化学领域。作为客观唯心主义者，黑格尔认为，在物理学的上述种种自然现象中，占支配地位的是表现为必然性纽带的隐蔽概念；作为辩证法的思想家，他力图用辩证法的观点来分析有关的自然现象，虽然也不乏牵强附会和荒谬之处。但在不少问题上，他的辩证法思想所显示出来的智慧乃至预见，是有相当价值的。例如，他认为光与暗是相辅相成的；光的传播是连续性与间断性的统一；物质既是可以无限分割又是不可无限分割的；热是一种运动状态的方式；磁的两极的相互依存与相互转化；在电磁与化学作用的关系上，既不是互不相干，又不能加以等同，应当坚持差别中的同一与同一中的差别；等等。

在第三篇有机物理学中，黑格尔考察了作为普遍主观性的地质有机体、作为特殊主观性的植物有机体和作为个别主观性的动物有机体。有机物理学或简称有机学，也就是生物科学。黑格尔认为，生命是整个对立面的结合。具体地说，生命把内在与外在、目的与手段、主观与客观、原因与结果都统一于自身，所以，它是辩证法在自然界里最充分的体现。有机界的生命系统同无机界的力学系统、物理系统的根本区别在于，无机界的各个部分虽然也构成一种总体，但它们的联系是松散的，受直线式的盲目的因果性的支配，当作为原因的环境作用于该系统时，往往造成毁灭性的结果；有机界则不然，生命系统的各个部分的联系是有机的，它们构成一种主观的总体，受圆圈式的因果联系即内在目的性的支配，当作为原因的环境作用于该系统时，它会改变环境造成的结果，并把这种结果作为原因反作用于环境。根据当时的生物地质观，黑格尔把地质有机体看作生命过程中尸骸或自我异化了的生命；并认为植物有机体是正在开始的、比较真纯的生命力；而动物有机体则是自为存在的、臻于完善的生命力。因为动物作为主体是在"他在"中维持自己，并把自己的各个部门组成一种真正的有机系统。上述黑格尔对有机界生命系统的看法虽属唯心主义，却也包含着辩证法。黑格尔在考察有机界生命系统时，提出了诸如：地质学中的"火成论"与"水成论"，生物学中的"预成论"与"渐成论"，虽各自具有真理性但又都有其片面性；生命是一种不断造成的化学过程；植物有机体只不过是正在开始的生命，只有动物有机体才是真正的生命；动物与无机自然界的相互作用，既有反映世界的感性活动，又有按照目的进行的本能活动；生命本身就具有死亡的萌芽，生命的活动就在于加速生命的死亡，而死亡的正是生命力等看法，无不包含着丰富的辩证法思想。黑格尔把有机体的自我说成是"精神的普遍性"，而把有机体的存在说成是"物质的个别性"，认为两者总是处于不符合的状态。当理念突破了物质的个别性与精神的普遍性的不符合状态时，自然就过渡到了精神。他的哲学也就从自然哲学进入了精神哲学。因此，《自然哲学》是《逻辑学》的应用，又是通向《精神哲学》的必要的过渡环节。

马克思恩格斯和列宁多次明确指出，在黑格尔的广博的哲学体系中存着丰富的辩证法思想，这是我们需要继承的；而黑格尔哲学的唯心主义的出发点和不符合事实的任意的体系结构，则是我们必须反对和加以抛弃的。就黑格尔本人的著作而言，《逻辑学》一书对辩证法的阐述最为充分，因而价值也最大。但就探讨马克思主义自然辩证法的思想渊源而言，除了《逻辑学》还要重视对《自然哲学》的研究。长期以来，相当多的自然科学家由于受着轻视理论思维的经验主义思潮的影响，表现出对黑格尔自然哲学，乃至整个哲学的厌恶和否定；一些马克思主义者则由于黑格尔哲学中的唯心主义前提并存在不少牵强附会的谬见和陈旧的观点，因而认为《自然哲学》不值得重视，也无需研究。其实不然。近年来，随着研究工作的进展，人们越来越清楚地认识到在黑格尔的《自然哲学》中，除了那些过时的自然科学知识和荒谬的哲学观点以外，确实包含着不少闪烁着辩证法光辉的思想。这些思想，不仅曾经对于恩格斯创立自然辩证法有着启迪作用，而且，如果我们能结合现代自然科学的新进展去进行批判性的研究，对我们今天仍然有其现实的意义。

马克思曾经这样说过：

> 辩证法在黑格尔手中神秘化了，但这决不妨碍他第一个全面地有意识地叙述了辩证法的一般运动形式。在他那里，辩证法是倒立着的。必须把它倒过来，以便发现神秘外壳中的合理内核。[①]

马克思和恩格斯正是在总结19世纪自然科学一系列伟大成就的基础上，把黑格尔的客观唯心主义的辩证法"倒过来"，从而创立了作为马克思主义哲学重要组成部分的自然辩证法。至此，我们终于看到了人类哲学思想发展史上的两个否定之否定。就唯物论而言，古代朴素的唯物论→近代机械的或形而上学的唯物论→马克思主义科学形态的辩证唯物论，这是一个否定之否定。就辩证法而言，古代朴素的辩证法→近代黑格尔客观唯心主义的辩证法→马克思主义的唯物辩证法，这是又一个否定之否定。包括自然辩证法在内的马克思主义哲学，正是处在这两个否定之否定系列的第三个阶段的结合点上。

---

① 《马克思恩格斯选集》第2卷，人民出版社，1972年，第218页。

第四章
《自然辩证法》的写作与出版

《自然辩证法》（Dialektik der Natur）是恩格斯的一部阐述自然界和自然科学辩证法的未完成的著作。

恩格斯1820年11月28日出生于德国乌培河谷的巴门市。他是一位棉纺厂的厂主的长子。他的3个弟弟都走上了经营工商业的道路，4个妹妹也都嫁给有钱人家，只有他选择一条完全不同的生活道路。马克思的女儿爱琳娜（Eleanor Marx），曾经这样评价恩格斯：

> 恩格斯出生的家庭在社会上极有地位，也许这种家庭还从来不曾有过像他那样生活道路完全和家世背道而驰的子弟。在这个家庭里弗里德里希被看作"丑小鸭"是可想而知的。也许他的亲属直到现在还不了解这只"丑小鸭"原来是"天鹅"。①

恩格斯在13岁以前，在故乡巴门理科中学读书；以后，又就读于爱北斐特的理科中学。毕业前一年，即1837年9月，由于父亲的坚持，他辍学前往一家商行当练习生。1838年又前往不莱梅一家商行进行经商实习。他服过兵役，给《德意志电讯》和《莱茵报》撰稿。1841年9月底，他在柏林服兵役的同时，还在大学里旁听并和柏林的青年黑格尔派小组建立联系，发表了批判谢林的哲学观点的文章和小册子。1842年11月他赴英国实习经商，在科伦访问了《莱茵报》编辑部，在那里和马克思第一次见面。1844年8月28日，他在从英国返回德国的途中，在巴黎逗留10天左右，拜访了马克

---

① 《回忆马克思恩格斯》，人民出版社年，1962年，第204页。

思，开始了他和马克思的友谊和合作。恩格斯把自己的毕生都献给了国际共产主义运动的伟大事业，作为马克思的亲密战友，他和马克思一样，都是公认的国际无产阶级的领袖。"马克思逝世以后，恩格斯一个人继续担任欧洲社会主义者的顾问和领导者。"① 他于1895年8月5日在伦敦逝世。

恩格斯在他的战斗一生中，对自然科学作了深刻而广泛的研究。早在中学时代，他对数学、物理学等自然科学的学习就十分勤奋。在校长亲笔签发的中学学业证书中，在谈到他的自然科学学习成绩时写道："总的说来，恩格斯掌握的知识是令人满意的，理解力很强，善于清楚明确地表达自己的思想。"② 中学时代以及后来他对自然科学的学习，不仅锻炼了逻辑思维能力，而且对他彻底抛弃宗教信仰和唯心主义哲学的影响，创立辩证唯物主义世界观起了重要的作用。恩格斯自己在晚年回顾到这一点时写道：

> 马克思和我，可以说是从德国唯心主义哲学中拯救了自觉的辩证法并且把它转为唯物主义的自然观和历史观的唯一的人。可是要确立辩证的同时又是唯物主义的自然观，需要具备数学和自然科学的知识。马克思是精通数学的，可是对于自然科学，我们只能作零星的、时停时续的、片断的研究。因此，当我退出商界并移居伦敦，从而获得了研究时间的时候，我尽可能地使自己在数学和自然科学方面来一个彻底的——像李比希所说的——"脱毛"，八年当中，我把大部分时间用在这上面。③

这里他指的是1873—1876年以及1878—1883年这两段时间，共八年。"脱毛"一语原是德国著名化学家李比希（J. Liebig, 1803—1873）的用语，它是李比希强调化学家必须适应化学的迅速发展时所用的形象的比喻："不适于飞翔的旧羽毛从翅膀上脱落下来而代之以新生的羽毛，这样飞起来就更有力更轻快。"恩格斯十分赞赏这种比喻，决心使自己也来一次"脱毛"，以艰苦进取的精神来掌握自然科学知识及其科学思维方法。他集中精力研究物理学、化学和生物学，读过德国物理学家鲁道夫·克劳西乌斯、海尔曼·赫

---

① 《列宁选集》第1卷，人民出版社，1972年，第93页。
② 《马克思恩格斯全集》第41卷，人民出版社，1982年，第693页。
③ 《马克思恩格斯选集》第3卷，人民出版社，1972年，第51页。

尔姆霍茨和罗伯特·迈尔；法国数学家兼哲学家让·勒·隆德·达兰贝尔；英国物理学家威廉·汤姆森；德国化学家卡尔·肖莱马以及奥地利物理学家兼哲学家恩斯特·马赫等人的著作。特别使他感兴趣的是达尔文的进化论学说，施莱登和施旺的细胞学说，能量守恒和转化的定律以及有机化学方面的问题。恩格斯正是通过对自然科学的学习和研究，为创立自然辩证法这门学科奠定了扎实的自然科学基础。

第一节 《自然辩证法》的写作过程

《自然辩证法》的写作，经历了以下五个阶段。

一 准备阶段（1858.7—1873.5）

1858年7月至1873年5月，这15年可以说是恩格斯写作《自然辩证法》的准备阶段。之所以把准备阶段的时间从1858年7月算起，这是以这时恩格斯给马克思的一封信作为标志的。其实恩格斯在19世纪40年代初期，就开始探索自然科学在人类社会发展中的作用问题了。

1842年11月，恩格斯按照他父亲的安排，到英国曼彻斯特去经商。他父亲不仅在本地经营一家纺织厂，还在曼彻斯特与欧门家族合股开设一家纺织公司。恩格斯去那里，就是要在"欧门—恩格斯"纺织公司里实习经商。曼彻斯特位于英格兰的南部，是英国纺织工业的中心，这里的工厂和商场为恩格斯了解和研究资本主义提供了一个典型的"橱窗"。恩格斯充分利用英国科学技术比较发达的条件，考察了科学技术的发展史。他看到，英国的工业革命推动了科学技术的迅速发展，而科学技术是"生产的要素"，这实际上是科学技术是生产力这个论点的萌芽。1844年2月，恩格斯在《英国状况——十八世纪》中又提出，18世纪以来，科学一方面和哲学，另一方面和实践结合起来了。他说：

> 科学和哲学结合的结果是唯物主义（牛顿的学说和洛克的学说同样是唯物主义所依据的前提）、启蒙时代和法国的政治革命。科学和实践结合的结果就是英国的社会革命。①

---

① 《马克思恩格斯全集》第1卷，人民出版社，1956年，第666—667页。

在这里，恩格斯进一步认识到科学技术在社会发展中的革命作用。这些都是十分可贵的思想。但是，自觉地为写作《自然辩证法》进行准备，还是以1858年7月14日致马克思的信作为起点。

这封信是恩格斯从曼彻斯特寄给住在伦敦的马克思的。信中写道：

> 请把已经答应给我的黑格尔的《自然哲学》寄来。目前我正在研究一点生理学，并且想与此结合起来研究一下比较解剖学。在这两门科学中包含着许多从哲学观点来看非常重要的东西，但这全是新近才发现的；我很想知道，所有这些东西老头子（指黑格尔——引者注）是否一点也没有预见到。毫无疑问，如果他现在要写一本《自然哲学》，那末论据会从四面八方向他飞来。可是，人们对最近三十年来自然科学所取得的成就却一无所知。①

恩格斯打算根据当时自然科学中的一系列重大发现来重新研究黑格尔的《自然哲学》。他在信中所说的"最近三十年来自然科学所取得的成就"，主要是他在信中提到的细胞理论的建立，能量守恒与转化定律的发现，胚胎发育阶段所显示的生物进化，等等。这些成就处处显示出自然界的辩证性质，生动地说明了唯物辩证法关于事物之间普遍联系、互相转化、从量变到质变等观点的正确性。所以这些发现从哲学观点来看，就是"非常重要的"了。

就在这封信发出的第二天，即7月15日，马克思立即回信给恩格斯，说："你所要的东西，当寄上。"②

恩格斯1858年7月14日致马克思的信，在恩格斯创立自然辩证法的历史上占有很大的重要性，它是记载自然辩证法思想的第一个历史文献。

不久，1859年11月24日，英国生物学家达尔文的划时代的巨著《物种起源》在伦敦正式出版，孕育了20年之久的达尔文的生物进化论终于问世了。这件事不仅给当时的科学界以极大的影响，而且对马克思和恩格斯创立自然辩证法的事业也有着重大意义。距离此书出版还不到20天，恩格斯在1859年12月12日致马克思的信中就这样写道：

---

① 《马克思恩格斯全集》第29卷，人民出版社，1972年，第324页。
② 《马克思恩格斯全集》第29卷，人民出版社，1972年，第330页。

> 我现在正在读达尔文的著作，写得简直好极了。目的论过去有一个方面还没有被驳倒，而现在被驳倒了。此外，至今还从来没有过这样大规模的证明自然界的历史发展的尝试，而且还做得这样成功。①

同恩格斯一样，马克思也高度评价了达尔文的著作。1860年12月19日马克思在致恩格斯的信中，指出达尔文的进化论"为我们的观点提供了自然史的基础"。② 1861年1月16日，马克思在致斐·拉萨尔的信中又说："达尔文的著作非常有意义，这本书我可以用来当作历史上的阶级斗争的自然科学根据。"③ 必须指出，恩格斯是把达尔文的发展理论作为一个整体来估量时才给予这样高度的评价的。他同马克思一样，对于达尔文将他在自然科学的主张同马尔萨斯的人口论硬扯在一起的做法是不赞同的，并且给予了严厉的批判。

恩格斯在创立自然辩证法的准备阶段中，不仅阅读了大量自然科学著作，而且还结识了一些自然科学家，肖莱马便是其中的重要一位。

卡尔·肖莱马（C. Schorlemmer, 1834—1892）德国人，德国社会民主党党员，同时又是英国皇家学会会员，英国欧文斯学院有机化学教授。他于1863年在席勒协会与恩格斯认识，后来和马克思、恩格斯一直保持着持续不断的来往和频繁的通信，结下了深厚的友谊。他曾担任马克思和恩格斯之间以及他们与外界之间的秘密联络人，多次随恩格斯去北美、北欧等地。他还经常阅读马克思、恩格斯的手稿、信件，并写下了注释、意见、评语等。恩格斯对他评价极高，在他逝世后还专门写了《卡尔·肖莱马》一文，说他"是一个完全成熟的共产主义者"；由于"他完成了在化学领域内的一些划时代的发现"，因而"成了现代的科学的有机化学的奠基人之一"。恩格斯还特别推崇他懂得辩证法，"是当时唯一的一位不轻视向黑格尔学习的著名的自然科学家"。④ 恩格斯同他经常在一起讨论自然科学问题，这就使得恩格斯在创立自然辩证法的过程中，有了一位极好的科学顾问。

在这个阶段，恩格斯还广泛地阅读当时最新的自然科学著作并作出评论。

---

① 《马克思恩格斯全集》第29卷，人民出版社，1972年，第503页。
② 《马克思恩格斯全集》第30卷，人民出版社，1974年，第130—131页。
③ 《马克思恩格斯全集》第30卷，人民出版社，1974年，第574—575页。
④ 《马克思恩格斯全集》第22卷，人民出版社，1965年，第363—366页。

例如，恩格斯读了格罗夫的《物理力的相互关系》一书，认为书中关于自然力相互作用的观点，"是从正面证明了黑格尔所发挥的关于原因、结果、相互作用、力等等的思想"。①

又如，恩格斯读了丁铎尔的《热能是一种运动》一书，对它评价很高，指出该书在研究热的本质方面"已经有了很大的进展"。②

又如，恩格斯读了霍夫曼的《现代化学通论》一书后，肯定该书"比起以前的原子理论来说是一大进步"，指出"作为物质的独立存在的最小部分，是一个完全合理的范畴"，"是在分割的无穷系列中的一个'关节点'。"③ 他还指出，"从前被描写成可分性的极限的原子，现在只不过是一种关系"。

此外，恩格斯还阅读了穆瓦兰的《生理医学讲义》和特雷莫的《论生物的起源》等书，并以此与马克思进行了讨论。穆瓦兰关于法国人利用活体解剖所取得的成果，使恩格斯"发生很大的兴趣"。④ 而对特雷莫书中的地质学上的错误，则持否定的态度。⑤

可以看出，恩格斯阅读这些自然科学著作的目的，是要从中吸取有益的东西，以便创立自然辩证法的思想。

前面已经提到，恩格斯于1842年11月赴英国在曼彻斯特的"欧门—恩格斯"纺织公司经商。1850年11月，他作为父亲驻这个公司的代表在曼彻斯特定居后，天天要到办事处去处理有关事务，写商业信札，并与欧门兄弟周旋。这样，他就不能获得从事政治活动和科学研究工作的无拘无束的自由。但是，这是为了能从经济上保证马克思一家简朴的生活所必需的。1864年7月1日，他取得了股东的资格。1869年6月30日，他终于结束了他在"欧门—恩格斯"公司当股东的业务。这是他渴望已久的。第二天，他给母亲的信中说：

> 我刚刚获得的自由使我高兴极了，从昨天起，我已经完全变成另一

---

① 《马克思恩格斯选集》第4卷，人民出版社，1972年，第359页。
② 《马克思恩格斯全集》第31卷，人民出版社，1972年，第73页。
③ 《马克思恩格斯全集》第31卷，人民出版社，1972年，第309页。
④ 《马克思恩格斯全集》第31卷，人民出版社，1972年，第262页。
⑤ 《马克思恩格斯全集》第31卷，人民出版社，1972年，第259页。

个人了，年轻了十岁。①

1870年9月，恩格斯从曼彻斯特迁居伦敦的敦瑞琴特公园路122号住宅，与马克思寓所只有步行15分钟的路程。这样，恩格斯就取得了进行科学研究工作并同马克思经常晤谈的条件。

当时，以毕希纳（L. Büchner，1824—1899）、福格特（K. Vogt，1817—1895）和摩莱肖特（J. Moleschott，1822—1893）为代表的庸俗唯物论在德国广泛流传。特别是毕希纳的著作在工人中产生了不良影响。1872年底，毕希纳的《人及其过去、现在和将来在自然界中的地位》一书第2版发行。恩格斯在1873年1月就写了反对毕希纳的片断。在题为《毕希纳》的札记中，恩格斯用自然科学发展的事实，以十分明确的语言，论证了自然科学家掌握辩证法的重要性。这是恩格斯留下来的《自然辩证法》手稿的第一个文献，是他打算撰写反对毕希纳的专著的一个提纲，后来，由于形势的发展，恩格斯认为只写这样的专著是不够的，必须给自己提出更广泛的任务，因而决定写一本全面论述自然辩证法的专著。

二　开始撰写《自然辩证法》阶段（1873.5—1876.5）

1873年5月—1876年5月这三年是恩格斯正面探索和开始写作《自然辩证法》的阶段。

1873年5月30日，马克思去曼彻斯特看病，恩格斯从伦敦写信给他。恩格斯在信中写道：

> 今天早晨躺在床上，我脑子里出现了下面这些关于自然科学的辩证思想。自然科学的对象是运动着的物质，物体。物体和运动是不可分的，各种物体的形式和种类只有在运动中才能认识，离开运动，离开同其他物体的一切关系，就谈不到物体。物体只有在运动中才显示出它是什么。因此，自然科学只有在物体的相互关系中，在物体的运动中观察物体，才能认识物体。对运动的各种形式的认识，就是对物体的认识。所以，对这些不同的运动形式的探讨，就是自然科学的主要对象。②

---

① 《马克思恩格斯全集》第32卷，人民出版社，1974年，第606页。
② 《马克思恩格斯全集》第33卷，人民出版社，1973年，第82页。

在这段话中，恩格斯表达了如下三层意思：（1）物体与运动是不可分的；（2）只有在物体的运动中才能认识物体；（3）对物体的不同运动形式的探讨，是自然科学的主要对象。这是恩格斯关于自然界和自然科学辩证思想的基本之点。在这封信中，恩格斯扼要地说明了如何从最简单的机械运动转化为物理运动，又从物理运动转化为化学运动。恩格斯在那时就已经明确得出了生命运动是从化学运动转化而来的观点，指出"人工制造这些物质愈来愈成为化学的主要任务"。对于生命运动，恩格斯认为，当时科学对它的研究还十分不够，所以他"暂时不谈任何辩证法"。恩格斯之所以要写信给马克思，除了他们两人有互相交流思想、共同探讨问题的作风与习惯之外，还由于恩格斯认为马克思那里是"自然科学的中心"，马克思"最有条件判断这里面哪些东西是正确的"。

在恩格斯发出这封信的第二天，即 5 月 31 日，马克思就写了回信。马克思说，恩格斯的来信使他"非常高兴"。他还说，肖莱马读了恩格斯的信以后，基本上完全同意恩格斯的看法。① 肖莱马在恩格斯的信中，有四处写下了他的意见。（1）在恩格斯信中谈到对物体运动的不同形式的探讨是自然科学的主要对象这段话的页边，肖莱马写道："很好，这也是我个人的意见。"（2）在恩格斯信中谈到机械运动的那一段话的页边，肖莱马写道："完全正确！"（3）在恩格斯谈到化学运动的那一段的页边，肖莱马写道："这是最根本的！"（4）肖莱马赞成恩格斯关于对有机体暂时不谈辩证法的见解，在页边写着："我也不谈。"

1873 年 5 月 30 日恩格斯致马克思的信，是恩格斯写作《自然辩证法》一书的起点，也可以看作它是恩格斯写作《自然辩证法》一书的第一个提纲。

从 1873 年 5 月 30 日起，直到 1876 年 5 月这三年中，恩格斯为了写作《自然辩证法》而完成了论文 2 篇（即《导言》和《劳动在从猿到人的转变中的作用》），札记 91 篇（可能还不止这些，因为有若干札记的写作时间不能确定）。这个阶段是恩格斯开始全面地探索和撰写《自然辩证法》的重要阶段。

恩格斯在写了上述论文和大量札记后，于 1876 年 5 月 28 日写信给马克思，说：

---

① 《马克思恩格斯全集》第 33 卷，人民出版社，1973 年，第 89 页。

> 这部著作（指《自然辩证法》——引者注）的最终的全貌也已经开始呈现在我的面前。这部著作的清晰的轮廓开始在我的头脑中形成，在海滨这里的闲散对此有不小的帮助，我可以有功夫推敲各个细目。在这个广阔的领域中，绝对有必要不时中断按计划进行的研究工作，并深入思考已经研究出来的东西。①

从这封信中可以看到，经过1873—1876这三年的悉心研究，《自然辩证法》一书的最终全貌和它的清晰轮廓已经呈现。当然，有关的细目还待进一步加以推敲，一些问题还要作深入的思考。如果这项工作能继续进行而不被中断的话，那么，全书的完成是不成问题的。但是，恩格斯的愿望并没有实现，因为另一项更迫切的战斗任务在等待着他。这就是批判杜林，撰写《反杜林论》。

三 撰写《反杜林论》阶段（1876.5—1878.6）

在这个阶段，恩格斯为了革命斗争的需要，不得不"突然把一切都搁下来去收拾无聊的杜林"。② 欧根·卡尔·杜林（E. K. Duhring，1833—1921）是柏林大学讲师，他所宣扬的小资产阶级社会主义和形而上学哲学曾经迷惑了德国社会民主党的一部分群众，甚至某些领导人。1876年5月16日，该党领导人威廉·李卜克内西（W. Liebknecht，1826—1900）写信给恩格斯，希望他出来写文章清算杜林的错误观点，反击杜林对马克思的全面进攻。

恩格斯欣然接受这一请求，在马克思的支持下，停止了自然辩证法的研究，广泛涉猎杜林的主要著作。当年9月就着手写《反杜林论》，到1877年1月初完成了引论和第一编《哲学》，8月间完成第二编《政治经济学》，1878年4月完成第三编《社会主义》。在《反杜林论》中，恩格斯全面地、连贯地正面阐述了马克思主义的基本观点，从而使它成为一部马克思主义的百科全书。在第一编《哲学》中，恩格斯第一次系统地、全面地论述了辩证法唯物论的哲学观点，同时也第一次发表他多年来关于自然辩证法的研究成果。从表面上看，这个阶段，由于撰写《反杜林论》而中断了《自然辩

---

① 《马克思恩格斯全集》第34卷，人民出版社，1972年，第20页。
② 《马克思恩格斯全集》第34卷，人民出版社，1972年，第18页。

证法》的写作，实际上是对前一阶段进行自然辩证法问题研究的进一步拓展与深化。从这个意义上，我们仍然可以把这个阶段看成恩格斯写作《自然辩证法》整个过程的一个特殊环节。

就在写作《反杜林论》的过程中，恩格斯始终没有停止对《自然辩证法》这部巨著的构思，并以急切的心情希望能尽快地继续写成它。这一点从恩格斯在1877年7月25日致弗兰茨·维德的信中看得很清楚。恩格斯写道：

> 我为《前进报》写完分析批判杜林的文章之后，立即就要集中全副精力去写一部篇幅巨大的独立著作。这部著作我已构思好几年了，我之所以至今未能完成这部著作，除了各种外部条件，为各社会主义机关刊物撰稿也是原因之一。已经过了五十六岁了，应该最终下决心节省自己的时间，以便从准备工作中最终得出某种成果。①

当《反杜林论》写完后，从1878年7月起，恩格斯又回过头继续他已中断两年的自然辩证法的研究和写作。

四 继续撰写《自然辩证法》阶段（1878.7—1883.3）

在1878年7月至1883年3月这将近五年的时间内，恩格斯拟定了未来著作的具体计划，写了相当数量的论文和70多个札记。

恩格斯编制的计划有两个，即［总计划草案］和［局部计划草案］。前者大约写于1878年8月，后者写于1880—1881年。［总计划草案］有11项内容，大体上可分为三个部分。其中第1—2项是属于哲学与自然科学相互关系方面的；第3—5项是辩证法的基本规律及其在各门科学中的体现以及对各门科学中辩证内容的分析；第6—11项是批判当时流行的一些机械论、不可知论以及反社会主义的言论的。这个计划使得恩格斯对《自然辩证法》一书的整个面貌更加清晰地展现出来了。

恩格斯在这个阶段所写的论文有：《〈反杜林论〉旧序。论辩证法》、《神灵世界中的自然科学》（均写于1878年）；《辩证法》（写于1879年）；《运动的基本形式》、《运动的量度。——功》、《潮汐摩擦。康德和汤姆生一

---

① 《马克思恩格斯全集》第34卷，人民出版社，1972年，第261页。

台特》（均写于 1880—1881 年）；《热》（写于 1881—1882 年）；《电》（写于 1882 年）。

到 1882 年底，恩格斯认为《自然辩证法》一书必须尽快完成。他在 11 月 23 日致马克思的信中，除了向马克思谈了他"在电学方面获得了一个小小的胜利"之外，还说，"现在必须尽快地结束自然辩证法"的写作。①

但是，恩格斯的这个愿望并没有实现，因为 1883 年 3 月 14 日马克思逝世了，恩格斯不得不再一次中断《自然辩证法》的写作。

五 整理《自然辩证法》存稿阶段（1883.3—1895.8）

1883 年 3 月 14 日马克思逝世，恩格斯义不容辞地担当起马克思遗稿《资本论》第 2 卷和第 3 卷的整理出版，以及国际共产主义运动的领导工作。他在《反杜林论》第 2 版序言（1885 年 9 月 23 日）中曾经这样写道：

> 自从卡尔·马克思去世之后，更紧迫的责任占去了我全部的时间，所以我不得不中断我的工作。……等将来有机会再把所获得的成果汇集、发表出来，或许同马克思所遗留下来的极其重要的教学手稿一齐发表。②

但是，这个机会并没有到来。1883 年 9 月，恩格斯开始整理《资本论》第 2 卷遗稿，到 1885 年 2 月完成。紧接着，又开始整理《资本论》第 3 卷遗稿，一直到 1894 年 10 月才最后完成。而恩格斯本人在 1895 年 8 月 5 日，就与世长辞了。《自然辩证法》只能以未完成的手稿的形式与读者见面了。

恩格斯在他逝世前不久，曾经把《自然辩证法》的存稿作一次整理。全部手稿包括 10 篇论文，169 段札记片断和 2 个计划草案，总共 181 个部分。恩格斯把这些手稿分成四束，分别加上标题，并为第 2 束、第 3 束编制了目录。

第 1 束《辩证法和自然科学》都是较短的札记和片断，共 127 篇。放在最前面的是 1873 年 5 月前后写的最初两篇手稿《毕希纳》和《自然科学的辩证法》。

---

① 《马克思恩格斯全集》第 35 卷，人民出版社，1971 年，第 115 页。
② 《马克思恩格斯选集》第 3 卷，人民出版社，1972 年，第 53 页。

第 2 束《自然研究和辩证法》共 6 篇，篇幅都比较大些。包括《关于现实世界中数学的无限原型》、《关于"机械的"自然观》和《关于耐格里的没有能力认识无限》这 3 个较长札记；还包括论文《〈反杜林论〉旧序。论辩证法》、《劳动在从猿到人的转变中的作用》；放在最后的是较长的片断《〈费尔巴哈〉的删略部分》。从恩格斯所编的目录看出，本来这一束还包括《运动的基本形式》和《神灵世界中的自然科学》，后来恩格斯把它们勾去，列入第 3 束。

第 3 束《自然辩证法》包括 6 篇已完成的论文：《运动的基本形式》、《运动的量度。——功》、《电》、《神灵世界中的自然科学》、《导言》和《潮汐摩擦。康德和汤姆生—台特》。

第 4 束《数学和自然科学。不同的东西》共 42 篇，包括 2 篇未写完的论文《辩证法》和《热》以及 2 个计划草案。这一束札记的写作日期只有极少数可以确定。

在这四束手稿中，第 3 束明确地冠以"自然辩证法"的标题，由恩格斯编号的第 1 束中标有札记的 11 张对折页上，每一张都写着"自然辩证法"。

恩格斯放在《自然辩证法》手稿中的札记片断，在 1883 年以后写的有：1885 年写的《反杜林论》的 2 个注释，即《关于现实世界中数学的无限原型》、《关于"机械的"自然观》和 1886 年写的《〈费尔巴哈〉的删略部分》。

这样，《自然辩证法》手稿的成稿时间从最早的《毕希纳》（1873 年）到最迟的《〈费尔巴哈〉的删略部分》（1886 年）前后延续有 13 年之久。

第二节 《自然辩证法》的出版经过

一 伯恩斯坦长期阻挠《自然辩证法》的出版

恩格斯逝世后，马克思和恩格斯的遗稿由马克思的最小女儿爱琳娜和德国社会民主党中央负责保管。1898 年爱琳娜逝世后则全部归于德国社会民主党中央。当时，负责处理此事的是伯恩斯坦（E. Bernstein，1850—1932）。据有关资料称，他一贯敌视辩证法，1896 年曾公开声称辩证法给马克思主义带来了最大的危害。因此，他对恩格斯的《自然辩证法》遗稿，采取极端恶劣的态度，随随便便把它搁置一边。

德国社会民主党中央曾经委托党员、物理学家列奥·阿隆斯去研究马克思和恩格斯关于数学和自然辩证法的遗稿是否值得出版。阿隆斯是个坚持狭隘的经验论、非常轻视理论思维的实验物理学家，他到伦敦审读了这些手稿后，认为恩格斯关于自然辩证法的手稿内容"陈旧不堪"；马克思的教学手稿是小学生的作品，因而都不宜公开出版。这样，伯恩斯坦就以阿隆斯的意见作为拒绝出版恩格斯遗稿的借口，压下了这部手稿。只是到1896年在《新时代》杂志上发表了《劳动在从猿到人的转变中的作用》一文，发表时并未说明出处；1898年在《世界新历画报》年鉴上，发表了《神灵世界中的自然科学》，发表时透露这是一系列关于自然辩证法的论文中的一篇。

俄国十月社会主义革命胜利以后，俄共（布）中央派马克思恩格斯研究院院长梁赞诺夫前往柏林德国社会民主党档案馆，全面组织马克思和恩格斯遗稿的照相复制工作，发现了《自然辩证法》手稿。1924年春，梁赞诺夫找伯恩斯坦谈关于《自然辩证法》手稿的出版问题。在这种情况下，为了推脱罪责，伯恩斯坦把这部手稿交给爱因斯坦审读。

二　爱因斯坦对《自然辩证法》的评论

爱因斯坦（A. Einstein，1879—1955）于1924年6月30日给伯恩斯坦写了这样的回信，信中说：

> 爱德华·伯恩斯坦先生把恩格斯的一部关于自然科学内容的手稿交给我，托付我发表意见，看这部手稿是否应该付印。我的意见如下：要是这部手稿出自一位并非作为一个历史人物而引人注意的作者，那末我就不会建议把它付印，因为不论从当代的物理学的观点来看，还是从物理学史方面来说，这部手稿的内容都没有特殊的趣味。可是，我可以这样设想：如果考虑到这部著作对于阐明恩格斯的思想的意义是一个有趣的文献，那是可以出版的。[①]

梁赞诺夫在他写的《自然辩证法》第1版序言中推测，当时伯恩斯坦没有把《自然辩证法》的全部手稿送给爱因斯坦，而只送去一束有《电》

[①] 《爱因斯坦文集》第1卷，商务印书馆，1977年，第202页。

这篇长论文的那部分手稿。但是，这种说法的根据不足。因为美国哲学家西德尼·胡克（Sidney Hook）在他的一本著作《理性、社会神话和民主》中说，伯恩斯坦于1929年在柏林告诉过他：爱因斯坦当时是看到了《自然辩证法》全部手稿的。爱因斯坦于1940年6月17日给胡克的信中也是这样说的。爱因斯坦在信中说：

> 爱德华·伯恩斯坦曾把全部手稿交给我处理。我的评价的措词是对全部手稿而说的。我坚决地确信，如果恩格斯本人能够看到，在这样长久的时间之后，他的谨慎的尝试竟被赐予了如此巨大的重要地位，他也会觉得这是荒谬的。①

从爱因斯坦上述两封信来看，爱因斯坦在审读了《自然辩证法》全部手稿后，虽然从自然科学的内容而言对它的评价不高，但他仍然认为这部著作对于研究恩格斯的哲学思想是有价值的，因而是值得出版的。这就从根本上剥夺了伯恩斯坦企图阻挠这部著作出版的任何借口。至于爱因斯坦何以对《自然辩证法》评价不高，学术界有种种理解。这个问题不拟在此展开，将在本书之后的章节中加以讨论。

三 《自然辩证法》在苏联的出版

尽管伯恩斯坦长期阻挠《自然辩证法》的出版，但这部手稿还是公开出版了。它是在爱因斯坦致伯恩斯坦信的第2年，即1925年首次在苏联出版。

1925年是恩格斯逝世30周年，由于苏联马克思恩格斯研究院的努力，《自然辩证法》遗稿终于在莫斯科由苏联国家出版社正式出版了。这一版由梁赞诺夫主编，书前有他写的长篇序言，它以俄德文对照的形式，被载于《马克思恩格斯文库》的第2卷。这是《自然辩证法》的第1个版本，它编排完全按照恩格斯写作的年代先后为序。它的编辑、校订和翻译工作都做得比较粗糙。

1935年，恩格斯逝世40周年，苏联分别出版了《自然辩证法》德文和俄文的单行本。这一版由布路泽林斯基编辑，根据重新拍照的手稿对第1版作了校订。但编排的格局同第1版没有大的变动。

---

① 《爱因斯坦文集》第1卷，商务印书馆，1977年，第202页。

1941年，联共（布）中央马克思恩格斯列宁研究院出版了《自然辩证法》的新版本。这个版本由马克西莫夫主编，它除了修订1925年版的一些错误外，在编排形式上作了根本的改动，即不是按照时间的次序，而是根据恩格斯写的计划草案的次序，并且把论文和札记、片断分成两大部分：论文排在前面，札记和片断排在后面。

后来，1954—1966年间，苏联陆续出版的39卷本《马克思恩格斯全集》，其中俄文第2版第20卷收入《自然辩证法》。它就是因袭1941年版的。这是流传时间最久，影响最大的权威版本。

四 《自然辩证法》的中译本

《自然辩证法》在我国已有五个中译本。

第1个中译本是1932年8月由上海神州国光社出版，译者杜畏之。此书是根据1925年的德俄对照本译的，但编排的次序作根本性的更动，不是按写作时间次序而是按文章的性质来编排。

它尽管在材料的编排和译文的质量上有许多欠缺，但毕竟是第1个全译本，在20世纪30—40年代曾8次印行，在传播自然辩证法思想方面起过较大的作用。在此之前，1928年，上海春潮出版社曾出版了《马克思主义人种由来说》，陆一远译。此书即恩格斯的《劳动在从猿到人的转变中的作用》，是最早译出的《自然辩证法》中的单篇论文。1930年，上海泰东图书局出版了《从猿到人》一书，译者成嵩。此书除了收入上述那一篇文章外，还收《自然辩证法·导言》中的一段，标题是《人类进化的过程》；还编入苏联郭烈夫的题为《马克思主义观点的达尔文主义》的论文。同年，《动力》月刊1卷2期还发表了杜畏之译的《导言》的全译文，标题是《辩证唯物论的宇宙观与现代自然科学之发展》。

第2个中译本是1950年9月北京三联书店出版，郑易里译。他是根据1935年的俄译本和1930年日译本转译的，编排次序是根据1941年俄文版并作了改动，原书编者的注释未译。

第3个中译本是1955年2月人民出版社出版，曹葆华、于光远、谢宁译。这一版是根据联共（布）中央马克思恩格斯列宁研究院编的1935年出版的《马克思恩格斯全集》德文版和1953年的俄译本译出的，编排次序完全按照1941版的俄译本，俄译本的附注全部译出。

第4个中译本是1971年3月人民出版社出版，译文由中共中央马克思恩格斯列宁斯大林著作编译局对1955年版本的译文略作一次校订而成。校订所依据的是《马克思恩格斯全集》第2版德文版第20卷，也参照了俄文版。

第5个中译本是1984年10月人民出版社出版，译文由于光远等人完成。译者根据1962年狄茨出版社出版的《马克思恩格斯全集》德文版第20卷所载原文，对1971年出版的译文重新作了校译。这个版本除译文的校正和改进外，它的特点是：全书的结构有不同于过去版本的新的编排，采取把所有材料（包括论文和札记片断）统一按主题进行编排的原则，反映了编者对恩格斯构思的研究和见解；补充了几则过去漏收的札记，附录了马克思恩格斯关于写作《自然辩证法》的论述；注释也在利用俄、英译本已有注释的基础上，大大增多了条目，增加了文献征引、史实考证和联系现代自然科学发展所作的说明。因此，这个中译本就不仅是一个重校本，而且又是一个新编本。

新编本把恩格斯《自然辩证法》手稿分为八个大部分，如果把总计划草案除外，其基本内容可分为七个方面：

（1）自然科学的历史发展；

（2）自然科学和哲学；

（3）自然界的辩证法。辩证法的规律和范畴；

（4）认识自然的辩证法。认识论和辩证逻辑；

（5）物质的运动形式。自然科学的辩证法；

（6）数学和各门自然科学中的辩证法；

（7）劳动在从猿到人的转变中的作用。

从下一章起，我们对恩格斯《自然辩证法》基本内容的阐述就按此顺序。

第五章
《自然辩证法》的基本内容（上）

《自然辩证法》手稿中，恩格斯考察了自然科学的历史发展，并分别从历史和理论两个方面，深刻论述了自然科学与哲学的相互关系。

第一节 自然科学的历史发展

这一部分实际上包括自然科学史、自然观史、自然发展史。包括论文《导言》和相关的9条札记片断。

《导言》大约写于1875—1876年，它是《自然辩证法》一书中是最完整、最重要的一篇论文，集中地体现了全书的基本思想，是全书的总纲。它论述了自然科学发展所引起的自然观的演变以及自然界辩证发展的无限过程。

一 自然科学的发展与自然观的演变

恩格斯在阐述近代自然科学产生和发展的历史时，指出：

> 现代自然研究同古代人的天才的自然哲学的直觉相反，同阿拉伯人的非常重要的、但是零散的并且大部分已经无结果地消失了的发现相反，它唯一地达到了科学的、系统的全面的发展。[①]

[①] 恩格斯：《自然辩证法》，于光远等译，人民出版社，1984年，第5页。以下凡引自此书的，均按此版本，只注明页数。

这里所说的"现代自然研究",实际上是指近代自然科学。近代自然科学的产生和发展,是由资本主义开始兴起的生产力的蓬勃发展和资产阶级反对封建地主的斗争所推动的。

近代自然科学发展的第一阶段,是以哥白尼的"太阳中心说"的提出为开端。在同宗教神学的残酷斗争中,近代自然科学历史的最初篇章,不仅是自然科学家用辛勤的劳动成果,而且是用坚持真理的自然科学家的生命写出来的。哥白尼经过了36年的踌躇,于1543年临终之前,发表了《天体运行论》这部不朽的著作。这不仅在天文学发展史上有着伟大的意义,把天文学建立在新的、科学的基础之上,从而开辟了近代天文学迅速发展的道路。更重要的是,它推翻了托勒密的"地心说",给宗教神学的思想统治以沉重的打击,起了解放思想、推动科学发展的巨大作用。恩格斯这样写道:

> 哥白尼那本不朽著作的出版,他用这本书(虽然是胆怯地而且可说是只在临终时)来向自然事物方面的教会权威挑战。从此自然科学便开始从神学中解放出来,……科学的发展从此便大踏步地前进,而且得到了一种力量,这种力量可以说是与从其出发点起的(时间的)距离的平方成正比的。①

近代自然科学在这个阶段,发展得最充分并取得最大成果的是研究机械运动的力学,包括地球上物体和天体的力学。牛顿的经典力学是当时自然科学发展的最高成就,那时,本来意义上的物理学(光学例外)还没有超出最初阶段;化学刚刚借燃素说从炼金术中解放出来;地质学还没有超出矿物学的胚胎阶段;在生物学领域内,人们主要还是从事于搜集和初步整理大量的材料,植物学和动物学由于林奈分类法的创立而达到了一种接近和完成。这种自然科学研究方法和发展的水平,便必然决定了要产生与之相适应的自然观与思维方式,就是形而上学的自然观与思维方式。正如恩格斯所指出的那样:

> 这个时代的特征是一个特殊的总观点的形成,这个总观点的中心是自然界的绝对不变性这样一个见解。不管自然界本身是怎样产生的,只

---

① 《自然辩证法》第7—8页。

要它一旦存在，那末在它存在的时候它始终就是这样。……和在时间上发展着的人类历史相反，自然界的历史被认为只是在空间中的扩张。自然界的任何变化、任何发展都被否定了。……科学还深深地禁锢在神学之中。它到处寻找，并且找到了一种不能从自然界本身来说明的外来的推动力作为最后的原因。……哥白尼在这一时期的开端给神学写了绝交书；牛顿却以关于神的第一次推动的假设结束了这个时期。①

自然科学发展的这段历史表明，如果坚持用形而上学的观点来观察自然界，便不可能坚持唯物主义，必然使得已经从神学中解放出来的自然科学，重新回到神学中去。

当那个时期的一些自然科学家从经验主义、形而上学走上神学唯心主义歧途时，哲学界的情况又是怎样的呢？在同样的自然科学知识水平面前，一些唯物主义哲学家，从17世纪荷兰的唯物主义者斯宾诺莎到18世纪法国唯物主义者，他们自觉坚持唯物主义的认识路线，从客观物质世界本身来说明世界，而把细节方面的证明留给未来的自然科学家。他们并没有被同时代的自然知识的狭隘状况而引入神学唯心主义的迷途。恩格斯称赞这是"当时哲学的最高荣誉"。②

当然，自然科学并没有就此却步，它还是继续向前发展。如果说，近代自然科学发展的第一阶段（15世纪下半叶至18世纪上半叶）由于它的研究方法和发展水平而必然导致形而上学的话；那么，近代自然科学发展的第二阶段（18世纪下半叶至19世纪中叶）的发展，它所取得的一系列成就，又必然导致形而上学的破产，导致科学的唯物辩证法的产生。恩格斯从天文学、地质学、物理学、化学和生物学等方面对此作了精辟的阐述。

在天文学上，康德和拉普拉斯提出了关于天体形成的星云假说，给形而上学自然观打开了第一个缺口。这个假说把地球和整个太阳系表现为某种在时间的进程中生成的东西，它的提出不仅取消了关于"第一次推动"的神学问题，而且包含着一切继续进步的起点。因为，

如果地球是某种生成的东西，那末它现在的地质的、地理的、气候

---

① 《自然辩证法》第9—10页。
② 《自然辩证法》第10页。

的状况，它的植物和动物，也一定同样是某种生成的东西，它一定不仅有在空间中互相邻近的历史，而且还有在时间上前后相继的历史。①

由于当时许多自然科学不重视理论思维，囿于自己专业分工的局限而失去统观全局的能力。他们并没有很快地意识到"变化着的地球竟担负着不变的有机体这样一个矛盾"，仍然信奉着有机物种不变的假设。

在地质学上，赖尔提出了地球缓慢渐进变化的理论，第一次把变化、发展的思想带进地质学。18世纪产业革命以来，由于采矿工业和开凿运河工作等已为地质学积累了日益增多的材料，发现不同地层中有着各种不同的古生物化石。这本来足以表明地球表面以及生活于其上的动植物，都有时间上的历史。但在形而上学自然观的支配下，却无法达到这种认识。正如恩格斯所说的：

> 这种承认最初是相当勉强的。居维叶关于地球经历多次革命的理论在词句上是革命的，而在实质上是反动的。它以一系列重复的创造行动代替了一次上帝的创造行动，使神迹成为自然界的根本杠杆。只是赖尔才第一次把理性带进地质学中，因为他以地球的缓慢的变化这样一种渐进作用，代替了由于造物主的一时兴发所引起的突然革命。②

恩格斯在这里批评了居维叶所主张的"灾变论"中反科学的唯心主义。如果仅就地球地壳运动本身而言，渐变与灾变实际上都是地球物质运动的不同表现形式。

在物理学上，迈尔、焦耳和格罗夫等人通过不同的途径，几乎同时总结出能量守恒与转化定律。这个定律科学地说明物质与运动是不可分割的，说明了物质运动形式的多样性与统一性，说明了运动既不能任意消灭也不能凭空创造等辩证唯物主义的基本观点。它既打击了神学唯心主义，又否定了把各种运动形式孤立起来的形而上学观点。恩格斯说：

> 物理学和以前的天文学一样，达到了一种结果，这种结果必然指出

---

① 《自然辩证法》第11页。
② 《自然辩证法》第12页。

运动着的物质的永远循环是最终结论。①

关于能量守恒与转化定律的伟大意义，恩格斯在《反杜林论》说得更清楚。他说：

> 如果说，新发现的、伟大的运动基本规律，十年前还仅仅概括为能量守恒定律，仅仅概括为运动不生不灭这种表述，就是说，仅仅从量的方面概括它，那末，这种狭隘的、消极的表述日益被那种关于能的转化的积极的表述所代替，在这里过程的质的内容第一次获得了自己的权利，对世外造物主的最后记忆也消除了。②

在化学上，从拉瓦锡提出氧化理论，特别是从道尔顿提出科学的原子论以后，化学的惊人迅速发展从另一方面向旧的自然观进行了攻击。恩格斯特别指出，维勒在1828年最先从无机物中制成第一种有机化合物尿素这项成就的重大意义：

> 由于用无机的方法制造出过去一直只能在活的机体中产生的化合物，这就证明了对无机物适用的化学定律对有机物是同样适用的，而且把康德还认为是无机界和有机界之间的永远不可逾越的鸿沟大部分填起来了。③

最后，在生物学领域中，18世纪以来，由于科学旅行和科学探险的发展，古生物学、解剖学和生理学的发展，特别是显微镜的应用和施莱登、施旺发现细胞以来的进步，使得应用比较方法不仅成为可能，而且同时成为必要。于是，出现了比较自然地理学、比较解剖学和比较胚胎学。这种研究进行得愈是深刻和精确，那种固定不变的有机界的僵硬系统就愈是一触即溃，从而也就为进化论的确立，准备了愈来愈多的前提条件。恩格斯在阐述进化论思想发展时，这样写道：

---

① 《自然辩证法》第13页。
② 《马克思恩格斯选集》第3卷，人民出版社，1972年，第53页。
③ 《自然辩证法》第13页。

值得注意的是：和康德攻击太阳系的永恒性差不多同时，卡·弗·沃尔弗在1759年对物种不变性进行了第一次攻击，并且宣布了种源说。但在他那里不过是天才的预见的东西，到了奥肯、拉马克、贝尔那里才具有了确定的形式，而在恰好一百年之后，即1859年，才被达尔文胜利地完成了。①

恩格斯在对天文学、地质学、物理学、化学和生物学各个领域的一系列重大发现作了深刻分析之后，明确指出：

> 新的自然观的基本点是完备了：一切僵硬的东西溶化了，一切固定的东西消散了，一切被当作永久存在的特殊东西变成了转瞬即逝的东西，整个自然界被证明是在永恒的流动和循环中运动着。
>
> 于是我们又回到了希腊哲学的伟大创立者的观点：整个自然界，从最小的东西到最大的东西，从沙粒到太阳，从原生生物到人，都处于永恒的产生和消灭中，处于不断的流动中，处于无休止的运动和变化中。②

恩格斯就是这样以近代自然科学发展的具体材料，令人信服地说明："在自然科学中，由于它本身的发展，形而上学的观点已经成为不可能的了。"③

如果说，随着自然科学在近代的发展，形而上学自然观代替古代朴素的辩证自然观曾经是历史的必然性的话；那么，近代自然科学的进一步发展，科学的唯物的辩证自然观要代替形而上学自然观，也是历史的必然。从古代的朴素的辩证自然观到近代形而上学自然观，这是一次否定；从近代形而上学自然观到科学的唯物的辩证自然观这是否定之否定。当然，科学的、唯物的辩证自然观作为人类自然观发展史上的伟大变革，它不是简单地重复古代朴素的辩证自然观而是在更高的基础上的回归。这正如恩格斯所说的，它们之间的本质差别在于：

---

① 《自然辩证法》第14页。
② 《自然辩证法》第15页。
③ 《自然辩证法》第3页。

在希腊人那里是天才的直觉的东西，在我们这里是严格科学的以经验为依据的研究的结果，因而也就具有确定得多和明白得多的形式。①

二 自然界是辩证的无限发展过程

恩格斯在《导言》的后半部，根据当时自然科学所取得的成就，用具体的科学材料，概括地描绘了自然界无限发展的辩证图景，从而说明"自然界是检验辩证法的试金石"，"自然界的一切归根到底是辩证地而不是形而上学地发生的"。②

恩格斯指出，从原始星云到人类社会，经历了一个由简单到复杂、由低级到高级的发展过程。其中包括天体的形成和演化，地球的发展，生命的起源，生物的进化，人类的产生与发展。

恩格斯认为，人与动物的本质区别在于人有主观能动性，而人之所以会有主观能动作用则是由于人的社会劳动。由于人具有主观能动作用，能够有意识地、自觉地改造客观世界，而不是消极地适应环境。因此，

> 人离开狭义的动物愈远，就愈是有意识地自己创造自己的历史，未能预见的作用、未被控制的力量对这一历史的影响就愈小，历史的结果和预定的目的就愈加符合。③

但是，在阶级社会里，实际上要做到这一点是很不容易的事情；人类对于自然界的主观能动性，也不是在任何社会里都能够充分发挥的。在资本主义社会里，人们对自然界的控制和改造活动，不仅受到极大的限制，而且这种活动的结果往往与人们预想的目的恰恰相反。只有推翻了资本主义制度，建立起"一个在其中有计划地进行生产和分配的自觉的社会生产组织"时，人类才能不仅在物种关系方面，而且在社会关系方面，使自己从动物中提升出来，人类的主观能动性才能得到充分的、有成效的发挥。这时，也只有在这时，才能像恩格斯所说的那样：

---

① 《自然辩证法》第15页。
② 《马克思恩格斯选集》第3卷，人民出版社，1972年，第62页。
③ 《自然辩证法》第18页。

人类自身以及他们的活动的一切方面，特别是自然科学，都将突飞猛进，光耀夺目，使已往的一切都黯然失色。①

恩格斯还指出，自然界的发展是永无止境的，是有限和无限的辩证统一。

恩格斯引用歌德（J. W. Goethe，1749—1832）的一句话："一切产生出来的东西，都一定要灭亡"来说明任何事物都是有生有灭的，一切具体的物质形态都是有限的。

但是，自然界是无限发展的。不仅物质是不灭的，运动也是不灭的。"运动的不可灭性不能仅仅从量上，而且还必须从质上去理解"。按照这种理解，包括我们太阳系在内的天体，作为具体的物质形态，当然有它的产生与灭亡的历史。但是我们又不得不做出下面的这个结论：

> 形成我们宇宙岛的太阳系的炽热原料，是按自然的途径、即由运动着的物质天然具有的运动的转化产生出来的，而转化的条件也因此必然要从物质再生产出来，即使是在亿万年后或多或少偶然地，但是以那种也为偶然中所固有的必然性再生产出来。
>
> 放射到宇宙空间中去的热一定有可能通过某种途径（指明这一途径，将是以后某个时候自然研究的课题）转变为另一种运动形式，在这种运动形式中，它能够重新集结和活动起来。这样，阻碍已死的太阳重新回过头来转化为炽热的星云的主要困难便消失了。②

恩格斯用运动不灭的哲学原理，从原则上分析了在当时流行的"宇宙热寂论"的错误。恩格斯指出，宇宙在空间上的无限性和在时间上的无限性，两者在逻辑上是互为补充、缺一不可的。这一点连非常反对理论思维的美国科学家德莱伯（J. W. Draper，1811—1882）都不得不承认了。

恩格斯在《导言》的最后，提出了宇宙无限发展永恒循环的结论。他指出：

> 这是物质在其中运动的一个永恒的循环，……在这个循环中，物质

---

① 《自然辩证法》第19页。
② 《自然辩证法》第21—22页。

的每一有限的存在方式，不论是太阳或星云，个别的动物或动物种属，化学的化合和分解，都同样是暂时的，而且除了永恒变化着、永恒运动着的物质以及这一物质运动和变化所依据的规律以外，再没有什么永恒的东西。①

根据这种彻底的辩证发展观，恩格斯指出，不论具体的物质形态是如何的产生和消灭，我们都应当确信：

> 物质在它的一切变化中永远还是物质，它的任何一个属性都不会丧失，因此，物质虽然在某个时候一定以铁的必然性在地球上毁灭自己最高的精华思维着的精神，而在另外的某个地方和另外的某个时候一定又以同样的铁的必然性把它重新产生出来。②

以上是《导言》所论述的主要思想。

属于这个部分的札记片断有9条。除有的内容已被《导言》所采用之外，恩格斯还就以下几个方面的问题作了精辟的论述。

三　自然科学对于生产实践的依赖关系

恩格斯指出，古代游牧民族和农业民族为了定季节，早就绝对地需要天文学；在农业的某个阶段和某个地方，特别是随着城市和大建筑物的产生和手工业的发展，以及航海和战争，需要力学；而天文学和力学只有得到数学的帮助才能发展。在整个古代，本来意义的科学研究，最早发展起来的就是这三个部门。因此，恩格斯在研究了自然科学各个部门的循序发展后，得出了"科学的发生和发展一开始早就被生产所决定"的结论。③

恩格斯还从生产的发展为科学的发展提供了大量可供观察的材料；提供了和已往完全不同进行实验的手段；加强了各个地区文明的交流与联系；地理上的发现；文明地区的扩大；人的活动范围和知识领域的拓展；以及促进文化传播的印刷机的出现等几个方面，论证了科学在近代的迅速发展也仍然

---

① 《自然辩证法》第23页。
② 《自然辩证法》第23页。
③ 《自然辩证法》第27页。

要由生产的发展来说明。他说：

> 如果说，在中世纪的黑夜之后，科学以预料不到的力量一下子重新兴起，并且以神奇的高速发展起来，那末，我们要再次把这个奇迹归功于生产。①

事实正是如此。近代自然科学在资本主义生产的推动下，比古代自然科学有了更高的发展。这个时期的自然科学，已经不再局限于天文、数学、力学等几个部门，其他领域如物理学、化学、生理学、生物学也都相应地发展起来了。

四 自然科学在反对宗教神学斗争中的巨大作用

恩格斯指出，唯物主义者往往以简单的拒绝上帝的创造作用来反对宗教。而信仰宗教的自然科学家们却用自己的研究成果来缩小上帝的活动地盘。例如牛顿虽然还让上帝来作"第一次推动"，但他禁止上帝在他的太阳系中进行任何进一步的干涉；神甫赛奇虽然以合乎教规的一切荣誉来恭维上帝，但也同样把上帝请出了太阳系，只允许上帝在关系到原始星云的时候还有一次创造行动。他们用自己的力学理论体系和天文学研究成果，就足以解释他们研究领域内的事实而无需求助于上帝了。因此，恩格斯说：

> 上帝在信仰他的自然科学家那里所得到的待遇，比在任何地方所得到的都更坏。……在现代自然科学的历史中，上帝在他的保卫者那里受到的待遇，就像耶拿战役中的弗里德里希—威廉三世在他的武将和文官们那里受到的待遇一样。在科学的猛攻之下，一个又一个部队放下了武器，一个又一个城堡投降了，直到最后，自然界全部无限的领域都被科学所征服，而且不再给造物主留下一点立足之地。②

可见科学的发展对于反对宗教神学斗争，有着巨大的作用。

---

① 《自然辩证法》第27页。
② 《自然辩证法》第33页。

五 古代人的自然观及其特点

古希腊哲学的最初阶段，就是自然哲学时期。公元前6世纪，东方伊奥尼亚出现了一些探究世界本原的最早的唯物主义哲学家。著名的代表有米利都的泰勒斯、阿那克西曼德、阿那克西米尼和爱菲斯的赫拉克利特。他们反对过去流传的种种神话创世说，把一些物质性的东西当作世界的本原。恩格斯说：

> 在这里早已完全是一种原始的、自发的唯物主义了，它在自己的萌芽时期就十分自然地把自然现象的无限多样性的统一看作不言而喻的，并且在某种具有固定形体的东西中，在某种特殊的东西中去寻找这个统一，比如泰勒斯就在水里去寻找。①

阿那克西曼德把"未规定"或"无限定"的物质，阿那克西米尼把气，赫拉克利特把火当作世界的本原。正如亚里士多德所指出的，没有一个人把土当作世界的本原，"因为它的组成太复杂"。

这些朴素的唯物主义哲学家，同时具有朴素的辩证法思想。例如阿那克西曼德认为，"人是由一种鱼变成，是从水中产生而到陆地上来的"，这是进化论思想的最初萌芽。赫拉克利特认为万物是流动的，运动的原因在于事物内部的矛盾对立。这是最早的辩证法思想，列宁称他为"辩证法的奠基人之一"。

恩格斯指出，"最早的希腊哲学家同时也是自然学家"。例如，泰勒斯是几何学家，他确定了一年是365天，预言过一次日食。阿那克西曼德制造过一种日晷，一种陆地和海洋的地图和各种天文仪器，等等。

在那个时期，意大利南部出现了具有另一种思想倾向的哲学学派，他们认为万物的本质不是物质性的元素，而是一些抽象的原则。毕达哥拉斯和这个学派的人把"数"当作一切事物的本质。恩格斯指出，

> 就像数服从于特定的规律那样，宇宙也是如此。于是宇宙的规律性

---

① 《自然辩证法》第35页。

第一次被说出来了。①

毕达哥拉斯还把火放在中央，而把地球看作一颗沿轨道环绕这个中心运行的星。恩格斯说，这个火不是太阳；这毕竟是关于地球自行运动的第一个推测。② 毕达哥拉斯是数学家，他已认识到启明星和长庚是同一颗星，认识到月球是从太阳取得自己的光，最后还发现了毕达哥拉斯定理。

后来的自然哲学家在承认运动变化的同时，都企图在它们背后找出永恒不变的因素来。恩培多克勒认为是水、火、土、气四种元素；阿那克萨戈拉认为是包含有各种不同性质的"种子"；德谟克利特把万物的本原归结为最小的不可再分的"原子"，它们没有性质上的差异，只有形状、排列、状态的不同，万物就是由原子组合而成的。

恩格斯指出：

> 在古希腊人那里，虽然总观点是朴素唯物主义的，但已经有了后来分裂的种子。早在泰勒斯那里，灵魂就被看作某种特殊的东西，某种和肉体不同东西（比如他硬说磁石也有灵魂）；在阿那克西米尼那里，灵魂是空气（正像在《创世纪》中一样），在毕达哥拉斯那里，灵魂已经是不死的和可游动的，肉体对它说来是纯粹偶然的。③

在古希腊罗马哲学时期，著名的哲学家还有苏格拉底、柏拉图、亚里士多德、伊壁鸠鲁、卢克莱修等人。恩格斯在这里没有逐一地对他们哲学观点作专门的摘引和评论。只有马克思写了一条有关原子论思想的札记，收入了《自然辩证法》手稿之中。

这条札记摘录了留基伯、德谟克利特和伊壁鸠鲁的原子论思想。留基伯和德谟克利特只说原子有形状、排列和位置的不同，而伊壁鸠鲁则认为原子有大小和重量的区别。《自然辩证法》手稿中，恩格斯还写下了这样一条札记：

---

① 《自然辩证法》第37页。
② 《自然辩证法》第37页。
③ 《自然辩证法》第37页。

塞莫斯的阿利斯塔克早在公元前270年就已经有了哥白尼关于地球和太阳的理论了。①

这是人类认识太阳系的一个重大的进步。但在当时还不可能作出科学的论证，并没有得到广泛的承认。

第二节 自然科学和哲学

这一部分从理论上论述自然科学与哲学的相互关系。属于这部分的有《〈反杜林论〉旧序。论辩证法》、《神灵世界中的自然科学》两篇论文和有关札记15条。在前一篇论文中，恩格斯说明了辩证法为自然科学提供了最正确的理论思维方法，论述了自然科学家自觉学习辩证哲学的必要性；后一篇论文和有关札记则以实例生动论证了自然科学家总是要受哲学的支配，而蔑视辩证法是不能不受惩罚的。

一 自然科学的发展迫切需要理论思维的帮助

恩格斯认为，自然科学与哲学的关系十分密切。研究理论问题的哲学要懂得自然科学，而从事自然研究的科学家也需要理论思维的帮助。恩格斯提出了"相互补偿"的著名论断，他说：

> 正如今天的自然科学家，不论自己愿意与否，都不可抗拒的被迫注意理论的一般结论一样，每个研究理论问题的人，也同样不可抗拒地被迫接受近代自然科学的成果。在这里发生某种的相互补偿。②

在这里，恩格斯侧重论述了自然研究过程中对理论思维的内在要求。

经验自然科学积累了非常丰富、确实的经验材料，需要对这些材料进行系统的研究和整理，以揭示各个知识领域互相之间的正确联系。在这种情况下，

> 自然科学便走进了理论的领域，而在这里经验的方法就不中用了，

---

① 《自然辩证法》第40页。
② 《自然辩证法》第45页。

在这里只有理论思维才能有所帮助。但理论思维仅仅作为一种能力才具有天生就有的性质。这种能力必须加以发展和训练,而为了给以这种训练,除了学习以往的哲学,直到现在还没有别的手段。①

恩格斯认为,学习哲学的发展史,熟知人的思维的历史发展过程,熟知各个不同的时代所出现的关于外在世界普遍联系的见解,对后来的自然科学具有重大的启示作用。例如,古希腊的原子论对近代科学的原子论的建立;笛卡尔在 17 世纪在哲学上提出运动不灭性的原理对于 19 世纪物理学上能量守恒与相互转化定律的建立,都有着借鉴作用。由于理论思维是一种历史的产物,不同时代有不同的表现形式,通过学习哲学史,人们从中进行比较就能发现:

> 辩证法对今天的自然科学来说是最重要的思维形式,因为只有它才为发生于自然界中的发展过程,为自然界中的普遍联系,为从一个研究领域到另一个研究领域的过渡提供类似物,并从而提供说明方法。②

正因为自然科学的发展从经验科学进入理论科学之后,迫切需要理论思维的帮助,因此,"一个民族想要站上科学的各个高峰,就一刻也不能没有理论思维。"③

二 从形而上学思维复归到辩证思维的两条途径

恩格斯认为,为了使理论自然科学健康地向前发展,没有别的出路,只有以这种或那种形式,从形而上学的思维复归到辩证的思维。这种复归可以有两条不同的途径:一条是通过自然科学的发现本身所具有的力量而自然地实现。许多自然科学家在事实上已经这样做了。但是,这是一条比较拖延时间、比较艰难的过程,而且需要克服大量多余的阻碍。另一条是自觉地学习辩证思维。恩格斯明确地指出:

---

① 《自然辩证法》第 45 页。
② 《自然辩证法》第 46 页。
③ 《自然辩证法》第 47 页。

如果理论自然科学家愿意在它的历史地存在的形态中仔细研究辩证哲学，那末这一过程就可以大大地缩短。①

恩格斯指出，在历史上，有两种辩证思维的形态对近代自然科学特别能收到效果。

第一种是希腊哲学中的原始的朴素的辩证思维。它把自然界当作一个整体而从总的方面来观察。由于自然现象的总联系还没有在细节方面得到证明，后来就不能不被形而上学思维方式所代替。但是，它在总的方面优于形而上学思维。另外，

在希腊哲学的多种多样的形式中，差不多可以找到以后各种观点的胚胎、萌芽。因此，如果理论自然科学想要追溯自己今天的一般原理发生和发展的历史，就同样不得不回到希腊人那里去。②

第二种是从康德到黑格尔的德国古典哲学中的辩证法。德国古典唯心主义哲学，从康德开始，经过费希特、谢林到黑格尔。虽然黑格尔哲学中的唯心主义的出发点和不符合事实的任意的体系结构是必须摒弃的，但在他的著作中"却有一个合用的、内容广博的辩证法纲要"。恩格斯认为，应该像马克思那样，用正确的态度来对待它。恩格斯说：

马克思的功绩就在于，他和"今天在德国夸夸其谈的那些令人厌烦的、狂妄而又平庸的模仿者们"相反，第一个把已经被遗忘的辩证方法、它和黑格尔辩证法的联系以及它和黑格尔辩证法的差别重新提到使人注意的地位，并且同时在《资本论》中把这个方法应用到一种经验科学的，即政治经济学的事实上去。③

恩格斯在《〈反杜林论〉旧序。论辩证法》中，只讲了辩证法的上述两种形态。其实，辩证法在它的发展史上，还有第三种形态，就是马克思和恩

---

① 《自然辩证法》第48页。
② 《自然辩证法》第49页。
③ 《自然辩证法》第50页。

格斯所创立的科学形态的唯物辩证法。

恩格斯关于科学从形而上学向辩证思维"复归"的论断，正确地揭示了现代科学最深层次的走向，不仅对于观察 19 世纪自然科学中一系列的重大成就提供了一个全新的视角；而且，对于认识 20 世纪自然科学所取得的众多新的突破，展望 21 世纪自然科学的发展，都有现实的指导意义。

三 蔑视辩证法是不能不受惩罚的

恩格斯在《神灵世界中的自然科学》中，用华莱士（A. R. Wallace, 1823—1913）信奉降神术、克鲁克斯（W. Crookes, 1832—1919）热衷神灵照相和策尔纳（J. C. F. Zöllner, 1834—1882）利用第四度空间建立神灵世界等反面实例，揭露他们是怎样从经验主义走向神秘主义的。这些自然科学家在各自的专业领域内都有卓越的成就。华莱士是英国生物学家，生物地理学的创始人之一，曾和达尔文同时提出物种通过自然选择发生变异的理论；克鲁克斯是英国物理学家，化学元素铊的发现者和辐射计的发明者；策尔纳是德国天体物理学家、莱比锡大学教授。他们的共同缺陷是重视经验而轻视理论思维，他们应用了一整套物理的和力学的仪器，弹簧秤、电池等，但却没有应用一个最主要的仪器，即"一个怀疑—批判的头脑"。因此，他们深深地陷入了神秘主义而不可自拔。他们在自然科学上的发现或发明是可以验证的，而在降神术上的经验和发现却是不能被验证的。这就是他们作为自然科学和作为神秘主义的信奉者的区别所在。

那么，什么是从自然科学走向神秘主义去的最可靠的途径呢？恩格斯深刻地指出：

> 这并不是过分滋长的自然哲学的理论，而是蔑视一切理论、不相信一切思维的最肤浅的经验论。证明神灵存在的不是先验的必然性，而是华莱士先生、克鲁克斯先生之流的观察。[①]

经验主义之所以会成为从自然科学走向神秘主义的最可靠途径，这是因为单凭经验是对付不了唯灵论者们的。这些陷入神秘主义泥坑中去的经验主义者都是非常天真的，他们只看得见他们应当或者希望看到的东西，而看不到神

---

① 《自然辩证法》第 61 页。

灵主义者所玩弄的种种骗局。而神灵主义者们也毫不在乎他们的骗局成百件地被揭穿，因为人们不可能把他们的每一件骗局都揭穿。这样，"伪造的东西的存在，正如证明了真实的东西的真实。"他们所玩弄的骗局只要有一件没有被揭穿，他们仍旧可以用以迷惑人、欺骗人。遗憾的是，被欺骗的恰恰又是这些著名的自然科学家。根据这种事实。恩格斯得出了如下的结论：

> 人们蔑视辩证法事实上是不能不受惩罚的。……根据一个古老的为大家所熟知的辩证法规律，错误的思维贯彻到底，就必然要走到和它的出发点恰恰相反的地方去。于是，对辩证法的经验主义的轻视便受到这样的惩罚：连某些最清醒的经验主义者也陷入最荒唐的迷信中，陷入现代唯灵论中去了。①

恩格斯的这些分析，不仅有重大的理论价值，而且对于今天我们反对一切伪科学和种种迷信，有着重大的现实意义。

四 自然科学家得受哲学的支配

这一部分，还有15条有关的札记和片断，大都写于1873—1874年。恩格斯把其中的大多数放在《自然辩证法》手稿的第1束中，标题是《辩证法和自然科学》，旨在说明自然科学与哲学的关系。

恩格斯认为，自然界是辩证发展着的物质世界。因而认识自然界的唯一正确的方法就是唯物辩证法。19世纪中叶，自然科学有很多新发现，自然过程的辩证性质已经进一步显露出来了。但是，当时盛行一时的庸俗唯物主义（毕希纳、福格特、摩莱肖特）、经验主义（汤姆生、法拉第、戴维等）和机械论（海克尔等）的倾向占了统治的地位。这就严重地阻碍了自然科学的发展。很多自然科学家以为要使自然科学迅速发展，关键在于摆脱哲学。可是，哲学是世界观与方法论，一切具体科学都离不开哲学，它不是受这种哲学指导，就是受那种哲学指导。自然科学凌辱了哲学，结果便做了最坏哲学的奴隶。在形而上学的统治下，自然科学陷入了混乱。出路何在呢？出路在于接受辩证唯物主义世界观的指导。恩格斯在有关札记中，通过对毕希纳等人的庸俗唯物主义、汤姆生等人的经验主义和海克尔的机械论的批

---

① 《自然辩证法》第62页。

判,反复阐明了这个中心思想。

恩格斯指出:

> 自然科学家相信:他们只有忽视哲学或者侮辱了哲学,才能从哲学的束缚中解放出来。但是,因为他们离开了思维便不能前进一步,为了要思维,思维规定就是必要的,而这些范畴是他们盲目地从那些早已过时的哲学的残余所统治的所谓有教养者的一般意识中取来的,……所以他们一点也没有少做哲学的奴隶,遗憾的是大多数都作了最坏的哲学的奴隶,而那些侮辱哲学最厉害的恰好是最坏哲学的最坏、最庸俗的残余的奴隶。①

针对这种情况,恩格斯重提牛顿的话:"物理学,当心形而上学啊!"牛顿的世界观中的经验主义倾向,造成了他对理论思维的轻视。他这句话中的"形而上学"不是指与辩证思维相对立的形而上学思维;而是与"形而下"的具体科学相区别的哲学世界观。恩格斯认为,如果把牛顿在原来意义上所说的"形而上学",改变为我们现在所说的与辩证法思维相对立的意义上的形而上学思维方法;那么,牛顿这句话的意思就完全不同了。所以,恩格斯说:"这是完全正确的,不过,是在另一种意义上。"②

自然科学家应当怎样正确对待哲学呢?恩格斯的结论是:

> 自然科学家可以采取他们所愿意采取的那种态度,他们还是得受哲学的支配。问题只在于:他们是愿意受一种坏的时髦哲学的支配呢,还是愿意受一种建立在通晓思维的历史和成就的基础上的理论思维形式的支配。③

从哲学思维的发展史来看,最"通晓思维的历史和成就"的理论思维形式,就是马克思和恩格斯所创立的建立在唯物主义基础上的科学形态的辩证法思维。

---

① 《自然辩证法》第68页。
② 《自然辩证法》第68页。
③ 《自然辩证法》第68页。

第六章
《自然辩证法》的基本内容（中）

《自然辩证法》手稿对辩证法的论述包括客观辩证法与主观辩证法两个方面。

第一节 自然界的辩证法。辩证法的规律和范畴

在这一部分中，恩格斯根据当时自然科学的材料论证了辩证法的基本规律和几对重要范畴。它包括论文《辩证法》和17条札记片断。论文《辩证法》没有写完，只论述了量转化为质和质转化为量的规律。而在札记中对对立的相互渗透的规律有较多的论述。

恩格斯在《辩证法》一文中，对辩证法的一般性质和基本规律的名称有过明确的论述。他说：

> 辩证法的规律就是从自然界以及人类社会的历史中被概括出来的。辩证法的规律不是别的，正是历史发展的这两个方面和思维本身的最一般的规律。它们可以简化为下面三个规律：量转化为质和质转化为量的规律；对立的相互渗透的规律；否定的否定的规律。①

恩格斯指出，这三个规律都曾经被黑格尔以其唯心主义的方式当作单纯的思维规律而加以阐明。第一个规律是在黑格尔的《逻辑学》的第一部分，即存在论中；第二个规律是在《逻辑学》的整个第二部分，即本质论中；

---

① 《自然辩证法》第75页。

而第三个规律则是《逻辑学》乃至整个哲学体系构成的基本规律。马克思主义把黑格尔的唯心主义辩证法颠倒过来,把它建立在唯物主义的基础之上。恩格斯在《自然辩证法》手稿中阐述辩证法的基本规律,其目的不是打算写"辩证法的手册",而只是想要表明:

> 辩证法的规律是自然界的实在的发展规律,因而对于理论自然科学也是有效的。①

一 量转化为质和质转化为量

恩格斯把这个规律作如下的表述:

> 在自然界中,质的变化——对于每一个别场合都是以严格地确定的方式进行——只有通过物质或运动(所谓能)的量的增加或减少才能发生。
> 自然界中一切质的差别,或是基于不同的化学成分,或是基于运动(能)的不同的量或不同的形式,或者——差不多总是这样——同时基于这两者。所以,没有物质或运动的增加或减少,即没有所考察的物体的量的变化,是不可能改变这个物体的质的。②

恩格斯的这一概括表明:(1)质的变化既是相对的,又是严格确定的。一个事物的质是多方面的,它表现在同其他事物的各种不同关系中。在不同的场合、不同的关系中,事物质变的意义是不同的,质变具有相对性。但是,对每一特定场合、特定关系来说,质变又是严格确定的,否则就会陷入相对主义。(2)事物的发展过程中,相互对立着的质和量是在一定条件下相互转化的。质变是由量变积累到一定程度而引起的,这是"量转化为质";新的质又和一定的新的量结合在一起,并开始新的量变的过程,这就是"质转化为量"。量变是质变的准备,质变是量变的结果。(3)质的变化或者是由运动的量(能量),或者是由物质的量的增减所引起的。所谓物质

---

① 《自然辩证法》第76页。
② 《自然辩证法》第76页。

的量，是指物体的物质组成成分和数量，在当时主要是指物体的化学成分和原子的数量。所谓运动的量，是指物体所具有或所包含的能量。在自然界中，任何物体的质变，总是由于物质组成的成分或数量的变化，或者由于其运动量（能量）的变化，或者两者同时都有变化而引起的。

以运动量（能量）的变化而言，物体的各种不同的同素异性状态和凝聚状态就属于这一类型。因为它是"以分子的不同的组合为基础，所以亦可归因于已经传给物体的或多或少的运动的量"。① 至于在运动形态（或所谓能的形式）的转移过程中，质量互变规律的表现又有其特点：

> 运动的形式的变换总是一个至少要在两个物体之间发生的过程，这两个物体中的一个失去一定量的一种质的运动（例如热）。另一个就获得相当量的那一种质的运动（机械运动、电、化学分解）。因此，量和质在这里是双方地和相互地适应的。直到现在还不能做到在一个单独的孤立的物体内部使运动从一种形式变为另一种形式。②

那么，质变又是怎样通过物质的量的增减而发生的呢？恩格斯根据当时自然科学的成就，将物质按其质量的相对大小，区分为天体、地球上的物体、分子、原子等一系列的组，具体分析了物质的量增加或减少到一定关节点，是如何引起质变的。他说：

> 任何一个无生命的物体被分割成愈来愈小的部分，那末最初是不发生任何质的变化的。但是这有它的极限：如果我们能够（如在蒸发的情况下）得出一个个的自由状态的分子，那末我们在绝大多数场合下还能够把这些分子进一步分割，然而只有在质完全变化时才行。分子分解为它的各个原子，而这些原子具有和分子的那些性质完全不同的性质。
>
> 纯粹的量的分割是有一个极限的，到了这个极限它就转化为质的差别：物体纯粹是由分子构成的，但它是本质上不同于分子的东西，正如分子又不同于原子一样。正是由于这种差别，作为关于天体和地球上物

---

① 《自然辩证法》第 76—77 页。
② 《自然辩证法》第 77 页。

体的科学的力学,才同作为分子力学的物理学、同作为原子物理学的化学区分开来。①

恩格斯还列举了当时力学、物理学、化学等方面的大量材料证明了质量互变规律在自然界的普遍性。恩格斯说:

> 化学是黑格尔所发现的自然规律取得了最伟大胜利的领域。化学可以被称为研究物体由于量的构成的变化而发生的质变的科学。②

而在当时,生物学还不能称之为精密科学,所以恩格斯没有阐明质量互变规律在生物学中的体现。

二 对立的相互渗透

对立的相互渗透的规律,亦即对立统一规律。

在《自然辩证法》手稿中,有9条札记片断是阐述这个规律的。

恩格斯在札记中首先强调了客观辩证法和主观辩证法两者的统一,指出了矛盾的普遍存在。他说:

> 所谓客观的辩证法是支配整个自然界的,而所谓主观的辩证法,即辩证思维,不过是在自然界中到处盛行的对立中的运动的反映而已,这种对立,通过它们不断斗争和最后的互相转化或转化到更高形式,来决定自然界的生活。③

这就是说,矛盾的对立、斗争、转化和发展,是客观世界中普遍存在的,不以人们的意志为转移的,这就是客观辩证法。客观辩证法在人们头脑中反映出来,就是主观辩证法。而辩证法的规律,就是从客观事物中,从自然界和人类社会历史发展中抽象出来的。

恩格斯指出,矛盾是客观的、普遍的。在无机界中,矛盾运动表现在吸

---

① 《自然辩证法》第77—78页。
② 《自然辩证法》第79页。
③ 《自然辩证法》第83页。

引和排斥的相互作用中。例如，磁有南极和北极；电有正电和负电；化学中有化合和分解。在有机界中，矛盾运动表现为同化和异化，遗传和适应。恩格斯认为，生命是蛋白体的存在方式。从开始时无核构造的活的蛋白体的出现，到分化出核和膜，这是生物发展过程中的一个重大的飞跃。这个飞跃是活的蛋白质由于内部的矛盾运动的极化才产生的。而且

> 进化论证明了：从简单的细胞开始，怎样由于遗传和适应不断起作用的斗争而一步一步地前进，一方面进化到最复杂的植物，另一方面进化到人。①

恩格斯根据对立面互相渗透的观点，分析了"非此即彼"和"亦此亦彼"两个概念。形而上学思维方式否认矛盾，否认对立面的统一和转化。他们只承认"非此即彼"，而不承认"亦此亦彼"。但是从进化论所提供的材料看来，这种"非此即彼"的公式是愈来愈不够了。例如，在无脊椎动物与脊椎动物之间，存在着文昌鱼这种过渡类型；在鱼类与两栖类之间，存在着肺鱼这种过渡类型；在鸟类与爬行类之间，存在着细颚龙和始祖鸟这种过渡类型。因此，僵硬的和固定的界线是和进化论不相容的。这正如恩格斯所说的：

> 一切差异都会在中间阶段融合，一切对立都会经过中间环节而互相转移，对自然观的这样的发展阶段来说，旧的形而上学的思维方法就不再够了。辩证法同样不知道什么僵硬的和固定的界线，不知道什么无条件的普遍有效的"非此即彼！"，它使固定的形而上学的差异互相转移，除了"非此即彼！"，又在恰当的地方承认"亦此亦彼！"，并且对立相互联系；这样辩证法是唯一在最高度地适合于自然观的这一发展阶段的思维方法。②

恩格斯根据对立面互相渗透并在一定条件下互相转化的观点，分析了正与负、部分与整体、单一与复合等看来是处于两极的概念，指出它们之间都

---

① 《自然辩证法》第83页。
② 《自然辩证法》第84—85页。

存在着互相依存和在一定条件下的互相转化。把对立的两极绝对化，把事物或概念之间的差异看作是僵死的对立，而看不到它们之间的内在联系和相互转化，这是形而上学的"知性"的思维规定性，是不符合辩证法的。在辩证法的、理性的思维规定性看来，对立的两极是互相依存、互相转化的。这个道理，黑格尔是非常懂得的，在《逻辑学》的第二编本质论中，各个范畴都不是单独存在，而是相对的，这就是黑格尔所说"在本质中一切都是相对的"的意思。黑格尔认为要认识事物的本质，就必须从它们的对立统一的相互关系中去考察它们，而不能把对立的两极孤立起来、割裂开来。以部分与整体的关系而言，既有直接的一面，也有间接的一面。从直接的也就是机械的关系来看，整体是由部分所构成，至于部分与部分之间、部分与整体之间是各自独立的。这种把整体仅仅看作是部分的机械组合的观点，是一种肤浅的、低级的、抽象的思维方法所形成的。实际上，整体与部分之间还有更深刻的间接的关系，它们之间是不能分割的。整体包含部分，但又不能离开部分；如果整体可以分裂为若干独立的部分，整体就不成其为整体了；如果部分可以独立于整体而存在，这个部分就不是整体中的部分了。正是在这个意义上，黑格尔认为，只有在尸体中才有部分。在有机体中，任何部分都是离不开整体的，部分的机械组合，构成不了整体。所以，无论骨、血、软骨、肌肉、细胞纤维组织等的机械组合，或是各种元素的化学组合，都不能把一个动物表达出来。恩格斯非常赞同黑格尔的这些看法，认为形而上学机械论所理解的那种部分与整体的观点，在有机的自然界中愈来愈变成不够用的范畴。我们不能把植物种子的萌芽，动物的胚胎和生出来的小动物，看作是从"整体"中分出来的"部分"。如果这样看，那便是错误的解释。

三 否定的否定

恩格斯在《自然辩证法》手稿中，论述否定的否定的片断不多，只是摘引了黑格尔在《逻辑学》和《精神现象学》中的几段话。主要是阐述辩证否定的实质。

黑格尔认为，辩证法所理解的否定，所理解的无，不是空洞的虚无，不是什么东西都没有，不能理解为抽象的无，而是"和某物相对立的无，任何某物的无，是一个特定的无"，是"对它的特定内容的否定"。他还举例说，花朵开放的时候花蕾消逝，人们会说花朵否定了花蕾；同样，当结出果实时，花朵又消逝，也可以说果实否定了花朵。但这种否定都是"有机统一的环节",在有机统一体中,它们都是必要的,"正是这种同样的必要性才构成整体的生命"。从花蕾到花朵,再从花朵到果实,这就是否定之否定。在有机体的生长过程中,否定实际上是联系和发展的必要环节。

恩格斯在《反杜林论》中批判继承了黑格尔的上述观点,明确指出:

> 在辩证法中,否定不是简单地说不,或宣布某一事物不存在,或用任何一种方法把它消灭。……任何的限制或规定同时就是否定。
>
> 每一种事物都有它的特殊的否定方式,经过这样的否定,它同时就获得发展,每一种观念和概念也是如此。①

恩格斯还根据动物学、植物学、地质学、数学、历史和哲学等方面的大量材料,深刻分析了否定的否定规律的普遍性和客观性,指出否定的否定规律是

> 一个极普遍的,因而极其广泛地起作用的,重要的自然、历史和思维的发展规律。②

四 同一和差异、必然性和偶然性、原因和结果

恩格斯认为,同一和差异、必然性和偶然性、原因和结果,都是对立统一规律的具体表现和补充。他说:

> 同一和差异——必然性和偶然性——原因和效果——这是两个主要的对立,当它们被分开来考察时,都互相转化。于是必须求助于"根据"。③

这里所说的"根据"是黑格尔《逻辑学》中的一节。黑格尔在谈到"根据"时说过:

---

① 《马克思恩格斯选集》第3卷,人民出版社,1972年,第181—182页。
② 《马克思恩格斯选集》第3卷,人民出版社,1972年,第181页。
③ 《自然辩证法》第89页。

> 根据是同一与差别的统一，是同一与差别得出来的真理，——自身反映并同样反映对方，反过来说，反映对方也同样反映自身。根据就是被设定为全体的本质。

对此，黑格尔又加以说明：

> 某物的存在，必有其充分的根据，这就是说，某物的真正本质不在于说某物是自身同一或异于对方，也不仅在于说某物是肯定的或否定的，而在于表明一物的存在即在他物之内，这个他物即是与它自身同一的，即是它的本质。①

黑格尔的这段话是很深刻的。我们如果仅仅认为事物即是它自身，那是十分肤浅的；只有分析事物赖以存在的根据，即揭露事物内部的差别、内部的矛盾，才能揭示事物的本质，使我们对该事物的认识得到深化。因此，黑格尔所谓的"根据"，就是"同与异的统一"，也就是事物内部的差别和内部的矛盾。所谓"必须求助于'根据'"，就是说，要认识同一与差异、必然与偶然、原因与结果等这些范畴的相互转化的原因，必须如实地把它们之间的关系当作对立的统一。它们之间相互对立，在一定条件下，又各向自己的对立面转化；范畴都是对立统一规律的具体表现。

（一）同一和差异

对于同一性的理解，辩证法和形而上学是根本对立的。形而上学所理解的同一性，是抽象的同一性，是不包含有差异的。

黑格尔曾经深刻地批判过这种对同一性的形而上学观点，他说：

> 这种同一，就其坚持同一，脱离差别来说，只是形式的或知性的同一。不要把同一单纯认作抽象的同一，认作排斥一切差别的同一。……如果思维活动只不过是一种抽象的同一，那末我们就不能不宣称思维是一种最无益最无聊的工作。概念以及理念，诚然和它们自身是同一的，但是，它们之所以同一，只由于它们同时包含有差别在自身内。②

---

① 黑格尔：《小逻辑》，商务印书馆，1980年，第259页。
② 黑格尔：《小逻辑》，商务印书馆，1980年，第247页、第249—250页。

恩格斯赞同黑格尔的辩证法观点，认为，无论在无机界，特别在有机界、那种不包含差异在自身的、抽象的同一性观点是完全错误的，是形而上学世界观的基本命题。恩格斯说：

> 同一性——抽象的，a＝a；以及否定；a 不能同时等于 a 又不等于 a——在有机的自然界中同样是不能应用的。植物，动物，每一个细胞，在其生存的每一瞬间，都既和自己同一，而又和自己相区别，……就是在无机的自然界中，作为同一性的同一性实际上也是不存在的。每一个物体都不断地受到力学的、物理的、化学的作用，这些作用经常在改变这个物体，在修改它的同一性。
>
> 旧形而上学意义下的同一性的命题是旧世界观的基本命题：a＝a。每一个事物自身和它自身同一。一切都是永恒的，太阳系、星体、有机体都是如此。这个命题在每个场合下都被自然科学一件一件地驳倒了……①

恩格斯还指出，即使在一些比较抽象的学科中，抽象的同一性也渐次被抛弃了。例如在数学中，虽然抽象的同一性有它一定的地位，但也不是绝对的。高等数学所理解的直线与曲线就不是绝对地对立的，它们在一定条件下是可以互相转化的。就是在逻辑学中，虽然它是从相对静止的角度研究事物在思维中的反映，但任何逻辑命题也都包含有差异，包含着矛盾。例如，"玫瑰花是红的"这个命题中，"玫瑰花"和"红的"既已用"是"字联系起来，说明两者有同一性。但是，"玫瑰花"不仅是红的，还有香味和其他性质；而"红的"，也不仅可以表述玫瑰花，也可表述任何别的红的东西。这表明不论是在主语中或是在述语中，总有点什么东西是述语或主语所包括不了的。换句话说，与自身的同一，从一开始起就必然有与一切别的东西的差异作为补充。辩证法坚持同一中包含差异，并没有完全否认抽象同一性在一定条件下的适用性。这正如恩格斯所说的：

> 抽象的同一性，像形而上学的一切范畴一样，对家事范围内的应用来说是足够的，在这里所考察的只是小的环境或短的时间；在这样的环

---

① 《自然辩证法》第 89 页、第 90—91 页。

境和时间内抽象的同一性能适用的界限差不多在每一场合下都是不相同的，并且是由对象的本性来决定的……①

这就是说，我们在小的环境或短的时间内，可以把所考察的对象看作是具有抽象的同一性的，而对它们的变化略而不计。但这里所说的"小"和"短"又是相对的，小或短到什么程度，要由对象的本性来决定。例如，对于太阳系，甚至可以对它在上千万年的时间内的变化略而不计；但对于在几个星期内完成改变形态的昆虫来说，不用说是上千万年，就是几天的变化也都不能略而不计。所以，抽象同一性的适用界限在不同的场合是极不相同的，绝对不能以固定的标准到处套用。

辩证法所理解的同一性，是包含着差异的"具体的同一性"，这种同一性是理论自然科学家都应当坚持的。因为

> 对综合的自然科学来说，即使在任何个别的部门中，抽象的同一性是完全不够的，而且，虽然总的说来现在已经在实践中被排除，但在理论方面，它仍然总是统治着人们的头脑，大多数自然科学家还以为同一和差异是不能相容的对立，而不是片面的极，这两极只是由于它们交替作用，由于差异性包含在同一性之中，才具有真理性。②

(二) 偶然性和必然性

恩格斯对偶然性和必然性辩证关系的论述，在《自然辩证法》手稿的众多札记中，是篇幅较长的一条，内容也非常精辟。恩格斯批判了在偶然性与必然性的相互关系上的两种形而上学观点。

第一种观点把偶然性与必然性当作永远互相排斥的、独立并存于自然界中的两个规定："一个事物、一个关系、一个过程要么是偶然的，要么是必然的，但不能既是偶然的，又是必然的。"根据这种看法，必然性被看作是在科学上值得注意的东西，而偶然性则被看作是对科学无足轻重；必然性是人们知道的东西，而偶然性则是人们不知道的。恩格斯认为，这种看法是阻碍科学发展的错误观点，它将葬送科学。恩格斯指出，

---

① 《自然辩证法》第91页。
② 《自然辩证法》第91页。

这样一来，一切科学都完结了，因为科学正是要研究我们所不知道的东西。这就是说：凡是可以纳入普遍规律的东西都是必然的，否则都是偶然的。任何人都可以看出：这等同于这样一种科学，它把它能解释的东西自称为自然的东西，而把它解释不了的东西都归之于超自然的原因；我把解释不了的东西产生的原因，是叫做偶然性或者叫做上帝，对事情本身来说是完全无关紧要的。这两个叫法所表示的只是一个意思：我不知道，因此它不属于科学的范围。在必然的联系失效的地方，科学便完结了。①

因此，坚持这种观点，最后必然导致取消科学而承认神学。

第二种是只承认必然性而根本否认偶然性的机械决定论观点。按照这种观点，世界上一切事件的发生都是必然的、命定的。这种观点，在哲学上由来已久。它又由18世纪法国唯物主义者传到自然科学中：这一个豌豆荚中有六粒豌豆，而不是五粒或七粒；这条狗的尾巴是五英寸长，不长一丝一毫，也不短一丝一毫；凌晨四点钟一只跳蚤咬了我一口，而不是三点钟或五点钟，是咬在右肩膀上而不是咬在右小腿上；……这一切的一切都是由一种坚定不移、不可更动的必然性所引起，而且"甚至太阳系由之产生的那个气团早就构造得使这些事情只能这样子发生，而不能按另外的样子发生"。对于这种观点，恩格斯尖锐地批评道：

> 承认有这一类的必然性，我们也还是没有摆脱掉神学的自然观。无论我们同奥古斯丁和加尔文一起把它叫做上帝的永恒的意旨，或者像土耳其人一样把这叫做 Kismet［天数］或者把这叫做必然性，这对科学来说差不多是一样的。
>
> 如果某个特定的豆荚中有六粒豌豆而不是五粒或七粒这一事实，是和太阳系的运动规律或者能量转化规律处于同一等级，那末实际上不是把偶然性提高到必然性，而倒是把必然性降低为偶然性。②

如果科学只是在豌豆应当有几粒之类的细枝末节上穷根究底，而不去研究规

---

① 《自然辩证法》第92页。
② 《自然辩证法》第93、94页。

律和必然性，那就不再是什么科学，而是纯粹的游戏了。

恩格斯指出，和上述两种观点相对立，黑格尔提出了前所未闻的命题：偶然的东西正因为是偶然的，所以有某种根据；而且偶然的东西正因为是偶然的，所以它也就没有根据。偶然的东西是必然的，必然性自己规定自己为偶然性；而另一方面，这种偶然性又宁可说是绝对的必然性。黑格尔的命题，读起来比较难懂，但却包含着深刻的辩证法的思想。在他看来偶然性的东西，因为它是作为必然性的表现，是以必然性为根据来确定自己是偶然性，所以它可以说也有"某种根据"。但是，由于偶然性的根据不在其自身而在他物，在这个意义上，又可以说是"没有根据"。偶然性和必然性是对立统一的关系，偶然性的背后隐藏着必然性，并且可以转化为必然性，所以说"偶然的东西是必然的，必然性自己规定自己为偶然性"，并且通过偶然性表现出来。因此，既没有纯粹的必然性，也没有纯粹的偶然性。从必然性必须通过偶然性来表现自己这个意义上来说，"偶然性又宁可说是绝对的必然性"了。黑格尔虽然是个客观唯心主义者，但他对偶然和必然的关系的理解是深刻的、辩证的。可惜，当时的自然科学家把黑格尔的命题当作悖理的、自相矛盾的文字游戏和荒唐话而不予理睬。恩格斯批判地吸取了黑格尔的辩证法思想，精辟地阐明了必然性与偶然性的辩证关系。他说：

> 偶然性只是相互依存性的一极，它的另一极叫做必然性。在似乎也是受偶然性支配的自然界中，我们早就证实，在每一个领域内，都有在这种偶然性中为自己开辟道路的内在的必然性和规律性。
>
> 被断定为必然性的东西，是由纯粹的偶然性构成的，而所谓偶然的东西，是一种有必然性隐藏在里面的形式，如此等等。①

这就是说，偶然性和必然性不是两个相互排斥的规定，它们既是对立的，又是统一的。在自然界中，既没有纯粹的必然性，也没有纯粹的偶然性。必然性只有与偶然性相联系，才成其为必然性；同样，偶然性也只有与必然性相联系，才成其为偶然性。

恩格斯还用达尔文进化论所提供的材料作为论据，进一步证明偶然性和必然性是相互依存并在一定条件下可以相互转化的辩证法思想。他指出：

---

① 《马克思恩格斯选集》第4卷，人民出版社，1972年，第171、240页。

> 达尔文在他的划时代的著作中，是从最广泛地存在着的偶然性的基础出发的。正是那些在个别的种内部各个个体间的有无限的偶然的差异，正是那种增大到突破种的特性，并且它的近因只在极其稀少的情况下才可能得到证实的、无限的偶然的差异，使达尔文不得不对直到当时生物学中一切规律性的基础，对直到当时一直处于形而上学的僵硬的和不变性中的种的概念提出疑问。①

达尔文正是通过广泛的调查研究，发现生物界有一种普遍现象，在同种生物中个体与个体之间存在着差异，这种差异开始是偶然的。如果这种变异有利于生物在较稳定的环境中生存下去，它就会遗传下去，发展到一定程度，发生从量到质的转化，从而产生出新的种。这就是偶然性向必然性的转化。反之，某一物种由于生活条件的变化，有机体为适应环境，体内某些器官或组织已没有存在的必要，就会逐渐退化，转化为非本质的、偶然的性状。这就是必然性向偶然性的转化。从这个意义上说，达尔文学说是"黑格尔关于必然性和偶然性的内在联系的论述在实践上的证明"。②

达尔文发现的物种进化的必然规律，沉重地打击了物种不变的形而上学自然观。由于种的概念是生物科学的许多部门的基础，种的概念的改变，必然波及人体解剖学、比较解剖学、胚胎学、古生物学、植物学等学科，使这些学科中的传统的旧观念也要随之而改变。因此，恩格斯说：

> 偶然性推翻了人们至今所理解的必然性。必然性的原有观念失效了。③

科学研究的任务，就是通过对偶然现象的观察、分析，去揭示其背后隐藏的必然性。因此，正确理解偶然性和必然性的辩证关系，对于科学的发展具有重大的意义。

（三）原因和结果

形而上学机械论者不了解原因和结果之间的辩证关系，他们认为：一个

---

① 《自然辩证法》第95页。
② 《自然辩证法》第289页。
③ 《自然辩证法》第95页。

结果由一个原因产生，而这一个原因又是由另一个原因产生，如此递进，形成了一个不可更动的因果链条。他们把这个链条开端处的纯粹的原因叫做"终极原因"，把其他原因叫做"作用原因"。这种观点，必将导致唯心主义。因为他们所说的"终极原因"和牛顿所说的"第一次推动"实质上是一回事。

辩证法则与之相反，认为原因与结果是处在相互作用之中，彼此截然对立的原因和结果是不存在的。恩格斯说：

> 交互作用是我们从现代自然科学的观点考察整个运动着的物质时首先遇到的东西。我们看到一系列的运动形式，机械运动、热、光、电、磁、化学的化合和分解、凝聚状态的转变、有机的生命，这一切，如果我们现在还把有机的生命除外，都是互相转化、互相制约的，在这里是原因，在那里就是效果，并且在这儿在各种不断变换的形式中的运动的总和是不变的。①

这就是说，物质的各种运动形式，是相互作用、相互转化的。在这里，原因和结果也是相对的、可以相互作用、相互转化的。

从辩证法的观点看来，没有什么"终极原因"。如果一定要说什么"终极"的原因，那就是事物之间的交互作用。也就是说：

> 交互作用是事物的真正的终极原因。我们不能追溯到比对这个交互作用的认识更远的地方，因为正是在它背后没有什么要认识的东西了。②

既然事物之间的交互作用是一切现象产生的真正原因，那么，又从什么意义上来区分原因和结果呢？恩格斯说：

> 为了了解单个的现象，我们就必然把它们从普遍的联系中抽出来，孤立地考察它们，而且在这里不断交替着的运动就显示了出来，一个为

---

① 《自然辩证法》第95—96页。
② 《自然辩证法》第96页。

原因，另一个为效果。①

这就是说，原因和结果都是针对一定的具体条件而言的，只有将因果关系从普遍的联系和交互的作用中抽取出来孤立地加以考察时，原因和结果才有确定的意义。

第二节 认识自然的辩证法。认识论和辩证逻辑

这一部分包括25条札记片断。恩格斯在这里论述了认识论和辩证逻辑中的若干重大问题，包含着极为丰富的思想，诸如：因果性的实践检验、认识的界限、概念的辩证本性、判断的辩证分类、假说的作用、归纳和演绎的辩证关系等。

研究认识论问题，首先遇到的就是主客体的关系，思维规律和自然规律的关系。在这一部分，恩格斯明确指出：

> 自然和精神的统一。自然界不能是无理性的，……而理性不是反自然的。②

这就是说，人的主观思维和现实的客观存在是一致的；客观存在的自然界是第一性的，思维是客观存在的反映，是第二性的。人们的认识之所以能正确地反映客观世界，是因为

> 我们的主观的思维和客观的世界服从于同样的规律，并且因而两者在自己的结果中最后不能互相矛盾，而必须彼此一致，这个事实绝对地统治着我们的整个理论思维。③

从这个基本事实出发，就必然要承认"自然界不能是无理性的"，自然界的规律是能够为人的理性所认识；而人的"理性不是反自然的"，它必须而且

---

① 《自然辩证法》第96页。
② 《自然辩证法》第97页。
③ 《自然辩证法》第157页。

能够与自然的规律相一致。恩格斯把它作为研究认识论的基本观点而提了出来。

人们在认识客观世界的过程中,经历着从感性具体到抽象规定,再从抽象规定到思维中的具体这样两条思维发展的途径,呈现出感性具体、抽象规定和思维中具体这样三种认识的状态。马克思曾经说过:

> 具体之所以具体,因为它是许多规定的综合,因而是多样化的统一。因此它在思维表现综合的过程,表现为结果,而不表现为起点,虽然它是现实中的起点,因而也是直观和表象的起点。在第一条道路上,完整的表象蒸发为抽象的规定;在第二条道路上,抽象的规定在思维行程中导致具体的再现。①

马克思在这里所说的作为"现实中的起点","直观和表象的起点"的具体,就是感性的具体;而"在思维行程中"导致的具体,则是思维的具体。思维中的具体不同于感性的具体,它是以概念等思维形式出现的,在形式上是抽象的;但由于它包含着对象的全面的、丰富的内容,是多样性的统一,所以在内容上是具体的。正因为如此,恩格斯说:

> 抽象的和具体的。运动形式变换的一般规律,比运动形式变换的任何个别"具体"例证要具体得多。②

能量守恒与转化规律作为运动的一般规律,它是思维中的具体,它比摩擦生热这个个别的具体例证所包含的内涵更丰富,也更具体。

一 人类的活动对因果性作出验证

因果关系是客观的还是主观的,这是哲学史和科学史上争论已久的问题,甚至在现代物理学中这个问题也争论得十分激烈。在哲学史上,英国哲学家休谟就是否认因果关系的客观性与必然性的代表人物。

休谟(D. Hume,1711—1776)认为,一切知识都来源于经验,而经验

---

① 《马克思恩格斯选集》第2卷,人民出版社,1972年,第103页。
② 《自然辩证法》第97页。

是没有客观内容的。他否认因果关系的客观性，认为这只是主观的心理现象，是从感觉和习惯中产生的。休谟的这些看法，反映了他所持的主观唯心主义经验论的基本倾向，当然是错误的。但他还提出了一个值得深思的问题，就是：对于先后发生的事件之间的关系，我们只能说"在这以后"，而不能单凭这一点就断定是"由于这"。

这正如恩格斯所指出的，自然现象有规则的一个跟着一个，固然会使人们产生因果观念，但是，在这里并没有任何证明，而且在这个范围内休谟的怀疑论说得很对：有规则地出现的 posthoc［在这以后］决不能确立 propterhoc［由于这］。恩格斯说：

> 单凭观察所得的经验，是决不能充分证明必然性的。posthoc［在这以后］，但不是 propterhoc［由于这］。这是如此正确，以致不能从太阳总是在早晨升起来推断它明天会再升起，而且事实上我们今天已经知道，太阳在早晨不升起的那个时刻是会到来的。①

时间的先后只是因果关系的必要条件，而不是充分条件，因为原因固然必须在结果之前出现，但是，先出现的事件未必就是后出现事件的原因。所以，在经验观察范围内，是无法证明因果关系的客观性的。

恩格斯指出，人类的实践活动却可以对因果性的客观性作了验证。他说：

> 在人类活动中，在实验中，在劳动中：如果我能够造成 posthoc［在这以后］，那末它便和 propterhoc［由于这］等同了。②

恩格斯举例说，我们只要用一面凹镜把太阳光正好集中在焦点上造成普通的火一样的效果，那么我们就证明热是从太阳来的。如果我们把引信、炸药和弹丸放进枪膛里面，然后击发，只要没有故障，就会造成子弹脱膛而出而引起的一切后果。即使有时未能引起预期的后果，那也是能够找出它的原因的：引信的化学分解，火药的潮湿，枪筒的损坏等等。这样一来，并不是推

---

① 《自然辩证法》第 99—100 页。
② 《自然辩证法》第 100 页。

翻了因果性而且"对因果性作了双重的验证"。①

恩格斯在这里批判的休谟的否认因果关系客观性和必然性的观点，哲学史上称之为怀疑论或不可知论。否认因果关系的客观性，否认自然规律的客观性，也就否认了科学真理的客观性。它对科学的发展妨碍极大。休谟的观点在现代物理学的发展中仍有其影响。恩格斯对休谟的批判是有普遍意义与现实意义的。

坚持实践的观点，不仅有力地批判了唯心主义和不可知论，而且也有助于克服旧唯物主义的局限性。旧唯物主义虽然承认因果的客观性，但他们的看法是片面的、机械的。他们说自然界产生了人，作用于人，这固然是对的；但他们忽视了人对自然的反作用，不了解人的实践活动在改造自然中的作用。恩格斯说：

> 人的思维的最本质和最切近的基础，正是人所引起的自然界的变化，而不单独是作为自然界的自然界；而人的智力是比例于人学会改变自然界的状况而发展的。
>
> 自然科学和哲学一样，直到今天还完全忽视人的活动对他的思维的影响；它们一方面只知道自然界，另一方面又只知道思想。②

这里所谓"一方面只知道自然界"，就是指当时流行于自然科学家中的"自然主义历史观"；所谓"另一方面又只知道思想"，就是指不了解认识对实践依赖关系的旧哲学，也包括旧唯物主义在内。上述的自然主义历史观和旧哲学的共同之处，是他们都忽视了人的实践活动的伟大意义；人们正是在自己的实践活动中不断地改造着客观世界，同时也不断地改造着自己的认识能力。由于他们都不懂实践在认识中的作用，当然也就不懂得"在这以后"是否等于"由于这"的问题了。这样，他们也就无法彻底批判不可知论，正确解决因果关系的客观性与必然性问题。

二 自然科学知识的相对性与绝对性

恩格斯指出，自然规律是普遍的、绝对的，具有无限的意义。只要规律

---

① 《自然辩证法》第99页。
② 《自然辩证法》第99页。

起作用的条件存在，规律就会在这种条件下重复地发生作用，这是一方面；另一方面，一切自然规律又都是在自然界的一定范围内和发展的一定阶段上起作用的，不可能绝对地、永恒地发生作用。他说：

> 永恒的自然规律也愈来愈变成历史的自然规律。水在摄氏零度和一百度之间是液体，这是永恒的自然规律，但是要使这个规律能够成为有效的，就必须有：（1）水，（2）一定的温度和（3）标准压力。月球上没有水，太阳上只有构成水的元素，对这两个天体来说，这个规律是不存在的。[①]

自然规律既然都是在一定条件下起作用的，那么，我们关于自然规律方面的知识，即自然科学，它的真理性，也是有条件的、相对的了。恩格斯指出，

> 我们的整个公认的物理学、化学和生物学都是绝对地以地球为中心的，仅仅是为地球打算的。[②]

但是，相对之中又包含有绝对。我们的自然科学

> 并不因为说它们只对于地球才适用并因而只是相对的而损失了什么。如果人们把这一点看得很严重并且要求一种无中心的科学，那就会使一切科学都停顿下来。对我们来说，只要知道，在相同的情况下，无论在什么地方，甚至在离我们右边或左边比从地球到太阳还远一千万亿倍的地方，都一定有同样的事情发生，那就够了。[③]

总之，自然规律既是永恒的，又是历史的；自然科学知识既是绝对的，又是相对的。永恒的自然规律愈来愈变成历史的规律，但相对真理中又包含着绝对的真理。

[①] 《自然辩证法》第 101 页。
[②] 《自然辩证法》第 101 页。
[③] 《自然辩证法》第 102 页。

三　人类认识的有限与无限

恩格斯通过对赫尔姆霍茨和耐格里的不可知论的批判，阐明了人类认识的有限与无限的辩证法。

赫尔姆霍茨认为，由于人的眼睛构造的缺陷，使我们的视力被限制在一定的范围之内；而且，即使在这个范围内，我们眼睛对它所看见的东西的状况的报告也是不正确和不可靠的。因此，我们对客观世界事物的本质是不可认识的。

恩格斯指出，蚂蚁虽然因为具有和我们不同的眼睛而能看见紫外线，而人却看不见。

> 但是，我们在对我们不能看到的这些光线的认识上，比蚂蚁前进得更远得多。并且我们早已能够证明蚂蚁看得见我们所看不见的东西这件事，并且这种证明正是不折不扣地建立在以我们的眼睛所造成的知觉的基础之上的，这表明人的眼睛的特殊构造并不是人的认识的绝对界限。①

人之所以对于紫外线等的认识要比动物更为高明，这是因为人

> 除了眼睛，我们不仅还有其他的感官，而且还有我们的思维活动。②

人的思维活动是其他任何动物所没有的。人能够在实践的基础上用思维来认识事物的本质及其发展的规律性，而任何动物都不能做到这一点。

耐格里（C. W. Nageli，1817—1891）于1877年9月20日在慕尼黑召开的德国自然科学家和医生第50次代表大会上所作的《对自然界认识的界限》的报告中说，我们只能认识量的差别，不能认识质的差别；只能认识有限，不能认识无限；只能认识个别，不能认识一般。因为质、无限、一般等是不能用来计算的，而凡是不能用量来计算的，都是不可认识的。

---

① 《自然辩证法》第103页。
② 《自然辩证法》第103页。

恩格斯认为，耐格里之所以陷入不可知论，是由于他割裂了质与量，无限与有限，一般与特殊的联系；而人们对质、无限、一般的认识，恰恰离不开对量、有限、特殊的认识。他说，质与量是统一的，如果把质与量看作两个绝对不同的范畴，并且认为一切质的差异只有在能够被归结为量的差异时才能说明，这是形而上学机械论的错误观点。同样，我们也不应把有限与无限、特殊与一般对立起来，割裂开来。

> 事实上，一切真实的、详尽的认识，都只在于我们在思想中把个别的东西从个别性提高到特殊性，然后再从特殊性提高到普遍性，在于我们从有限的东西中找到无限的东西，从暂时的东西中找到永久的东西，并且使之确定起来。

> 对无限东西只能在一个无限的渐进的进步过程中实现。这已经使我们有完全足够的理由说：无限的东西既是可以认识的，又是不可以认识的，而这就是我们所需要的一切。对自然界的一切真实的认识，都是对永恒的东西、对无限的东西的认识，因而本质上是绝对的。①

无限离不开有限，同样的，一般也离不开特殊。我们对物质和运动的一般认识，必须通过对物质的不同形态和运动的不同形式的研究，才能达到。正如恩格斯所说的：

> 除了通过研究个别的物料和个别的运动形式而认识到的东西之外，我们不能有别的对物质和运动的认识；并且我们在认识个别的物料和个别的运动形式的同时，我们 Pro tanto ［至此］也就认识了作为物质和运动的物质和运动。②

恩格斯还认为，经验主义倾向是使耐格里陷入不可知论的另一个重要原因。经验主义者夸大感觉、经验在认识中的作用，贬低理性思维、科学抽象在认识中的重大意义，以至于要用感性认识的方式来代替理性认识，从而得出了如果不能从感觉上去把握事物就是不能认识事物的错误结论。在他们看来，

---

① 《自然辩证法》第 105—106 页。
② 《自然辩证法》第 108 页。

量、有限、特殊是可以用感性把握的，因而是可以认识的；质、无限、一般是无法用感性把握的，注定是不可认识的。恩格斯针对经验主义者只"知道什么是一小时或一米，但是不知道什么是时间和空间"这种论调，无不讥讽地说：

> 这是老生常谈。人们先从感性的事物作出抽象，然后人们又要感性地去认识这些抽象的东西，要看到时间，嗅到空间。经验主义者如此深深陷入了经验的体验的习惯之中，甚至在和抽象的东西打交道的时候，还以为自己是在感性体验的领域内。①

经验主义者既然不可能"看到时间"，"嗅到空间"，于是就否认时间空间的客观性和可知性。这一点很像黑格尔所说的那个笑话。黑格尔把割裂特殊和一般相互关系的人，比喻为一个患病的学究。医生劝他多吃水果，当有人把樱桃或李子给他吃时，他却加以拒绝。因为他要的是水果而不是樱桃或李子。恩格斯借用这则笑话来批评耐格里：

> 当耐格里说我们不知道什么是时间、空间、物质、运动、原因和效果的时候，他只是说：我们先用我们的头脑从现实世界作出抽象，然后却不能认识我们自己作出的这些抽象，因为它们是思维的事物，而不是感性的事物，但是一切认识都是感性上的量度！这正是黑格尔所说的困难：我们当然能吃樱桃和李子，但是不能够吃水果，因为没有人吃过作为水果的水果。②

耐格里这种割裂特殊与一般，只承认"感性上的量度"，而不承认"抽象的事物"的经验主义思潮，在当时的自然科学家中有相当的代表性；这就是恩格斯批判耐格里的普遍意义。

在探讨有限与无限的相互关系时，恩格斯还全面分析黑格尔关于"单调的无限性"的论断，进一步揭示了有限与无限的辩证法。

黑格尔批评了形而上学所理解的无限性。这种无限性，就是空间的无限扩张和时间的无限延续，叫做"单调的无限性"。这种无限性是"同一个东

---

① 《自然辩证法》第107页。
② 《自然辩证法》第108页。

西的永恒的重复",是离开有限而设想的抽象的东西,是"一个空漠的荒野"。黑格尔批评了这种"单调的无限性"。所以,恩格斯说:

> 真无限性早已被黑格尔正确地安置在充实了的空间和时间中,安置在自然过程的历史中。①

然而,恩格斯并没有像黑格尔那样完全否定单调的无限性。他一方面,肯定了黑格尔对单调无限性的批判的合理之处;另一方面,也肯定了单调的无限性也有其可取的地方,他说:

> 自然界和历史的这种无限的多样性,在自身中包含有时间和空间的无限性——单调的无限性——这种无限性只是作为被扬弃了的、虽然是本质的,但并非占优势的因素。②

物质世界既然在时间上、空间上都是无限的,这种无限性就必然包含着空间的无限扩张和时间的无限延续。正如恩格斯所说:

> 只要我们说,物质和运动既不能创造也不能消灭的时候,我们也就是说:宇宙是作为无限的进步过程,即以单调的无限的形式存在着的,……③

在这个意义上,恩格斯仍然肯定了单调的无限性,并把它作为"本质的"因素。但它又是"被扬弃了的"、"并非占优势的"因素。这是因为,宇宙的无限发展并不是空洞的,是有着丰富的具体内容的,是离不开有限的。

> 实际上它并不是重复,而是发展,是前进或后退,因而它成为必然的运动形式。④

---

① 《自然辩证法》第109页。
② 《自然辩证法》第109页。
③ 《自然辩证法》第109页。
④ 《自然辩证法》第110页。

我们虽然肯定宇宙在时间和空间的无限性，但我们的着眼点还是应当放在我们观察所及的范围内。从这个意义上说，

> 我们的自然科学的最外面的界限，直到今天仍然是我们的宇宙，而在我们的宇宙以外的无限多的宇宙，是我们认识自然时所用不着的。①

四　概念的辩证本性和判断的发展

恩格斯指出，知性与理性的区别，形式逻辑与辩证逻辑的区别，在黑格尔那里已经有了。

黑格尔吸取了康德把认识区分为知性思维和理性思维的看法，认为，知性是思维的低级阶段，理性是思维的高级阶段。知性是抽象的，坚持着对象固定不变的，彼此没有联系的思维；理性是具体的，从矛盾关系中把握对象的辩证思维。用知性的方法研究思维，就是以同一律为基础，就是形式逻辑。所以，他把形式逻辑又称为"知性逻辑"。运用辩证方法研究思维的形式和规律，就是辩证逻辑。从这个意义上说，形式逻辑与辩证逻辑的关系，也就是知性与理性的关系。

恩格斯肯定了黑格尔对知性与理性的区别，指出：

> 知性和理性。这个黑格尔的区别——其中只有辩证的思维才是理性的——是有一定的意思的。
>
> 辩证的思维——正因为它是以概念自身的性质的研究为前提——只对于人才是可能的，……②

知性的活动，是人和动物共有的；唯有理性活动，才是人所独有的。所谓"概念自身的性质"，主要是指概念的客观性和辩证法。

概念的客观性是指：概念作为思维形式是主观的，而从它的内容来看，它是客观事物的反映。坚持概念的客观性，是马克思主义辩证逻辑的基本出发点。

---

① 《自然辩证法》第109页。
② 《自然辩证法》第112页。

概念的辩证法是指概念包含着内在的矛盾运动。承认概念的辩证性，就要着眼于揭示概念的内在矛盾，研究概念的运动、变化和发展。

对于概念的发展，黑格尔提出了历史与逻辑相统一的思想。他从唯心主义的前提出发，指出历史上的那些哲学系统的次序，是和理念里的那些概念规定的逻辑推演次序相一致的。恩格斯在唯物主义的基础上，吸收了黑格尔思想中辩证法的合理因素，对这个命题作了明确的表述。所谓历史的东西，是指客观事物的发展史以及人对客观事物认识的发展史；所谓逻辑的东西，是指人们用概念、判断、推理等理论思维形式，对历史的东西的概括反映。逻辑的东西是历史的东西的反映、缩影，而并不完全等同。

> 在历史的发展中，偶然性起着自己的作用，而它在辩证的思维中，就像在胚胎的发展中一样概括在必然性中。
>
> 在思维的历史中，一个概念或概念关系（肯定和否定，原因和效果，本体和偶性）的发展和它在个别辩证论者头脑中的发展的关系，正如某一有机体在古生物学中的发展和它在胚胎学中（或者不如说在历史中和在个别胚胎中）的发展的关系一样。①

在这里，恩格斯用生物的系统发育和胚胎发育的关系作为类比，深刻揭示了人类的认识发展史与个别的认识发展史的一致，论证了历史与逻辑相统一的原则。

概念是发展的，作为概念与概念之间关系的判断，它也是发展的。用发展的观点来研究判断及其分类，是辩证逻辑的另一个重要原则。

形式逻辑学家，从亚里士多德开始，就对判断进行了分类。但是形式逻辑的判断分类法有很大的局限性。它没有揭示判断之间的联系，判断由浅入深的发展，判断的发展与历史发展之间的关系，只是把各种判断形式列举出来和毫无关联地排列出来。黑格尔是在哲学史上第一个用辩证法的观点来系统地研究判断的发展，并根据他的《逻辑学》的三个部分（存在论、本质论、概念论）的划分，将判断分为四类：

（1）实有的判断，即质的判断，相当于《逻辑学》中的"存在论"阶段。这是判断中最简单的、只凭感觉就可以对某一个别事物的某种性质作出

---

① 《自然辩证法》第113页。

肯定或否定的判断。例如，肯定判断：玫瑰花是红的；否定判断：玫瑰花不是蓝的；无限判断：玫瑰花不是骆驼。

（2）反思的判断，即反映的判断。例如，单称判断：这个人是会死的；特称判断：有些人或很多人是会死的；全称判断：所有人都是会死的。

（3）必然性的判断。例如，直言判断：玫瑰花是植物；假言判断：如果太阳升起，那就是白昼；选言判断：南美肺鱼要么不是鱼类，要么就是两栖类。这两类判断都相当于《逻辑学》中的"本质论"阶段。区别在于，反思判断所陈述的是关于某种事物的某种关系的规定，而必然性判断所陈述的是关于某种事物的实质的规定。

（4）概念的判断，相当于《逻辑学》中的"概念论"阶段。它所陈述的是某种事物"对自己的概念符合到什么程度"是判断中最高级的。例如，实然判断：这所房子是坏的；或然判断：如果一所房子如此这般地建造起来，它就是好的；确然判断：如此这般地建造起来的房子是好的。

恩格斯认为，第1类是个别判断，第2、3两类是特殊的判断，第4类是普遍的判断。对黑格尔的这种分类法，恩格斯持肯定的态度。他说，不管这些东西读起来如何枯燥乏味，但

> 这种分类的内在真理性和内在必然性是明明白白的。而这种分类在多大程度上不仅以思维规律的根据，而且也以自然规律为根据，我们在这里愿意从其他方面举出一个大家非常熟悉的例子来说明。①

恩格斯所举的是人类对能量守恒与转化规律的认识这个例子。

他指出，在古代，人们所作出的"摩擦是热的一个源泉"，是一个实有的判断，也就是个别的判断；1842年迈尔、焦耳和柯尔丁作出的"一切机械运动都能通过摩擦转化为热"，是个反思的判断，也就是特殊的判断，它所展示的是一个特殊的运动形式（机械运动形式）经过摩擦这种特殊手段转变为另一种特殊的运动形式（热）的特性；1845年所确立的能量守恒与转化规律，即"任何一种运动形式都能够而且也必然直接或间接地转变为其他任何运动形式"，则是概念的判断，亦即普遍的判断，是判断的最高形式。

---

① 《自然辩证法》第115页。

在它的普遍性方面——在形式和内容上都同样是普遍的——这个规律是不可能再扩大了：它是绝对的自然规律。①

恩格斯所举的这个例子，生动地说明了黑格尔关于判断分类的合理性，说明了判断内容的辩证发展。

五　归纳和演绎

归纳是通过对个别现象的研究，认识一类事物的普遍规律的方法，它的推理顺序是从特殊到一般；演绎是通过某类事物的普遍规律，推断其中个别事物特性的方法，它的推理顺序是从一般到特殊。古希腊的亚里士多德在研究形式逻辑时，着重研究了演绎法中的三段论；同时也讨论了归纳法。近代自然科学兴起后，培根和笛卡尔分别发展了归纳法和演绎法。到了19世纪，由于当时自然科学家比较普遍地存在着单纯重视经验而忽视理论思维的经验主义倾向，在处理归纳和演绎的相互关系问题上，存在着把一切推理过程都看作归纳过程，并把归纳和演绎加以割裂的错误。其代表人物有海克尔、惠威尔（W. Whewell，1794—1866）、穆勒（又译密尔，J. S. Mill）等人。

恩格斯在《自然辩证法》手稿中，着重批判了只承认归纳而不承认演绎的"全归纳论者"，论证了归纳和演绎的辩证统一：

> 用世界的一切归纳法我们永远都达不到把归纳过程弄清楚的程度。只有对这个过程的分析才能做到这一点。——归纳和演绎，正如分析和综合一样，是必然相互依赖着的。人们不应当牺牲一个而把另一个捧到天上去，应当设法把每一个都用到该用的地方，而人们要能够做到这一点，就只有注意它们的相互联系、它们的相互补充。②

演绎要以归纳为基础，而归纳要以演绎为指导。单纯的归纳法因为仅仅以直接的感性经验为依据，所以就只能反映事物的相对静止的、表面的特征，而不能从变化发展中来考察事物，不能说明由若干物种衍生其他物种，不能揭示事物变化发展的必然性。据此，恩格斯指出：

---

① 《自然辩证法》第116页。
② 《自然辩证法》第120—121页。

由于进化论的成就,生命机体的全部分类都脱离了归纳法而回到"演绎法",回到亲缘关系上来——任何一个种属都是严格地由于亲缘关系从另一个种属演绎出来的,——而单纯用归纳法来证明进化论是不可能的,因为进化论是完全反归纳法的。归纳法所使用的种、属、纲等概念,由于进化论弄得不固定起来,因而变成为相对的东西了;而用相对的概念是不能去归纳的。①

恩格斯还以卡诺(M. L. S. Carnot,1796—1832)对热机的分析为例,论述了科学分析的重要作用,进一步批判了归纳万能论者。卡诺的研究工作,对于热力学第二定律的建立和热机效率的提高,都有重大的作用。他的研究工作表明:要认识事物,不能单纯靠归纳法,而应该把归纳和分析结合起来,抛开事物的次要的、偶然的、非本质的因素,深入到事物的内部,抓住主要的、必然的、本质的因素,然后再通过综合,作出科学的概括,从总体上来把握事物。恩格斯说:

> 在热力学中,有一个令人信服的例子,可以说明归纳法如何没有权利要求成为科学发现的唯一的或占统治地位的形式:蒸汽机已经最令人信服地证明,我们可以放热而取出机械运动。十万部蒸汽机并不比一部蒸汽机能更多地证明这一点,它们只是愈来愈迫使物理学家们不得不去解释这一情况。萨迪·卡诺是第一个认真着手进行这件事的人。但是没有用归纳法。②

这就是说,对一部蒸汽机进行深入的分析,比简单地列举十万部蒸汽机的表面特征,更能清楚地揭露蒸汽机的内部过程,更能说明问题。

六 假说是自然科学的发展形式

假说是科学研究中常用的一种方法,是理论思维的一种形式,是归纳、演绎、类比等逻辑推理形式综合地起作用的结果。由于人的认识和科学的发展,是一个在实践的基础上由不知到知,由不完全到完全,由不精确到精确

---

① 《自然辩证法》第120页。
② 《自然辩证法》第121—122页。

的曲折复杂的过程。因此，许多科学理论最初总不是以完全、精确的形式出现，而是以假说的形式出现；然后，才在这个基础上逐步形成比较完善的科学理论。正如恩格斯所说的：

> 只要自然科学在思维着，它的发展形式就是假说。①

人们的认识和科学的发展之所以要经历这一过程，主要是因为客观事物的本质和规律并不是以纯粹的形式出现，而往往被一些表面的、次要的、偶然的现象所掩盖，再加上人们也不可能一下子就获得十分完备的感性材料。所以，当事物的本质暴露得还不够充分，尚不足以建立起科学的理论时，就需要假说。恩格斯指出，在实践中，

> 一个新的事实被观察到了，它使得直到现在对和它同类的事实的说明方式成为不可能的了。从这一瞬间起，就需要新的说明方式——它最初仅仅以有限数量的事实和观察为基础。进一步的观察材料会使这些假说纯化，取消一个，修正另一个，直到最后纯粹地建立起定律。②

可见，科学假说既不是空想，又不是定论，因为还没有"最后纯粹地建立起定律"。即使如此，我们也不能由此而否认它在科学研究中的作用。因为

> 如果人们要等待建立起定律的材料纯粹化起来，那末这就是在此以前要把运用思维的研究停顿下来，而定律也就因此永远不会出现。③

这就等于要停止理论思维，等于取消一切科学研究。

当假说被提出来后，随着实践的进一步发展，它可能被实践所推翻，也可能经过实践的检验而进一步发展为理论，还可能两者兼而有之，即剔除其中一部分，而保留其中的另一部分。在科学史上，科学理论的形成和发展，往往是通过许多互相排挤的假说迅速更替的形式来实现的。有些被证实为错

---

① 《自然辩证法》第 117 页。
② 《自然辩证法》第 117 页。
③ 《自然辩证法》第 117 页。

误的假说，在科学发展的过程中，也曾起过一定的作用；有些假说，虽然一时似乎被实践推翻，但后来又为更新的事实所证实。对于同一类自然现象有时存在着不同的甚至是互相对立的假说。这些假说各能说明部分事实，但都不能全面地概括所有的事实，因而长期相持不下。所有这些，都是科学发展的正常途径，因为人的认识不是沿着直线而是沿着一条错综复杂的曲线发展的。但是

> 对缺乏逻辑和辩证法训练的自然科学家来说，互相排挤的假说的数目之多和替换之快，很容易产生这样一种观念：我们不可能认识事物的本质。①

为了不至于陷入不可知论的错误，我们必须用辩证的观点来看待假说的建立和发展。由于物质世界的无限发展和我们主观条件的种种限制，在人们的面前永远有无数尚未被认识的事物。我们批判不可知论，并不意味着我们认为一切事物都已被我们所认识。事实上，

> 我们只能在我们时代的条件下进行认识，而且这些条件达到什么程度，我们便认识到什么程度。②

---

① 《自然辩证法》第 117 页。
② 《自然辩证法》第 118 页。

第七章
《自然辩证法》的基本内容（下）

在《自然辩证法》手稿中，恩格斯分析了物质运动的形式及其转化，揭示数学和各门自然科学的辩证内容。而他关于劳动创造人的理论，则构成了自然辩证法和社会辩证法的过渡环节。

第一节 物质的运动形式。自然科学的辩证法

这一部分包括局部计划草案、论文《运动的基本形式》以及有关的札记片断20条。恩格斯在这里阐述了辩证的物质运动观的若干基本原理，着重说明了物质运动基本形式之间的区别和联系；并以此为基础说明了各门自然科学之间的区别和联系；同时还批判了将一切运动形式归结为机械运动形式的机械论观点。

一 运动是物质的存在方式

恩格斯指出：

> 运动，就它一般的意义来说，就它被理解为存在的方式、物质的固有属性来说，包括宇宙中发生的一切变化和过程，从单纯的位置变动起直到思维。[1]

运动是物质的"存在的方式"和"固有属性"，运动和物质是不可分离的。

---
[1] 《自然辩证法》第124页。

物质的属性只有运动中才能显示出来，也只有通过运动才能认识。

一切形式的运动都有其一定的物质承担者。根据当时自然科学的成就，恩格斯指出，机械运动的物质承担者是天体和地球上的物体（宏观物体）；物理运动的物质承担者主要是分子；化学运动的物质承担者是原子；生物运动的物质承担者是蛋白体。现代科学的发展表明，一种物质承担者可能具有多种运动形式（例如，地球有机械运动，还有电磁运动；分子有热运动，还有机械运动；等等），一种运动形式的物质承担者也并不是单一的（例如，物理运动形式的物质承担者不仅是分子，还有原子、原子核及基本粒子）。但是，一定的运动形式和一定的物质承担者相联系，这一点却是肯定不移的。

运动的源泉是物体的相互作用。我们所面对的自然界是各种物体相互联系构成的总体。恩格斯说：

> 这些物体的互相联系这一事实就包括了，它们是相互作用着的，并且物体的这种相互作用正是运动。这里就已经表明了：没有运动，物质是不可想象的。①

既然运动是同物质不可分离，那么，物质不灭，运动也应当是不灭的。恩格斯说：

> 既然在我们面前的物质是某种既有的东西，是某种既不能创造也不能消灭的东西，那末由此而来的便是运动也是既不能创造也不能消灭的。只要一旦认识到宇宙是一个体系，是各物体相互联系的总体，那就不能拒绝得出这个结论来。②

关于运动不灭的思想，首先是作为哲学的结论，最早由笛卡尔在1644年出版的《哲学原理》中提出。限于当时的历史条件，笛卡尔所谈的运动不灭，其实只是机械运动的动量守恒，并且"对一个无限大的量应用了有限的表达方式"。200年后，能量守恒与转化定律的确立，才使运动不灭原理在自然科学上得到了证明。

---

① 《自然辩证法》第125页。
② 《自然辩证法》第125页。

二 运动形式的多样性与统一性

恩格斯根据当时自然科学的成就，把自然界中物质运动的形式分为四类：机械运动、物理运动、化学运动、生物运动。

不同运动形式之间，一方面由于它们各有其不同的特殊的矛盾，而各有其不同的本质因而互相区别，显示了运动形式的多样性；另一方面，它们之间又互相联系，并在一定条件下互相转化，因而具有统一性。高级运动形式是由低级运动形式发展而来，但又不能归结为低级运动形式。正如恩格斯所说的：

> 一切运动都是和某种位置变动相联系着的，不论这究竟是天体的、地球上物体的、分子的、原子的或以太粒子的位置移动。运动形式越高级，这种位置变动就愈微小。位置变动决不能把有关的运动的本性包括无遗，但它也是和我们所考察的运动不能分开的。①

尽管每一高级运动形式都必然地要和某种机械位置移动相联系，但绝不能把它简单地归结为机械运动。恩格斯说：

> 终有一天我们会用实验的方法把思维"归结"为脑子中的分子的和化学的运动；但是难道因此就把思维的本质包括无遗了吗？②

自然界的各种运动形式是一个由简单到复杂、由低级到高级的辩证发展过程，人类对自然界的认识也符合这个过程。因此，

> 研究运动的本性，当然必须从这种运动的最低级、最简单的形式开始，并且先学会理解这些最低级的最简单的形式，然后才能对更高级的和更复杂的形式有所阐明。

在自然科学的历史发展中最先形成的是关于最简单的位置变动的理论，即天体和地上物体的力学，随后是关于分子运动的理论，即物理

---

① 《自然辩证法》第 125 页。
② 《自然辩证法》第 151 页。

学，以及紧跟着物理学、几乎和物理学同时而且有些地方还先于物理学发展起来的，是关于原子运动的科学，即化学。只有在这些关于统治着无生命的自然界的运动形式的各知识部门达到了一个高度的发展以后，才能有成效地去着手阐明显示生命过程的各运动进程。①

三　吸引和排斥是无生命界一切运动的基本矛盾

恩格斯指出，无生命界一切运动的基本矛盾是吸引和排斥。他说，在无生命界中，

> 一切运动的基本形式都是接近和分离、缩短和伸长，——一句话，是吸引和排斥这一古老的两极对立。
> 吸引和排斥在这里不是被看作所谓"力"，而是被看作运动的简单形式。②

这就是说，吸引和排斥虽然是从引力和斥力中引申出来的，但不能归结为引力和斥力。它概括了诸如：接近和分离、缩短和伸长、辐射和吸收、凝结和扩散、结合和分裂、化合和分解等。因此，正如恩格斯所论述的那样，这个基本矛盾在天体运动、地球上物体的机械运动、分子运动、电和磁、化学运动等无生命界的各种场合都普遍地存在着。

当时，以赫尔姆霍茨为代表的"重力论"者却认为，只有吸引才是物质的本质和必然属性，而排斥却不是。他们完全否认了排斥的作用。恩格斯指出，

> 通常都把有重看作物质性的最一般的规定。这就是说，吸引是物质的必然属性，而排斥却不是。但是吸引和排斥像正和负一样是不可分离的，并且因此根据辩证法本身就可以预言：真正的关于物质的理论必须指出排斥以和吸引具有同样重要的地位；只以吸引为基础的物质理论是

---

① 《自然辩证法》第 124 页。
② 《自然辩证法》第 126 页。

错误的，不充分的，片面的。①

恩格斯认为，在地球和太阳系的情况下，排斥才是运动的主动方面，而"能"是代表排斥运动的。他说：

> 在太阳系中，特别是在地球上，吸引已经大大胜过了排斥。如果没有从太阳放射到我们这里的排斥运动，地球上的一切运动都一定会停止。
> 在把能理解为排斥的时候，在实际上和对地球上的过程，甚至对整个太阳系来说，本质上是完全对的。②

恩格斯还认为，虽然"能"这个名词没有把全部的运动关系正确地表示出来，但它和"力"这个名词比起来，无论如何还是宁愿要"能"这个名词。

与恩格斯相反，赫尔姆霍茨不仅用"力"这个词来表示引力，把重力、吸引看作是物体运动的"原动力"，而且把"力"的概念加以滥用。他把各种复杂的运动现象，如光的折射、化学化合、接触电、黏合、毛细现象等，一律用"力"加以解释，什么折射力、亲和力、接触力、黏合力、表面张力等。有多少种不同的现象，便编造出多少种力。这正如恩格斯所说的，

> 并不是因为我们完全认识了规律，而正因为我们不认识它，正因为我们还不清楚这些现象的"相当复杂的条件"，所以我们在这里也就往往拿"力"这个字当作避难所。这样看来，我们由此表现出来的，并不是我们关于规律的本性和它的作用的方式的科学知识，而是我们缺乏这方面的科学知识。③

把"力"作为掩盖自己在科学上的无知的灵丹妙药而到处滥用，从而使多种多样的运动形式都归结为机械运动，这是当时盛行的机械论的典型表现。恩格斯对赫尔姆霍茨的上述分析，实际上是对当时盛行的机械论的有力批判。

---

① 《自然辩证法》第142—143页。
② 《自然辩证法》第134、135页。
③ 《自然辩证法》第137页。

四　运动和平衡

运动是物质的存在方式，这样说并不否认相对的静止或平衡。平衡作为事物运动变化过程中在一定条件下的相对静止状态，它总是与运动相联系的。

运动和平衡的辩证关系，在不同的条件下有着不同的表现。恩格斯指出：

> 在太阳上只有整个物体的平衡，而没有个别质料的平衡，或者，如果有，也只是一种极微不足道的、由密度的显著差别所决定的平衡；在表面上是永恒的运动和不安宁、分解。
>
> 在月球上似乎是唯一的平衡占了统治地位，没有任何相对的运动——死亡（月球＝否定性）。
>
> 在地球上，运动分化为运动和平衡的交替：个别运动趋向平衡，而运动的整体又扬弃个别的平衡。
>
> 在活的有机体中我们看到一切最小的微粒和较大的器官的继续不断的运动，这种运动在正常的生存时期是以总的有机体的持续平衡为其结果，然而又经常处在运动之中，这是运动和平衡的活的统一。①

当我们说某事物处于平衡中，这实际上说的是相对的平衡，它是相对于一定的事物，或相对于某一种运动形式而言的。某一物体相对于地球而处在平衡状态，即处于力学意义上的静止，这绝不妨碍它参加地球的运动和整个太阳系的运动；同样，也不妨碍它内部的分子和原子经历着物理的、化学的运动过程。恩格斯指出，在天体运动中，例如在太阳系中，各个行星的绕日运动就是它们按各自轨道，在平衡中的运动和在运动中的平衡。因此，平衡总是一种动态的平衡，没有什么独立的，绝对的静止和平衡。

> 一切平衡都只是相对的和暂时的。②

---

① 《自然辩证法》第145—146页。
② 《自然辩证法》第146页。

这种相对的静止和暂时的平衡，对于客观事物的发展，有着重大的意义：

> 物体相对静止的可能性，暂时的平衡状态的可能性，是物质分化的本质条件，因而也是生命的本质条件。①

不仅如此，它对于人们的认识也有重大的作用。如果没有相对的静止和暂时的平衡，一切客观事物都成为转瞬即逝的、毫无相对稳定可言的东西，人们又怎样去认识它们呢？

五 运动形式和科学分类

对运动形式的研究为科学分类提供了坚实的科学依据。人们对物质的研究与对运动形式的认识分不开的。恩格斯说：

> 自然科学的辩证法：对象是运动着的物料。物料本身的各种不同的形式和种类又只有通过运动才能认识，物体的属性只有运动中才显示出来；关于不运动的物体，是没有什么可说的。因此，运动着的物体的性质是从运动的形式得出来的。②

根据这个基本观点，恩格斯提出了科学分类的客观性原则和发展原则。他说：

> 科学分类，每一门科学都是分析某一个别的运动形式或一系列彼此相属和互相转化的运动形式的，因此，科学分类就是这些运动形式本身依据其固有的次序的分类和排列，而科学分类的重要性也正是在这里。
>
> 当现在自然界中发展的普遍联系已经得到证明的时候，外表上的顺序排列，如黑格尔人为地完成的辩证的转化一样，是不够了。转化必须自我完成，必须是自然而然的。正如一个运动形式是从另一个运动形式中发展出来一样，这些形式的反映，即各种不同的科学，也必然是一个

---

① 《自然辩证法》第 145 页。
② 《自然辩证法》第 147 页。

从另一个中产生出来。①

科学研究的对象是不同的物质的运动形式，而不是凭主观因素来确定，这是科学分类的客观性原则；而不同的物质运动形式之间的转化，从而科学的不同学科之间的转化，又是自我完成的、自然而然的，这是科学分类的发展原则。这两者的结合，正是唯物论与辩证法的有机的、内在的统一。

恩格斯根据上述的分类原则，对当时的一些基本自然科学部门作了如下的分类：

力学——研究最简单的机械运动，即位置变动；

物理学——研究声、热、光、电、磁等运动；

化学——研究化合和分解；

生物学——研究生命的运动。

恩格斯还对圣西门（H. Saint—Simon, 1760—1825）和黑格尔关于科学分类的方法，进行了评论。圣西门按照认识从简单到复杂的顺序，把科学按天文学、物理学、化学和生物学排列起来。恩格斯认为，这是一个根本上正确的思想。但圣西门的学生孔德（A. Comte, 1798—1857）抄袭了他的这一套分类方法，进行了唯心主义和机械论的篡改，却把它庸俗化了。黑格尔把自然科学分成：力学（研究物体运动，包括天体力学、地球上的力学）、物理学（研究分子和原子运动，包括物理学、化学）和有机物理学（研究生命有机体的运动，包括植物、动物）等三个大类，这在当时来说是完备的，也是合理的。但由于他是客观唯心主义者，他不是从自然界本身找出辩证法，而是把辩证法从外部注入自然界。所以，恩格斯说他是"人为地完成的辩证的转化"。

六　对机械论的批评

恩格斯在《自然辩证法》手稿的这一部分中，还引用黑格尔《自然哲学》中有关空间、时间与物质运动不可分割的论述。黑格尔认为，"空间和时间充满着物质"，运动的本质应该是"空间和时间的直接的统一"。黑格尔的这些看法是与机械论的时空观相对立的。对此，恩格斯持肯定态度并加以摘录。

---

① 《自然辩证法》第 149—150 页。

在这一部分札记中，恩格斯还对物质可分性问题写下了如下的重要见解。他说：

> 在化学中，存在着可分性的一个特定的界限，越过这个界限，物体便再不能在化学上起作用了——原子；几个原子总是结合在一起——分子。同样，在物理学中，我们也不得不接受有某种——对物理学的考察来说——最小的粒子；它们的排列制约着物体的形式和凝聚，它们的振动显现为热等等。①

恩格斯认为，物质结构是不可穷尽的，自然界并不存在任何绝对不变、绝对简单的最后实体，物质是无限可分的。但他又认为，物质的分割又是有限的，物质又是不可分的。可分性是有一定界限的，超出这个界限，事物就要发生质变。化学上的原子，物理学上的分子，就是分割的一些界限。因此，对于化学来说，原子是不可分的；对于宏观的物理学来说，分子是不可分的。这个道理对于生物学也同样适用，而且更为明显。如果说，某些低等动物，如蚯蚓之类，分割之后还能够成长为一个新的个体的话；那么，对于高等动物，如哺乳动物，分割就会引起个体的破坏或死亡。因此，恩格斯说："哺乳动物是不可分的，爬行动物还能再生出一只脚来。"②

和形而上学把可分与不可分看成绝对对立的观点不同，辩证法把两者看成是对立的统一。恩格斯引用黑格尔的话说："物质既是两者，即可分的和连续的，同时又不是两者"。物质就其结构而言，是连续和间断的对立统一，是可分与不可分的对立统一。这一点已经为现代自然科学的发展所证实了。

恩格斯还把1885年为《反杜林论》第1编第7章写的一个注释《关于"机械的"自然观》放在《自然辩证法》手稿之中。主要内容是批判把一切运动形式归结为机械运动形式，把质的差异归结为量的差异的机械论观点。

1877年2月9日，恩格斯在《前进报》上发表了题为《自然哲学。有机界》的论文（该文后来汇集在《反杜林论》一书中）。在论文的开头，恩格斯论述了自然界运动形式的转变是通过决定性的飞跃来完成的。原文是这

---

① 《自然辩证法》第144页。
② 《自然辩证法》第144页。

样写的：

> 不管一切渐进性，从一种运动形式转变到另一种运动形式，总是一种飞跃，一种决定性的转折。从天体的力学转变到个别天体上较小的物体的力学是如此，从物体的力学转变到分子的力学——包括本来意义上的物理学所研究的热、光电、磁这些运动——也是如此。从分子的物理学转变到原子的物理学化学，同样也是通过决定性的飞跃完成的；从普通的化学作用转变到我们称之为生命的蛋白质的化学反应历程，更是如此。①

在恩格斯的论文发表后，化学家凯库勒（F. A. Kekule, 1829—1896）在其所著的《科学目的和成就》中，给力学、物理学和化学下了一个完全类似的定义：

> 可以给化学定义为原子的科学，给物理学定义为分子的科学，于是自然而然地会想到，把今天物理学中涉及物体的这一部分作为专门的学科分出来，并为它保留下力学这个名称。②

在凯库勒看来，化学是原子的科学，物理学是分子的科学，力学是物体的科学。这些定义与恩格斯的定义完全类似，只是不那么确定。但英国的《自然》杂志竟把凯库勒的上述命题翻译成："力学是物体的静力学和动力学，物理学是分子的静力学和动力学，化学是原子的静力学和动力学。"③ 恩格斯不同意这种机械论的观点，认为它与海克尔把生理过程也归结为机械过程的做法，同出一辙。恩格斯明确指出：

> 当我把物理学称做分子的力学，把化学称做原子的物理学，并进而把生物学称做蛋白质的化学的时候，我是想借此表示这些科学中的一门向另一门的过渡，从而既表示出两者的联系和连续性，也表示出它们的

---

① 《马克思恩格斯选集》第3卷，人民出版社，1972年，第105页。
② 转引自《自然辩证法》第152页。
③ 转引自《自然辩证法》第152页。

差异和非连续性。更进一步把化学同样称做力学的一种，这在我看来是不能容许的。

　　机械运动并没有穷尽所有的运动。运动不仅仅是位置变化，在高于力学的领域中它也是质的变化。①

机械论者不仅把一切运动形式归结为机械运动，而且还把一切质的差异仅仅归结为量的差异和变化。他们认为，所有的物质都是由同一的最小的粒子所组成，而物质的化学元素的一切质的差异也都是由量的差异所引起的。恩格斯认为，作为科学抽象的物质概念本身，和各种特定的、实存的物质的具体形态是不同的，它不是感性地存在着的东西。正因为这样，

　　如果自然科学企图寻找统一的作为物质的物质，企图把质的差异归结为同一的最小粒子的结合上的纯粹量的差异，那末这样做就等于不要求看到樱桃、梨、苹果，而要求作为水果的水果，不要求看到猫、狗、羊等等，而要求看到作为哺乳动物的哺乳动物，要求看到作为气体的气体、作为金属的金属、作为石头的石头、作为化合物的化合物、作为运动的运动。②

恩格斯批评了这种只讲量不讲质的"片面的数学观点"，指出它无非是18世纪法国唯物主义的机械论观点；由于它把数当作事物的本质，甚至是倒退到毕达哥拉斯那里去。

第二节　数学和各门自然科学中的辩证法

　　这一部分包括《运动的量度。——功》、《潮汐摩擦。康德和汤姆生—台特》、《热》、《电》等4篇论文和83条札记片断。在这些论文和大量札记片断中，恩格斯从当时数学和各门自然科学的具体内容，论证了唯物辩证法的正确性；同时，运用辩证法对当时自然科学中的某些重大理论问题作了分析，提出了一些原则性的科学预见。

---

①　《自然辩证法》第153页。
②　《自然辩证法》第156页。

一 数学

数学部分的札记大约写于1874—1885年。恩格斯在总计划草案中指出："数学,辩证的辅助工具和表现方式。"① 数学部分的札记就是为了阐明这一思想而准备的材料。

19世纪70—80年代,数学和其他各门自然科学一样,深受唯心主义和形而上学的影响。他们认为数学是先验地产生于纯思维,否认它的现实原型和辩证内容。但是,数学在其发展过程中,特别是在微积分创立后,日益揭示出自己的辩证性质,从而与数学家头脑中根深蒂固地保留着的唯心主义和形而上学思想,发生尖锐矛盾,使他们的思维陷入极端混乱之中,严重妨碍了数学的健康发展。恩格斯写这些札记的目的,就是为了引导数学从唯心主义和形而上学的束缚下解放出来,自觉认识数学内容的客观性和辩证法。

(一) 现实世界中数学的无限的原型

恩格斯在《自然辩证法》中收集了他为《反杜林论》第1编第3章"分类。先验主义"写的一个附注:《关于现实世界中数学的无限的原型》。在这条札记中,恩格斯以微积分为例,论证了思维与存在的一致,批判杜林等人关于数学是人类精神的纯粹的"自然创造和想象物"的唯心主义先验论观点。

恩格斯指出:

> 我们的主观的思维和客观的世界服从于同样的规律,并且因而两者在自己的结果中最后不能互相矛盾,而必须彼此一致,这个事实绝对地统治着我们的整个理论思维。它是我们的整个理论思维的不自觉的无条件的前提。②

人们总以为微积分的发明,证明了人类精神的卓越胜利。其实,情形恰好相反,自然界为微积分中的一切想象的量提供了"样板"。恩格斯指出,数学的无限大和无限小概念,微分的概念和它的变数关系,微分所使用的方式和所依据的规律和微积分的整个过程,都可以在自然界中找到它们的现实

---

① 《自然辩证法》第3页。
② 《自然辩证法》第157页。

原型。

恩格斯还精辟地把各次数学无限的现实原型和物质的层次联系起来，指出：

> 物质是按质量的相对的大小分成一系列较大的、界限分明的组，使每一组的成员互相间在质量方面都具有确定的、有限的比值，但对于邻近的组的各成员则具有在数学意义下的无限大或无限小的比值。①

当时，物质质量从大的方面有地球上的物体、地球、太阳系、恒星系等；从小的方面有分子、原子。这是不同层次。无限大或无限小的各个不同的阶和这一系列质量大小不同的层次相适应的。当时虽然还没有发现电子，但恩格斯已经预言：

> 原子决不能被看作简单的东西或一般来说已知的最小的实物粒子。②

恩格斯指出：

> 数学的无限是从现实中借来的，尽管是不自觉地借来的，所以它只能从现实来说明，而不能从它自身、从数学的抽象来说明。
> 只要数学家退入他们的不可攻克的抽象堡垒，即所谓纯数学，这一切相似就都被忘却，无限就变成完全神秘的东西，而在分析中所运用的方式和方法就显得是某种完全不可理解的、同一切经验和一切知性相矛盾东西了。③

这就是就，数学中抽象的概念都有其现实的原型，而数学家之所以陷入唯心主义，其认识论的根源就在于他们忘记了一点。

（二）数学的公理问题

数学上的所谓公理，是数学需要作为自己的出发点的很少几个的思维规

---

① 《自然辩证法》第 162 页。
② 《自然辩证法》第 161 页。
③ 《自然辩证法》第 162、161 页。

定。公理作为一个数学公理系统中的基本前提,是推理的出发点,它只能不加证明地被引用,而且也是不能用逻辑证明的。

数学公理的这种"不证自明"的性质,不意味着它不具有客观性,恩格斯引用斯宾塞(H. Spencer,1820—1903)的话说:

> 斯宾塞这句话说很是对的:我们所认为的这些公理的自明性是一代一代传下来的。这些公理只要不是纯粹的同义反复,就是可以辩证地证明的。①

恩格斯在这里所说的"可以辩证地证明",就是指公理可以在实践上得到证明,它是人类长期的社会实践所取得的认识。列宁也说过类似的话,他是这样说的:

> 人的实践经过千百万次的重复,它在人的意识中以逻辑的格固定下来。这些格正是(而且只是)由于千百万次的重复才有着先入之见的巩固性和公理性性质。②

这就是说,公理之所以具有对人们的"先入之见的巩固性"和不用证明的"自明性",是由于它是人的实践经过千百万次重复在人的意识中以逻辑的格固定下来的产物。

(三) 数学内容的辩证性质

数学是研究现实世界的空间形式和数量关系的。既然现实世界是充满着矛盾的辩证发展过程,数学作为现实世界的一个方面的反映,也就不能不反映出这种过程的辩证性质。恩格斯在札记中从各个方面揭示了数学内容的辩证性质。

恩格斯认为,数学运算中充满着矛盾的对立统一,各种数学运算都不是孤立的、僵死的,而是彼此联系并在一定条件下互相转化的。他指出:

> 数学中的转折点是笛卡尔的变量。有了它,运动进入了数学,因

---

① 《自然辩证法》第163页。
② 《列宁全集》第38卷,人民出版社,1959年,第233页。

而，辩证法进入了数学，因而微分和积分的运算也就立刻成为必要的了，它们也就立刻产生了，并且由牛顿和莱布尼茨大体上完成的，但不是由他们发明的。①

恩格斯还认为，数学虽然是研究最纯粹的量的规定性，但是量与质是对立统一的，在量的关系中也充满了质的差异。例如，当量发展到无限大和无限小之后，

> 它就导入一个质的差异，这个差异甚至表现为不可克服的质的对立：量的相互差别太大了，甚至它们之间的每一种合理的关系、每一种比较都失效了，甚至它们变成在量上不可通约了。②

恩格斯还指出，在数学的概念中，甚至是一些最简单的数的概念和一些数学概念之间，都存在着对立统一的关系。例如，没有什么东西会比"一"这个概念更简单的了，但是它体现了一和多、简单和复杂的辩证统一。它本身固然是简单的数量单位，但当它与其他的数量单位发生关系之后，又有着极其丰富的内容。又如"零"，初看起来，它似乎没有什么内容，但是，作为对任何一个确定的量的否定，它具有非常确定的内容；而且，作为界限，它比其他一切被它所限定的数都更加重要。它本身体现了肯定和否定的辩证统一。又如 $\sqrt{-1}$，它是虚数，但又有其现实的原型，它是虚和实的对立统一。它的发现，更深刻地证明正和负这两种数既对立又统一，两者之间没有绝对不可逾越的鸿沟。其他如确定的数和不确定的数，直线和曲线，三角形和圆形，有限和无限，等等，一些初看起来似乎很不相同并有着明显对立的数量关系，如果不是从孤立静止的观点来看，而是从联系、运动的观点来观察它们，就会发现它们之间的相互依存和在一定条件下的相互转化。事实上，在微分运算中，情形就是这样。这正如恩格斯所说的：

> 只有微分运算才能使自然科学有可能用数学来不仅仅表明状态，并

---

① 《自然辩证法》第164页。
② 《自然辩证法》第165页。

且也能用数学来表明过程:运动。[①]

也正是从这个意义上说,微积分学的创立,使运动和辩证法的观点渗透到数学之中来了。

(四) 数学的应用

恩格斯根据当时自然科学发展的状况,对数学的应用作了如下的概括:

> 数学的应用:在刚体力学中是绝对的,在气体力学中是近似的,在液体力学中已经比较困难了——在物理学中多半是尝试性的和相对的——在化学中是具有最简单本性的简单一次方程式——在生物学中 =0。[②]

在刚体力学中,人们假定外力作用下绝对不发生形变的,物体的理想运动情况应该和数学计算结果完全符合,因此,数学在刚体力学中的应用"是绝对的"。在气体力学中,当时常常把气体理想化,用数学表示式计算的结果与实在的气体的情况,只能是"近似的"。波义耳—马略特定律和盖·吕萨克定律等只有在压强不太大,温度不太低时,才比较接近事实。在液体力学中,当时往往采取经验的公式和数据,直接应用数学方法"已经比较困难"。在物理学中,则往往在观察和实验的基础上,形成假说,再经过验证被认为是相对正确时,才形成定律和理论,并用数学形式来表达。但它还要回到实践中去检验,在反复的尝试中不断进行修正,所以数学的应用"多半是尝试性的和相对的"。在化学中,当时只是"简单一次方程式",如依据化学方程式而计算在化学反应物之间或生成物之间的关系的比例方程等等。在生物学中,当时还没有得到应用,也就是" =0"。可见,对于运动形式愈高级的领域,数学的应用也就愈加困难。

100多年来,上述状况已发生了极大的变化。自然科学和技术科学的迅猛发展,更需要数学的帮助,也推动了数学的发展;特别是电子计算机的问世,数学已被广泛应用到科学技术和国民经济中去,社会科学的不少部门也愈来愈多地应用了数学工具。数学在现代的应用,和恩格斯当时所讲的状况已经大大不同了。

[①] 《自然辩论法》第172页。
[②] 《自然辩证法》第172页。

二 力学、物理学和天文学

在《自然辩证法》手稿中，属于力学、物理学和天文学方面的论文有：《运动的量度。——功》、《潮汐摩擦。康德和汤姆生—台特》、《热》、《电》等4篇。有关的札记片断42条。

（一）运动的两种量度的争论

17世纪是力学蓬勃发展的时期，为了从量的方面去研究和把握力学运动的规律，科学家们希望能找到一个恰当的量来表征物体的运动量。这个运动的量度问题也为哲学家们所重视，因为它与运动不灭原理的阐明直接相关。

伽利略曾经指出，物体运动的大小，亦即力，是和物体的量与速度的乘积成正比的。笛卡尔继承了这一看法，把它称为运动的量，并在科学史上第一次表述了运动不灭原理。他的后继者们进而把运动量解释为质量与速度的乘积，并以此作为运动的量度。牛顿对此没有异议。这样，在17世纪的好几十年间，mv就成为公认的运动的量度。但是，到17世纪80年代，莱布尼兹对此提出批评。他以落体运动为例，指出笛卡尔的运动量与伽利略的落体定律之间存在矛盾，应以 mv^2 作为运动的量度。莱布尼兹把 mv^2 称为"活力"，而把静止物体产生的压力或拉力称为"死力"。他认为，在考虑简单的机械装置的平衡问题时，mv数值的计算是有意义的；但如果只承认mv守恒而不承认 mv^2 守恒，是不能阐明运动不灭原理的。此后，莱布尼兹派和笛卡尔派在运动量度问题上对峙40多年，欧洲许多著名科学家卷入这场争论而分属两大阵营。

1743年，达兰贝尔在《动力学论》一书的序言中对这场争论作了总结性的评述，肯定了两种量度都是有效的，从而以所谓"达兰贝尔的判决"结束了两派的长期争论。达兰贝尔在著名的达兰贝尔原理中，还引进了一个新概念：由于有加速度而产生的惯性力（-ma），将牛顿第二定律所代表的运动方程看成为在每一瞬间处于平衡状态的力系（F-ma=0）。这样，动力学问题就可以化为静力学问题来处理了。他认为，从平衡观念出发，可以完全抛弃运动物体的力的概念。既然如此，作为力的概念的量度究竟是mv还是 mv^2，就成为一场"毫无益处的纯粹咬文嚼字的争吵"。

恩格斯非常重视这场争论，他在1880—1881年间所写的《运动的量度。——功》一文中，对此作了详细的述评。他指出，达兰贝尔所讲的平衡，和莱布尼兹的"死力"完全是同一个东西。但是，达兰贝尔最后又证明了：mv 甚至在减速运动的情况下，也是可以用作力的量度。这就是说，达兰贝尔在重复了实质上只是莱布尼兹已经说过的话之后，突然又转到笛卡尔派方面去了。恩格斯认为，达兰贝尔并没有解决机械运动为什么会有两种量度这个实质性问题，只是对两派之争采取了调和主义的态度。恩格斯还认为，问题的关键在于，必须弄清楚为什么运动会有两种量度。他根据能量守恒与转化规律的原理，从运动形式相互转化的观点来理解这场争论。他说，机械运动确实有两种量度，每一种量度适用于某个界限十分确定的范围。具体来说，

> 如果已经存在的机械运动以保持机械运动的方式进行传送，那末它是按照质量和速度的乘积的比例进行传送的。但是，如果机械运动传送的方式是：它作为机械运动是消失掉了，而以位能、热、电等等形式重新出现。一句话，如果它转变为另一种形式的运动，那末，这一新形式的运动量就同原来运动着的质量和速度平方的乘积成正比。一句话，mv 是在机械运动中量度的机械运动；$mv^2/2$ 是在机械运动转化为一定量的其他形式的运动的能力方面来量度的机械运动。我们已经看到，这两种量度因为是互不相同的，所以归根到底并不互相矛盾。[①]

这就是说，mv^2 与 mv 的区别在于：只有 mv^2 才是机械运动转化为其他运动形式的能力的一种量度。在达兰贝尔的时代，人们对机械运动和其他运动形式之间的联系，尚未到达本质的认识；达兰贝尔所理解的"运动"仍局限于机械的位置移动。在这种情况下，达兰贝尔虽然比前人有所进展，肯定了 mv 和 mv^2 两者都有效，但仍然无法弄清两者的本质区别。这正如恩格斯所说：

> 莱布尼茨和笛卡尔派的争论决不是纯粹咬文嚼字的争论；而达兰贝尔的"判决书"事实上并没有解决任何问题。达兰贝尔大可不必夸夸其谈地说他的前辈糊涂，因为他自己也是和他们一样糊涂。事实上，只要人们不知道似乎已经消灭了机械运动变成了什么，他们就一定还是糊

---

① 《自然辩证法》第 184 页。

里糊涂的。①

换句话说，只有弄清机械运动向其他运动形式的转化，才有可能看清运动量（mv）和动能（$mv^2/2$）的区别，正确解决两种运动量度的争论。恩格斯思想的深刻之处在于，他把运动量度问题和运动形式的转化相联系，看到运动的不灭性不能仅从机械运动形式的范围内，而应从各种运动形式的相互转化及其所遵守的能量守恒定律中去理解。他说：

> 运动的量的不变性已经被笛卡尔指出了，并且使用的是和现在差不多相同的话。而运动的形式转化却直到1842年才被发现，而且新的东西正是这一点，而不是量的不变性的定律。②

恩格斯在阐明运动的两种量度意义的基础上，进而揭示了与动能直接相关的"功"的意义。在力学上，通常把"功"定义为力和物体位移的乘积（A = F · S），这并没有把功的物理意义表达出来。功是和动能密切相关的，而"动能"是表示作机械运动的系统所具有的转化为其他运动形式的能量的能力；所谓作"功"，就是以一定数量的机械能的消耗换取另一种能量的相应增加，它反映了一系统的能量所发生的变化，从而在数量方面把各种运动形式联系起来了。

> 所以，功是从量方面看出来的运动形式的变换。③

在历史上，"功"这个名词首先是由工程师提出，他们以 $mv^2/2$ 量度机械做功的本领。在力学中，莱布尼兹则把 $mv^2/2$ 称为活力。直到1829年法国科学家科里奥里最先建议以 $mv^2/2$ 代替 mv^2。后来，$mv^2/2$ 被称为动能。工程师的"功"和理论力学的"动能"两者都用 $mv^2/2$ 来量度，这不能仅从计算上的方便来解释，事情正如恩格斯所指出的那样：

---

① 《自然辩证法》第184页。
② 《自然辩证法》第260页。
③ 《自然辩证法》第185页。

> 活力无非是给定量的机械运动作功的能力，所以在我们看来，这一作功的能力和它实际作出的功，用力学的量度来表示一定彼此相等，这是自明之理，因此，如果 $mv^2/2$ 量度功，那末活力也一定得用 $mv^2/2$ 来量度。
>
> 理论家们非常不习惯把思维摆在计算之上，以致多年来都没有认识到二者的相互联系，他们用 mv^2 量度其中的一个，用 $mv^2/2$ 量度另一个，最后才采用 $mv^2/2$ 作为二者的量度，但这不是因为有了理解，而是为了计算起来简单！①

这充分表明他们对"功"的本质缺乏内在的理解。也正因为这样，当时一些物理学家在使用"功"这一概念时出现了相当的混乱。赫尔姆霍茨就是其中的一个代表。他说，像"功"这样的概念，对于那些没有受过"数理力学训练"的人来说，是很难了解的。而恩格斯却中肯地指出了辩证思维的重要性，他说："在涉及概念的地方，辩证的思维至少可以和数学计算一样地得到有效的结果。"②

（二）潮汐摩擦理论的提出和发展

潮汐是海水的一种周期性升降或涨落运动。我国古代文献中早就有过潮汐现象和月球运行相互关系的记载，但由于没有发现万有引力定律而未能揭示潮汐产生的本质原因。1687年，牛顿将潮汐现象和他的万有引力定律联系起来，第一次科学地阐明潮汐现象产生的真正原因。1693年，哈雷（E. Halley，1656—1742）根据当时观测的日月食发生的时刻，把在地球自转是均匀的假说下所推算出来的古代发生的日月食时刻，同古代实际观测的日月食的记载加以比较，发现了明显的偏差。为了解释这一现象，康德于1754年在《关于地球自转问题的研究》一书中，提出了地球自转因潮汐摩擦的作用而逐渐缓慢的新见解，从而把"地球—月球"系统看作是一个历史发展过程。

恩格斯在《潮汐摩擦。康德和汤姆生—台特》一文和《反杜林论》的有关论述中，高度评价了康德的假说。他说：

---

① 《自然辩证法》第187—188页。
② 《自然辩证法》第173页。

> 康德已经以自己的星云说，宣布了太阳系的起源，同时又以自己关于潮汐延缓地球自转作用的发现，宣布了太阳系的毁灭。①

同时，恩格斯还指出，由于当时科学水平的限制，康德所看到的落潮和涨潮"只是太阳和月球的吸引对地球自转的影响的可以看见的一面"，②他并没有看到这种引力对地球整体所起的作用。

100多年以后，即1867年，汤姆生（W. Thomson，1824—1907）和台特（P. G. Tait，1831—1901）在《自然哲学论》一书中，发展了康德的潮汐摩擦理论。他们认为，物体之间的万有引力是相互作用着的，作用在地球整体上的那个引力反过来又对月球发生作用，使月球沿着一条螺旋形的轨道离开地球越来越远，地球由于减慢所消耗的动能全部变为月球远离时的位能。这种变化一直要进行到地球的自转周期与月球的公转周期相等（即一天为一个月）时为止。那时，地球和月球之间将不再存在相对运动，这两个天体就会像一个刚体的两个部分一样，围绕它们的公共质心旋转，总以同一面相对，而地球表面的全部液体和固体都处在相对静止状态，潮汐摩擦也将终止。又由于太阳的存在而发生太阳的吸引所造成的潮汐摩擦作用，必然使地球、月球和太阳像一个刚体的各个部分一样，绕着它们的共同的惯性中心旋转。

恩格斯认为，汤姆生、台特不仅肯定了月球和太阳的吸引对地球上的海水的作用，而且还揭示出它对地球整体（包括全部液体、固体）起作用；不仅看到月球对地球上的影响，而且也研究了地球对月球的影响，并把研究结论推广到一切有液体表面的天体上去。这些都是对康德的潮汐摩擦理论的发展。但是，汤姆生、台特的理论是从机械论观点出发的。他们不懂得运动形式的多样性以及各种运动形式之间转化的复杂性，仅仅把"地球—月球"系统看成是完全保守的动力学系统，从而错误地断言地球自转减慢所失掉的动能，全部转化为"地球—月球"距离增大而增加的位能。他们没有想到，如果"地球—月球"系统是机械能守恒的系统，那无异于否认地球会产生潮汐摩擦。恩格斯尖锐地指出：

---

① 《马克思恩格斯选集》第3卷，人民出版社，1972年，第52页。
② 《自然辩证法》第192页。

在这种事情上最特别的是,汤姆生和台特竟没有注意到,他们为了建立潮汐摩擦的理论而提出了一个从地球是完全的刚体和绝不可能有潮汐、因而也绝不可能有潮汐摩擦这样一个默认的前提出发的理论。①

恩格斯虽然肯定了太阳和月球(主要是月球)的引力是产生潮汐摩擦的基本原因,而潮汐摩擦必然会使地球的自转逐渐变慢的观点,但他认为由潮汐摩擦所引起的地球月球系统的能量变化并不满足机械能守恒定律,而应当服从能量守恒与转化定律。这样,地球自转减慢所损失的能量(动能)只有一部分变为月球远离的位能,另一部分将转化为热而消失。汤姆生—台特之所以陷入自相矛盾而不自觉,根本原因还是因为他们没有从各种运动形式的相互转化这个基本点出发来考虑问题。

(三)"力"的概念的来源和力的本质

无论是运动的两种量度的争论,还是潮汐摩擦理论的提出和发展,都涉及如何正确认识运动的各种形式的转化问题。当时的物理学家们深受机械论观点的影响,未能从各种运动形式相互转化的角度观察问题,还表现在对力的概念和力的本质的理解上。恩格斯在有关札记片断中,对此作了深刻的论述。

力的概念是人们从实践活动中产生的,它最初来自人体对外界的作用。四肢的举、推、掷、击、踢、蹬等动作,都会使别的物体产生机械的位移,初步出现了"肌肉力"的概念。以后,又推及风力、水力、畜力等各种自然力的作用,从而逐渐形成了"力"的一般概念。恩格斯说:

> 力的观念对我们来说完全是自然而然地产生的,这是因为我们自己身上具有使运动转移的手段,这些手段在某种限度内能够受我们的意志支配而活动起来,……于是就引起这样一个观念:仿佛力终究产生运动。②

似乎物体的机械运动是由某种外力产生出来的,物质自己不会运动,而力成为使物质产生运动的原因。

---

① 《自然辩证法》第 194 页。
② 《自然辩证法》第 264 页。

事实上，近代的力学家和物理学家们都是这样看的。伽利略和牛顿都认为力是物体产生加速度的原因，是改变物体机械运动状态的原因。这种认识在力学范围内固然是正确的，但没有揭示出力的本质。恩格斯对力的本质作了深刻的说明。他说：

> 如果任何运动从一个物体转移到另一个物体，那末，只要这一运动是自己转移的，是主动的，人们就能够把它看作而它也显现为运动的原因，……它也显现为力，而把这一被动的运动看作为而它也显现为力的表现。①

这就是说，力既不是存在于物体之外的东西，也不创造运动，而只是不同物体之间运动转移的抽象反映。在实现运动转移的具体过程中，主动方面与被动方面分别表现为力和力的表现。从这个意义上，力学中把力看作是引起物体运动状态改变的原因，这也不无道理。但是，

> 根据运动不灭定律，从这里自然而然地就得出结论：力和它的表现恰恰同样大的，因为在力和它的表现当中都是同一个运动。②

恩格斯还说：力学这门科学，"正是人们在其中真正知道'力'这个字的含义的唯一的科学"。③ 这就指出了力的概念的适用范围。当我们考察有各种不同运动形式转化的情形时，力的概念的局限性便显露出来。我们决不能把电、磁、热等运动形式简单地称为"力"，更不能虚构出什么化学亲和力、生命力等各种特殊的"力"去解释一切自然现象。赫尔姆霍茨认为，利用力的名称，是把自然过程的规律"客观化"的好办法。恩格斯不同意这种观点，认为这实际上不过把"外部的现象翻译成一种最纯粹的空话"。正因为力的概念具有这种缺点，恩格斯才说：

> 在自然科学的任何部门中，甚至在力学中，每当某个地方摆脱了力

---

① 《自然辩证法》第261页。
② 《自然辩证法》第261页。
③ 《自然辩证法》第138页。

这个字眼的时候，都是一次进步。①

（四）批判"宇宙热寂说"

19世纪下半叶，克劳胥斯（R. Clausius，1822—1888）等人提出的"宇宙热寂说"，恩格斯在《导言》中批判过。在札记中恩格斯依据能量守恒与转化定律，再一次指出：

> 克劳胥斯的第二原理等等，不管他愿意怎样提出来都行，都不外乎是：能消失了，如果不是在量上，那也是在质上消失了。熵不可能用自然的方法消灭，但可以创造出来。宇宙钟必须上紧发条，然后才走动起来，一直到它达到平衡状态为止，只有奇迹才能使它再走动起来。上紧发条时所用的能消失了，至少在质上消失了，而且只有靠外来的推动才会恢复。因此，外来的推动在一开始也就是必需的；因此，宇宙中存在的运动或能的量不是永远一样的；因此，能必定是创造出来的，因此是可以创造的，因此是可以消灭的。ad absurdum [荒谬的东西]！②

克劳胥斯等人只看到其他运动形式转化为热，并且不可逆地消散于空间，而看不到热还有转化为其他运动形式并重新集中和活动起来，这样，他们把外来的推动作为运动的终极原因。这就由形而上学走向了唯心主义。

恩格斯根据运动形式转化的原理和能量守恒与转化定律，指出宇宙导致能量逸散的过程必然与导致能量集中的过程，不可分割地联系着的。辐射到太空中的热如何得到重新利用，这一自然研究的课题虽然有一定困难，但是，

> 它会得到解决，这是确定无疑的，就像已经确定自然界没有什么奇迹，星云的原始的热并不是由什么奇迹从宇宙之外传送给它一样。③

（五）热的本质和人类认识热的历史

恩格斯在写于1881—1882年的论文《热》和有关札记中，阐述了热运

---

① 《自然辩证法》第240—241页。
② 《自然辩证法》第266页。
③ 《自然辩证法》第265页。

动和其他运动形式的转化以及人类对热现象认识的曲折历史。

恩格斯指出，机械运动转化为其他运动形式一般是以动能（活力）的消失来实现的。机械运动通过动能转化为热运动的两种具体形式：碰撞和摩擦，其共同特点是物体发生接触。

> 摩擦可以理解为一个跟着一个和一个挨着一个发生的一连串小的碰撞；碰撞可以理解为集中于一个瞬间和一个地方的摩擦。摩擦是慢性的碰撞，碰撞是剧烈的摩擦。
> 在每次碰撞时，都有一部分机械运动转化为热，而摩擦无非是不断地把机械运动转化为热的一种形式。①

机械运动通过碰撞和摩擦的方式向热运动转化，而分子运动和机械运动有着不同的本质与特点。分子一方面是构成物体的单位，另一方面又由原子和其他更小的粒子所构成。因此，一进入分子运动的领域，运动形式的变换就有了更广阔的天地，表现得更加丰富多彩了。分子运动既可以向机械运动转化，又有热、电、磁、光之间的相互转化；当分子结构发生改变时，又出现向化学运动的转化。而所有这些质上不同的运动形式的转化，都是"按照一定的量度关系发生的"。这就充分显示出自然界各种运动形式的统一性。

恩格斯说：

> 热是一种分子运动的发现，是划时代的。②

这就是说，人类要认识到热的本质，认识到热是一种分子运动，是不容易的，其中走过了漫长曲折的认识道路。

人类在改造自然的实践活动中，早就在摩擦取火的实践活动中，实现了机械运动向热的转化。这是人类对自然界的第一个伟大胜利。

> 然而摩擦取火还只是过程的一个方面。机械运动通过这个过程被转化为热。为了完成这个过程，它必须再反过来，热必须被转化为机械运

---

① 《自然辩证法》第194、259—260页。
② 《自然辩证法》第153页。

动。然后,过程的辩证法才充分地实现,过程才完成了(至少是第一次完成了)一个循环。①

也就是说,只有在实践上实现了从热运动向机械运动的转化,才算是完成了"机械运动→热运动→机械运动"的一个循环。

自从发现摩擦取火以后,不知过了多少万年,古代亚历山大里亚的希罗(Hero)才发明了一种从其本身喷射水蒸汽使之转动的机械。当然,它还不具有使用价值,只供观赏之用。又过了差不多 2000 年,从 17 世纪下半叶到 18 世纪下半叶,经过巴本、纽可门和瓦特等人的不懈努力,终于发明近代水平的、实用的蒸汽机,从而实现了从热运动向机械运动的转化。其中经历了多么漫长的岁月!恩格斯不无感慨地说:

> 历史有它自己的步伐,不管它的进程归根到底是多么辩证地进行的,辩证法往往还要等待历史很久。②

蒸汽机的制造是第一个真正国际性的发明,它是人类在实践中为实现机械运动与热运动相互转化而取得的又一个巨大的历史性的进步。至此,实践以它自己的方式解决了机械运动和热运动之间关系的问题:它开头把前者转化为后者,而后来又把后者转化为前者。但是,当时的自然科学家由于受到形而上学机械论的严重束缚,在对热的本质的认识方面,表现出理论滞后于实践的状况。

自古以来,关于热的本质就有两种对立的观点。有人把热(或火)当作自然界的基本元素之一;也有人猜测热是一种粒子的运动。17 世纪以后,虽然有不少人认为热是一种特殊的运动,但由于缺乏精确的实验根据而未能形成科学的学说。到 18 世纪,把热看成是一种特殊物质的看法,由于它能简易地解释了许多实验的结果,反而形成了较系统的"热质说"(或称"热素说"),并获得了广泛的承认。布莱克用"热质说"解释了他所发现的"潜热"现象,在热质说的基础上指出了热量和温度的区别,提出了热容量、比热等概念,从而奠定了量热学的基础。只是热质说尚不能令人信服地

---

① 《自然辩证法》第 196 页。
② 《自然辩证法》第 196 页。

解释摩擦生热这一类现象。后来，虽然伦福德所做的一连串的金属钻孔的实验和紧接着戴维所做的冰块互相摩擦而融解的实验，曾经沉重打击了热质说，但却未能改变它所占的统治地位。19世纪20年代，卡诺虽然在提高热机效率方面做出了卓越的贡献，也仍旧摆脱不了热质说对他的影响。直到19世纪40年代，迈尔、焦耳等好几位科学家从不同的途径，建立了能量守恒与转化定律。特别是焦耳根据一系列精密的实验，确定了热能、机械能和电能之间的当量关系，为这个定律的确立提供了科学的定量依据。这才彻底地否定了热质说，肯定了热是运动的观点，使热学理论获得了重大的发展。进一步的深入研究表明，宏观的热现象是物体内部大量微观粒子（分子、原子）无规则运动的表现。这是人类对热的本质的认识的一次历史性的飞跃。至此，古代和17世纪人们关于热是一种运动的设想，终于得到了证实。人类对于热的本质的认识，经历了一个否定的否定的辩证发展过程。

热质说的出现以及在一个历史时期被广泛接受，是有其科学发展水平及认识上的原因的。当时，关于电磁现象的研究刚刚开始，电磁现象，化学现象和热的关系尚未揭示出来。由于受到形而上学自然观的影响，科学家们自然地把热、电、光等物理现象看成是相互孤立的，看不到各种物质运动形式的相互转化。于是就穿凿附会地为每一种运动形式设想出一种物质的承担者，电液、磁液、热质、光微粒等特殊物质就由此应运而生。恩格斯指出：

> 这种错误理论的确并不是什么邪恶的哲学强加于物理学家的，而是物理学家用他们自己比形而上学的哲学思维方式好得那么多的自然主义思维方式穿凿附会出来的。①

这种错误理论对自然科学发展曾造成了极大的危害。例如，卡诺在进行提高热机效率的研究时，面对着热机所体现的从热到机械运动的活生生的转化过程，已经接触到热功之间的当量关系了。他的研究成果包含了后来的被克劳胥斯和汤姆生各自独立提出的热力学第二定律的萌芽。正如恩格斯所说的：

> 他差不多已经探究到问题的底蕴。阻碍他完全洞察这个问题的，并

---

① 《自然辩证法》第197页。

不是事实材料的不足，唯一地是一个先入为主的错误理论。①

这个错误理论，就是热质说。

（六）对电学中的经验主义思潮的批评

恩格斯指出，整个电学还处在一种支离破碎的状态。当时，由于道尔顿原子论的产生，化学达到了系统的更高的发展阶段。而电学则落后得多，电子还没有被发现，连电离学说也还没有建立起来。恩格斯曾经这样形容当时电学领域的状况：

> 在电学的领域中，一个像道尔顿的发现那样给整个科学提供一个中心点并给研究工作打下巩固基础的发现，现在还有待于人们去探求。主要是，电学还处于这种一时还不能建立一种广泛的理论的支离破碎的状态，使得片面的经验在这一领域中占优势。②

这种经验主义思潮，可以维德曼（G. H. Wiedemann，1826—1899）为代表。他写的《流电说和电磁说》是一本以经验主义为特征的代表作，书中收集了大量的电学资料，引述了许多物理学家关于电学的实验材料和理论观点，曾被认为是"现有关于电的最杰出的实验的著作"。恩格斯在1882年所写的论文《电》，就是以这本书中所反映的经验主义和混乱观点作为批判对象的。

恩格斯指出：

> 电和热一样，也具有其某种无处不在的性质，只是方式不同。如果不让出电的现象同时显示出来，几乎没有一种变化能够在地球上发生。③

在当时，通过气体分子运动论的建立，已经揭示出热是大量分子的无规则的运动。而关于电的本质，长期以来却一直没有解决。有人主张电是一种特殊

---

① 《自然辩证法》第197页。
② 《自然辩证法》第199页。
③ 《自然辩证法》第198页。

的"流体"物质；有人主张电是一种力，是运动的一种特殊形式；有人认为电是渗透整个空间、因而也渗透一切物体的弹性媒质的一种运动，这种弹性媒质就是"以太"。对此，恩格斯作出如下评论：

> 在电的现象那里，的确有某种不同于有重物质的物质在运动。但是这种物质并不是电本身，电事实上倒勿宁说是一种运动形式，虽然并不是有重物质的一种直接的运动形式。以太说一方面指出一条道路，去摆脱关于两种相反的电流体的原始的愚蠢观念，同时，另一方面，它使人们有希望弄清楚：什么是电运动的真正物质基础，什么东西的运动引起电现象。①

同时，恩格斯又认为，电的"以太"假说还没有真正揭示出电的本质。

> 在这以前或者在以太说也被另一个崭新的理论取而代之以前，电学就处在这个不愉快的地位上，不得不使用它自己也承认是错误的表达方法。②

科学发展的实际进程，正如恩格斯所预示的那样。随着揭示电与磁相互联系的电磁场理论的建立，电子的发现，原子内部结构的进一步被探明，人们逐步地认识了电运动的真正物质基础和电磁现象的本质。恩格斯的上述评论，不仅有利于克服电学发展中的经验主义混乱状态，而且也有利于科学家们集中注意力去围攻未知的堡垒，从而把电学引向正确的道路。

恩格斯在论文中，还分析了关于"电解过程"的概念以及第一位过程和第二位过程的辩证关系；批评维德曼维护旧的"接触论"，拒绝用化学能和电能相互转化的观点去看待电池中发生的能量转化；指出了关于"电的分离力"、"电的接触力"等陈腐概念的混乱和谬误；特别是在论述关于电池中化学作用和电的作用的辩证关系时，提出了发展边缘交叉学科的重要意见。由于物质的各种不同运动形式之间有着相互依存、相互转化的关系，电化学的研究不仅可以解决电学本身所无法解决的许多问题，同时也将推动化

---

① 《自然辩证法》第 204 页。
② 《自然辩证法》第 204 页。

学的进一步发展。可是,一些受经验主义思潮影响的科学家看不到这一点。这正如恩格斯所指出的那样:

> 电化学。维德曼在说明电火花对化学分解和重新结合的影响时宣称:这宁可说是化学上的事情。在同一情况下,化学家也宣称:这倒不如说是物理学上的事情。这样,在分子科学和原子科学的接触点上,双方都宣称无能为力,但是恰恰就在这个地方可以期望取得最大的成果。
>
> 对化学作用同电的作用以及电的作用和化学作用之间的这种紧密联系的理解,就会在这两个研究领域中获致巨大的成果。①

科学的发展已经完全证实了恩格斯的这一科学预见。今天,随着科学的进步,在各门学科的"接触点"上,生长了许多中间性的新学科,如生物化学、量子化学、地球化学、物理化学、生物物理、地球物理等等。对于这些学科的深入研究,反过来又推动了力学、物理学、化学和生物学的进一步发展。

恩格斯在论文《电》中对经验主义的批判,主要是针对维德曼;而在札记中,还批评了电学中另一位经验主义者汤姆生(T. Thomson,1773—1852)的错误。汤姆生一方面全盘接受了电是正负两种粒子流体的电的物质说,不赞成黑格尔、法拉第把电看作是运动的一种特殊形式的合理见解;但另一方面,对电在各种情况下表现出的错综复杂的现象,不加思考和研究,把现象当本质,杜撰出种种神秘主义的无稽之谈,从而在这一点又和黑格尔、法拉第关于电的种种神秘主义解释相一致。他甚至还郑重其事地引用戴赛尼(V. Dessaignes,1800—1885)的错误实验和无稽之说,把决定金属带阳电还是带阴电的原因归之于气候和温度。这种种荒谬的见解,正是由于经验主义拒绝正确理论思维所造成的。

> 这种经验甚至竭力要禁止思维,正因为如此,它不仅是错误地思维着,而且也不能忠实地跟着事实走或者忠实地报道事实,结果就转变成为和真实的经验主义相反的东西。②

---

① 《自然辩证法》第273、253页。
② 《自然辩证法》第199页。

这就是说，拒绝理论思维的经验主义者，最后走到与尊重经验相反的地方去，而和神秘主义走在一起了。

三　化学

恩格斯在有关化学方面的札记中，着重论述如下两个问题。

（一）关于原子论

在古希腊，留基伯、德谟克利特就提出了关于原子论的学说，后经伊壁鸠鲁的发展和卢克莱修的宣传，产生了久远的影响。但是那还只是一种哲学的思辨，缺乏科学的论据。近代的化学原子论，作为科学的理论是由道尔顿建立的。所以，恩格斯说：

> 化学中的新时代是随着原子论开始的（所以，近代化学之父不是拉瓦锡，而是道尔顿），相应地，物理学中的新时代是随着分子论开始的（在另一种形式中——，但在本质上不过是这一过程的另一个方面——从运动形式互相转化的发现开始的）。①

道尔顿的原子论从理论上说明了各个化学基本定律的本质，从而给化学的发展提供了一个中心理论，标志着化学发展中新时代的开始，其意义是非常巨大的。但它把原子看作是组成物质的"最后质点"，并认为同一种元素的原子重量都相同的看法后来被科学发展的事实所纠正。恩格斯以唯物辩证法观点为指导，深刻地阐明了新原子论的辩证性质，以及它与旧原子论的根本区别，指出：

> 新的原子论和所有以前的原子论的区别，在于它并不主张（撇开蠢才不说）物质只是分立的，而是主张各个不同阶段的各个分立的部分（以太原子、化学原子、物体、天体）是各种不同的关节点，这些关节点制约一般物质的各种不同的质的存在形式——往下直到没有重量的存在物和排斥的形式。②

---

① 《自然辩证法》第275页。
② 《自然辩证法》第275—276页。

恩格斯对原子论辩证性质的科学论断,远远超过了当时化学发展的水平。以后科学的重大发展,不断证实着恩格斯的上述预见。

(二) 化学研究的方法问题

自然科学的研究方法,虽是在实践中产生,但久而久之,有些方法会逐渐成为人们解决实际问题的习惯方法。然而,任何一种具体方法都不可能是无条件的、绝对有效的。必要时需要用新的方法来取而代之。否则,它将阻碍科学的发展。

以科学研究的计算方法而言,化学上习惯用百分率的方法来计算和表示化合物中各组分的重量比例。这是一种很有效的方法。但如果要比较某种成分在不同化合物中的量的关系时,它就不灵了。而且,它竟成了发现倍比定律的障碍。恩格斯指出:

> 在化学中,有化合物成分的百分率计算法,它是使化合的定比和倍比定律不被发现的最好不过的方法,并且它也确实相当长时期地使这些定律不被发现。①

以水(H_2O)和过氧化氢(H_2O_2)为例。如用习惯的百分率方法表示,则H_2O中,氢为11.11%,氧为88.89%;H_2O_2中,氢为5.88%,氧为94.12%。人们根本看不出这两种化合物中,与相同量的氢化合的氧元素之间有"倍比关系"。如改用重量组成方法来计算,则清楚表明:在H_2O和H_2O_2这两种化合物中,前者氢为1,氧为8;后者氢为1,氧为16。这样,与相同量的氢化合的氧元素之间,则出现简单的整数比,即$8:16=1:2$。道尔顿从原子论导出并证明了倍比定律;在他之前,不少人虽做过大量测定化合物的百分组成工作,但没有发现倍比定律。究其原因,是由于习惯的百分率方法掩盖了这种倍比关系。

以化学上的命名方法而言,同样也不能用一成不变的方法来确定所有化合物的名称。对于不同的化合物,就必须使用不同的方法。在无机化合物中,通常的名称只要指出其组成成分和原子的数目就可辨认不同的化合物。而在有机化学中,事物就要复杂得多,许多有机化合物虽然组成的成分和原子数目都相同,但由于空间结构不同,从而形成了不同的化合物。如果仍旧

---

① 《自然辩证法》第275页。

用原有的命名法就不合适了。所以，恩格斯说：

> 在有机化学中，一个物体的意义以及它的名称，不再仅仅由它的构成来决定，而更多地是由它在它所隶属的系列中的位置来决定。因此，如果我们发现了某个物体属于某个这样的系列，那末它的旧名称就变成了理解的障碍，而必须由一个系列的名称来代替（石蜡等等）。①

总之，对于化学的研究方法，无论是计算方法还是名称表示方法，都不能坚持形而上学的僵死不变的观点，而应以辩证的观点来看待。

四 生物学

恩格斯在有关生物学的札记片断中，论述了生命的本质、地球上生命的起源和生物的进化。

（一）生命的本质

生命的本质是什么？唯心主义"活力论"把生命和物质割裂开来，说生物体内存在着一种非物质的超自然的力量，它主宰着一切生命活动。而形而上学机械论则否认非生物界与生物界的质的差别，认为生命无非是简单的物理—化学过程的机械总和罢了。恩格斯第一次揭示了生命运动的特殊本质，指出：

> 生命是蛋白体的存在方式，这个存在方式的本质契机在于和它周围的外部自然界的不断的物料交换，而且这种物料变换一停止，生命就随之停止，结果便是蛋白质的分解。②

恩格斯是在广义上使用蛋白体的概念，把蛋白质以及类似蛋白质物质都包括在内。现代生物学认为，生命是能够不断自我更新，主要由核酸与蛋白质组成的多分子系统，它具有自我调节、自我复制和对体内、体外环境作选择性反应的属性。

恩格新还认为，生命是包含着新陈代谢的辩证过程，是新生和死亡的活

---

① 《自然辩证法》第276页。
② 《自然辩证法》第284页。

的统一。他说:

> 今天,不把死亡看作生命的重要因素、不了解生命的否定实质上包含在生命自身之中的生理学,已经不被认为是科学的了,因此,生命总是和它的必然结果,即始终作为种子存在于生命中的死亡联系起来考虑的。辩证的生命观无非就是这样。①

总之,恩格斯一方面,坚持从生命过程本身的性质来说明生命的特征,反对了唯心主义和宗教的观点;另一方面,又不把生命过程简单地归结为物理和化学的过程,从而反对了形而上学的机械论。

(二) 地球上生命的起源

地球上的生命是怎样来的?古代西方有"神创说"和"自然发生说"。后者认为生物体可以不从其亲代生殖而来,而是可以从无结构的材料(有机物或无机物)突然地发生。文艺复兴后,神创说日趋没落,但自然发生说仍然支配着人们的头脑。17世纪以来,不断有人用不同的实验对这个观点,进行了检验,特别是1862年法国微生物学家巴斯德(L. Pasteur, 1822—1895)利用曲颈烧瓶的试验,对肉汤进行消毒,才最后否定了自然发生说。但是,他的实验并没有断定:在另外的自然条件下,由非生命物质直接产生出生命机体也是不可能的。从这个意义上说,他的实验还不能从根本上解决自然发生的问题,这正如恩格斯所说:

> 巴斯德的实验在这个方向上是无用的;对那些相信自发生殖的可能性的人来说,他单用这些实验是决不会来证明它的不可能性的;但是这些实验是很重要的,因为这些实验对这些有机体、它们的生命、它们的胚种等等提供了许多启示。②

巴斯德实验表明,如果有机浸液不被环境中的微生物所感染,就不会自生出任何生命来。有的学者又从另外一方向,把这个实验的意义绝对化了,认为既然如此,根本就不存在什么生命的发生问题,生命和物质一样的古

---

① 《自然辩证法》第277页。
② 《自然辩证法》第279页。

老,这就是"生命永恒论"。根据这种假说,生命的胚种在宇宙的各个星体之间到处转移,地球上的生命就是作为这种胚种的后代被保存下来的,这就是所谓"胚种论"(或"输入论")。这些说法,都没有真正解决地球上生命的起源问题。

恩格斯认为,生命是在物质发展的一定阶段从无生物中通过化学的途径产生出来的。生命的出现是一个质的飞跃,这一飞跃是有机物质在发展过程中有规律地复杂化的结果。否定生命产生和发展的历史过程,那就无异于

> 相信能够用少许臭水强迫自然界在二十四小时内做出它费了多少万年才做出的事情,那真是愚蠢。[①]

恩格斯曾经预言,

> 如果有一天用化学方法制造蛋白体成功了,那末它们无条件地会显示生命现象,进行物料交换,即使可能是很微弱的和短暂的。[②]

现代科学指出,化学进化发展到原始生命,大致要经过:由无机小分子形成有机小分子,直至氨基酸、嘌呤、嘧啶、核苷酸等;由有机小分子进化为大分子,如蛋白质、核酸等;由上述大分子发展为多分子系统;由多分子系统演化为原始生命等几个阶段。第1、2两个阶段目前有大量的实验证据;第3个阶段已为部分观察材料所支持;第4个阶段当代自然科学尚未提供有效的证据。但总有一天,自然科学会揭示并证实原始地球条件下,非生命物质向生命的转化的具体进程的。

(三) 生物的进化

恩格斯在有关札记中,根据当时生物学家的若干著作,阐述生物进化中从低级到高级、从简单到复杂的大致进程。地球上的生命从简单的无细胞结构的原生生物,到形成有细胞结构的单细胞生物,再到多细胞生物,是经过长期进化的结果。从原生生物中,一部分逐渐分化为最初的植物,进行"自养型"的同化作用;另一部分为最初的动物,进行"异养型"的同化作

---

① 《自然辩证法》第279页。
② 《自然辩证法》第284页。

用。动物的进一步分化,产生出具有高度发展的神经系统的脊椎动物;其中又有一种最高级形态的脊椎动物,在它身上,自然界达到了自我意识,这就是人。

在生物进化过程中,低级形态预示了高级形态,高级形态也重演了低级的形态,有机体的个体发育与种系发育之间存在着历史性的联系;形态与功能之间彼此交互制约;形态愈高,进化就愈快。正如恩格斯所指出的那样:

> 整个有机的自然界是在形式和内容的同一或不可分离的一个不间断的证明。形态学的现象和生理学的现象、形态和功能是彼此交互制约的。形态(细胞)的分化决定物料分化的肌肉、发肤、骨骼、表皮等等,而物料的分化又决定分化了的形态。
>
> 在有机体的整个发展中,是应该接受加速度依出发点的时间距离的平方而增长的定律的……形态愈高,进化就愈快。①

(四)对达尔文进化论的评论

达尔文的进化论奠定了关于生物界的历史发展的观点,证明了物种的可变性,并且合理地解释了生物对周围环境的适应性,第一次把生物学放在完全科学的基础之上。这个学说的建立,有力地打击了唯心主义和形而上学的自然观,为马克思主义唯物辩证法学说提供了自然科学方面的论据。但是,它也存在着一些严重的缺点和错误,主要表现在达尔文毫无批判地接受了马尔萨斯(T. R. Malthus,1766—1834)人口论的影响,过分夸大了生物界的繁殖过剩及由之而引起的生存斗争,特别是种内斗争在生物进化中的作用。社会达尔文主义则利用了达尔文学说中的错误方面,把生物学规律直接搬到人类社会中去,用生存斗争为资本主义制度和种种丑恶现象辩护。为此,恩格斯在有关札记中作出了评论。

恩格斯指出,物种的变异并非只是由于繁殖过剩的生存斗争而引起;生物进化的主要动力不是由繁殖过剩而引起的生存斗争,而是适应和遗传的不断斗争。恩格斯说:

> 生存斗争。首先必须把严格限制在由于植物和动物的过度繁殖所引

---

① 《自然辩证法》第288、289页。

起的斗争的范围内，这种斗争实际上是在某些植物和低等动物的某个发展阶段上发生的。但是必须把这点同下述情况严格分开：没有这种过度繁殖，物种也会变异，旧种会绝灭，新的更发达的种会代替它们，例如，动物和植物迁移到新的地域，那里的新的气候、土壤等等条件会引起变异。……没有任何马尔萨斯主义，这种情形也能够发生而且已经发生了；……因此，海克尔的"适应和遗传"，用不着选择和马尔萨斯主义，也能够执行全部进化过程。①

恩格斯还指出，达尔文的错误在于他混淆了如下两种完全不同的选择：

（1）由于过度繁殖的压力而发生的选择，在这里也许是最强的首先生存下来，但是最弱的在某些方面也能够这样。

（2）由于对变化了的环境有较大的适应能力而发生的选择，在这里生存下来的是更能适合这些环境的，但是，在这里这种适应总的说来能够意味为进化，也退化（例如，对寄生生活的适应总是退化）。

主要的事情是：有机物发展中的每一进化同时又是一个退化，因为它巩固一个方面的发展，排除其他许多方向的发展的可能性。②

恩格斯认为，在有机界的各种生物之间存在着复杂的相互关系，既有斗争的一面，也有合作的一面。想把历史的发展和纷乱的全部多种多样的内容都总括在"生存斗争"这样一个干瘪而片面的词句中，这是完全幼稚的。③

恩格斯还指出，达尔文的生存斗争学说，实际上是把资产阶级经济学的竞争学说以及马尔萨斯的人口论从社会搬到生物界；而社会达尔文主义者则又把这些东西从自然界的历史重新搬回到社会历史中来。在自然界，动物所能做到的最多是搜集，是适应环境，而人类却能进行生产，改造环境。在人类社会里，从动物界搬来的范畴完全不能应用了。

如果有人断言因为这样一来便证明这些论断是社会的永恒的自然规

---

① 《自然辩证法》第289—290页。
② 《自然辩证法》第290页。
③ 《自然辩证法》第291页。

律，那就过于天真了。

把历史看作一系列的阶级斗争，比起把历史单单归结为生存斗争的差异极少的阶段，就内容更丰富和更深刻得多了。①

第三节 劳动在从猿到人的转变中的作用

这一部分有《劳动在从猿到人的转变中的作用》这篇论文。它写于1876年，最初是作为《奴役的三种基本形式》（后改为《对工人的奴役》）的导言，后来被恩格斯放在《自然辩证法》手稿之中。

恩格斯在这篇论文中论述了劳动在人类起源中的决定性作用，劳动是人与动物的本质区别，并指出了人类只有过渡到共产主义，才能成为社会和自然界的真正主人。这篇论文把自然辩证法和历史唯物主义衔接了起来。

一 劳动在人类起源中的决定性作用

在历史上唯心主义者和宗教家曾经提出了种种"上帝创造人"的神创论的观点；也有不少进步的思想家反对这种看法，认为人不是由上帝所创造。18世纪林奈（C. Linne，1707—1778）在对动物进行分类时，把人和猿、猴归入一类，称之为灵长目。1809年拉马克（J. B. Lamarck，1744—1829）提出人是由某种猿类演变而来的，但证据还不够充分。1859年，达尔文发表《物种起源》一书的结尾指出："人类的起源和历史，也将由此得到许多启示。"接着赫胥黎（T. H. Huxley，1825—1895）在《人类在自然界的位置》一书中提出人类"是和猿类由同一祖先分枝而来"的"人猿同祖论"。1868年海克尔在《自然创造史》中进一步用大量事实论证这个观点。1871年达尔文在《人类的由来及性的选择》一书中，根据解剖学、胚胎学、残迹器官等方面的大量证据，论证了人类是从古猿进化而来的，从而彻底动摇了"上帝创造人"的信条，为阐明人类起源问题奠定了自然进化史的基础。

恩格斯依据以往生物科学研究成果，阐明了劳动在从猿到人转变过程中的决定性作用，第一次提出"劳动创造了人本身"的科学论断。他指出，

---

① 《自然辩证法》第291、292页。

从猿到人转变中具有决定意义的第一步就是直立行走和手的解放。随着劳动工具的制造，人手把第一块燧石做成了刀子，这样，

> 具有决定意义的一步完成了：手变成自由的了，能够不断地获得新的熟练技能，它因此而获得的较大的灵活性便遗传下来了，一代一代地增加着。所以，手不仅是劳动的器官，它还是劳动的产物。①

根据达尔文所说的生长相关律，有机体个别部分的形态经常是和其他部分的某些形态相关联的。在演化过程中，由于手的解放，下肢也演变成为支持全身和行走的器官。随着直立行走能力的加强和劳动活动的发展，必然导致整个身体其他部位的相应发展。特别是劳动对于发音器官和人脑形成所起的决定作用，终于完成了从猿到人的转化。在劳动和相互交往中，已经到了有些什么非说不可的地步，于是语言便产生了。所以，恩格斯说：

> 语言是从劳动中并和劳动一起产生出来的，这个解释是唯一正确的，拿动物来比较，就可以证明。②

劳动产生了语言，它们又一起推动了人脑的形成和发展，可见人脑也同样是劳动的产物。正如恩格斯所说：

> 首先是劳动，然后是语言和劳动在一起——它们是两个最主要的推动力，在它们的影响下，猿脑就逐渐地过渡到人脑；人脑和猿脑虽然十分相似，但要大得多和完善。③

恩格斯还指出，脑的完善和抽象思维能力的发展，又会反作用于劳动和语言的进一步发展。随着社会的出现，一方面使上述这些发展获得了强有力的推动，另一方面又获得了更确定的方向。

---

① 《自然辩证法》第 297 页。
② 《自然辩证法》第 298 页。
③ 《自然辩证法》第 299 页。

二　劳动是人类区别于动物的根本标志

劳动创造了人本身，使人从动物界中分离出来，从而开始了人类社会的历史。恩格斯强调指出：

> 人类社会区别于猿群的特征又是什么呢？劳动。[①]

动物只能消极地适应于自然界、利用自然物，而不能对自然物进行加工改造，不能有意识地制造工具。因此，也就不能算作真正的劳动。而真正的劳动是从工具的制造开始的。最古老的工具是打猎的工具和捕鱼的工具，人类逐渐从只吃植物过渡到同时也吃肉。而肉类食物又引起了火的驯服和动物的驯养。前者缩短了消化过程，后者使肉类食物更加丰富。所有这些，又大大有益于脑所需要的营养的增加和吸收，使脑更迅速、更完善地发育起来。随着劳动技能的提高，生产劳动领域的扩大，人类驾驭自然的能力也更加增强；不仅有了比较有保证的生活资料，而且学会缝制衣服和建造住房，从而使生活条件大为改善。

> 人离开动物愈远，他们对自然界的作用就愈多具有经过事先考虑的、有计划的、向着一定的和事先知道的目标前进的行为特征。[②]

当然，我们并不能否认，动物也会有事先经过考虑的行动方式的能力。但是，动物的一切有计划的行动，都未能在地球上打下它们的意志的印记。这一点只有人才能办到。所以，恩格斯说：

> 动物仅仅利用外部自然界，简单地用自己的存在在自然界中引起改变；而人则通过他所作出的改变来使自然界为自己的目的服务，来支配自然界。这便是人同其他动物的最后的本质的区别，而造成这一区别的也是劳动。[③]

---

① 《自然辩证法》第 300 页。
② 《自然辩证法》第 303 页。
③ 《自然辩证法》第 304 页。

三　人类从必然王国向自由王国的飞跃

人类的历史，是一个从必然王国不断地向自由王国飞跃的发展史。人类依靠劳动，把自己从动物界中提升出来，并在实践中逐渐地积累了向自然界作斗争的经验和知识。从采集植物到种植作物，从狩猎到饲养家畜，从发明火到使用铁器，都标志着人类支配自然界的自觉能动性的不断发展和提高。但是，另一方面，由于生产水平和认识能力的限制，人们起初对自然界的许多事物的规律性是不了解的，因而不能完全摆脱客观规律的盲目支配。在改造自然的活动中，只顾眼前的暂时的效果，而未能预见到某些较远的不利的自然影响。恩格斯曾以农业开垦的事例说明了这种影响：美索不达米亚和希腊等地居民，为了得到耕地，把大片森林砍光了。但是，他们没有想到，这些地区由于水土流失，以后竟变成了荒芜不毛之地。因此，恩格斯严肃地告诫人们说：

> 我们不要过分陶醉于我们人类对自然界的胜利。对于每一次这样的胜利，自然界都对我们进行报复。每一次胜利，在第一线都确实取得了我们预期的结果，但是在第二线和第三线却有了完全不同的、出乎预料的影响，它常常把第一个结果重新消除。①

因此，我们一定要更加正确地理解并按照自然界的规律办事，学会认识在自然界的惯常行程中，我们干涉的较近或较远的种种后果，正确地处理人类与自然界的关系。

> 我们必须在每一步都记住：我们统治自然界，决不像征服者统治异民族那样，决不同于站在自然界以外的某一个人。——相反，我们连同肉、血和脑都是属于自然界并存在于其中的；我们对自然界的全部支配力量就是我们比其他一切生物强，能够认识和正确运用自然规律。②

人类需要经过几千年的劳动包括自然科学的不断进展，才能逐步学会估

---

① 《自然辩证法》第304—305页。
② 《自然辩证法》第305页。

计自己的生产行动的较远的自然影响，逐步从自然界的盲目状态之下解放出来。在这个过程中，如果人类能愈来愈多地认识和掌握自然的规律，在改造自然界的同时改造自己的认识，那么，也就能愈来愈深刻地认识正确处理人与自然的矛盾的重要性和迫切性。

但是，人类的劳动是社会性的实践，只有通过人与人之间的社会联系，才会有人对自然的关系，才能从事生产劳动。所以，要真正做自然的主人，首先要做社会的主人。恩格斯说，我们要认识和掌握自然的规律已经是非常不容易的事情，而要认识和掌握社会的规律就更加困难得多了。即使是认识了社会发展的规律，也还不等于已经能够调节和统治社会生活。因为在剥削阶级占统治地位的社会里，统治阶级为了自己的利益，他们自己既不可能按社会利益去调节社会生活，也不可能让被统治阶级去行使这种调节和统治的权利。这正如恩格斯所说：

> 要实行这种调节，仅仅认识是不够的。这还需要对我们迄今存在过的生产方式和这种生产方式在一起的我们今天整个社会制度的完全的变革。①

只有这样，人类才有可能支配和调节生产活动较远的社会影响，才能不仅在物种关系方面而且在社会关系方面，把自己从其余动物中提升出来，成为自然界和社会的自觉的和真正的主人，从而实现从必然王国向自由王国的飞跃。

恩格斯关于人与自然协调发展的论断，是恩格斯自然哲学的精髓。在人与自然的关系的认识上，已经从对立走向协调，这是自然哲学的深刻革命，而恩格斯则是这场革命的奠基人和先驱。

---

① 《自然辩证法》第 306 页。

第八章
《自然辩证法》的历史地位

《自然辩证法》手稿的撰写和问世，开辟了马克思主义哲学一个新的研究领域。它和旧的自然哲学有着本质的区别，它在马克思主义哲学中占有重要的历史地位。在马克思主义哲学中，自然观和历史观是高度统一的。

第一节 《自然辩证法》与黑格尔的自然哲学

作为马克思主义哲学重要组成部分的自然辩证法，它正确地处理了哲学与科学的关系，因而，它和以往的一切旧的自然哲学都有着本质的区别。

一 哲学与自然科学关系的历史演变

从古代奴隶社会中哲学产生，直到马克思主义哲学产生之前，科学和哲学还没有完全分化，哲学代替、统治科学的状况一直未能解决。

古代希腊哲学时期，哲学是当时各种知识的总汇，最早的哲学家往往同时也是科学家。欧洲文艺复兴以来，科学虽然逐步从哲学中分化出来，但还随时可以看到两者交错的种种迹象。笛卡尔关于机械运动的动量守恒原理，是在《哲学原理》（1644年）一书中提出的；牛顿把他阐述经典力学的划时代巨著，叫做《自然哲学的数学原理》（1687年）；而拉马克关于生物进化论思想的进一步阐述，则是在《动物哲学》（1809年）一书中完成的。所有这些，都不是偶然的。

在科学和哲学尚未完全分化的情况下，哲学以这样或那样的形式代替甚至统治科学的状况，就难以完全避免。有些问题本身就带有两重性：它既是哲学问题，又是科学问题；有的具体学科或者由于本身的研究尚不成熟，或者由于带有较浓厚的哲学色彩,这时,哲学就往往伸进科学的领域,对许多具体的科学问题,代替科学作出具体的回答,甚至出现哲学包办代替并凌驾于科学之上的情况。黑格尔的自然哲学,就是这种旧的自然哲学中最庞大、最完备,也是最后的一个典型。

二 《自然辩证法》与黑格尔自然哲学的本质区别

前面我们已经对黑格尔的唯心主义哲学体系和《自然哲学》作过阐述,并且说明马克思主义哲学的辩证法对黑格尔辩证法的批判继承关系。这里着重要说的是《自然辩证法》与黑格尔自然哲学的本质区别。

马克思主义哲学的产生,是哲学史上的革命变革;同样的,恩格斯的《自然辩证法》的问世,则是自然哲学发展史上的革命变革。马克思主义的辩证自然观是建立在唯物主义的基础之上的,而黑格尔的自然哲学则是他客观唯心主义体系的一个组成部分。两者在哲学世界观上有着本质的区别。恩格斯曾经说过:

> 马克思和我,可以说是从德国唯心主义哲学中拯救了自觉的辩证法并且把它转为唯物主义的自然观和历史观的唯一的人。
>
> 旧的自然哲学,特别是当它处于黑格尔形式的时候,具有这样的缺陷:它不承认自然界有任何时间上的发展,任何"前后",只承认"同时"。这种观点,一方面是由黑格尔体系本身造成的,这个体系把历史的不断发展,仅仅归于"精神",另一方面,也是由当时自然科学的总的状况造成的。……对我来说,事情不在于把辩证法的规律从外部注入自然界,而在于从自然界中找出这些规律并从自然界里加以阐发。①

在黑格尔的哲学体系中,辩证法是建立在唯心主义基础上的。在他看来,绝对观念、绝对精神是发展的,而自然界只有空间的多样性,没有时间的发展。虽然他也讲自然界的辩证法,但自然界的任何辩证法,都是由"精神"在背后控制的,是绝对观念把辩证法规律"注入自然界"的。恩格斯则与之相反,他在《自然辩证法》手稿所做的,是"从自然界中找出这些规律"并加以阐发。所以,恩格斯在马克思的合作下,从黑格尔的唯心

---

① 《马克思恩格斯选集》第3卷,人民出版社,1972年,第51、52页。

主义的哲学包括自然哲学中，"拯救"了辩证法，创立了唯物主义的自然观和历史观。

从黑格尔哲学到马克思主义的哲学，从黑格尔的自然哲学到恩格斯的《自然辩证法》，这是从唯心主义到唯物主义的根本转变。和这个根本转变相伴随的，是哲学与自然科学关系的根本变化。

黑格尔在构造他的自然哲学体系时，哲学和科学的分化尚未完全完成，再加上他是唯心主义者，因此，哲学代替科学的情况到处可见。这正如恩格斯所指出的那样，旧的自然哲学，包括黑格尔的自然哲学在内，他们以描绘自然界联系的图画为己任，而且能这样来描绘：

> 用理想的、幻想的联系来代替尚未知道的现实的联系，用臆想来补充缺乏的事实，用纯粹的想象来填补现实的空白。它在这样做的时候提出了一些天才的思想，预测到一些后来的发现，但也说出了十分荒唐的见解，这在当时是不可能不这样的。[①]

到19世纪中叶，随着自然科学在各个领域的全面发展，哲学和科学的分化，特别是自然科学和自然哲学的分化，达到以往任何时期都无法比拟的程度。马克思主义的产生，本身也就标志着哲学和科学分化的基本完成；当然，有些分化任务还留待继续完成。马克思主义使得哲学成为一门科学，马克思主义哲学不再处于科学之外和科学之上，而是处于科学之中。这样，马克思主义哲学和各门具体科学的关系，就不是像以往旧自然哲学那样的"代替"或"统治"的关系，而是一般和特殊的关系了。

第二节 自然辩证法是马克思主义的自然哲学

恩格斯对马克思主义哲学产生后，如何看待旧的自然哲学的问题，有过多次精辟的论述。恩格斯指出，由于自然科学中的三大发现（能量守恒与转化定律、细胞学说和生物进化论）和其他巨大进步，我们现在不仅能够指出自然界中各个领域内的过程之间的联系，而且还能够指出各个领域之间的联系。这样，我们只要依靠经验自然科学本身所提供的事实，就能以近乎

---

① 《马克思恩格斯选集》第4卷，人民出版社，1972年，第242页。

系统的形式描绘出一幅自然界联系的清晰图画。在这种情况下，旧的自然哲学就成为不必要的和不可能的了。他说：

> 今天，当人们对自然研究的结果只是辩证地即从它们自身的联系进行考察，就可以制成一个在我们这个时代是令人满意的"自然体系"的时候，当这种联系的辩证性质，甚至迫使自然哲学家的受过形而上学训练的头脑违背他们的意志而不得不接受的时候，自然哲学就最终被清除了。任何使它复活的企图不仅是多余的，而且是一种退步。
>
> 现在无论在那一方面，都不再是要从头脑中想出联系，而是要从事实中发现这种联系了。这样，对于已经从自然界和历史中被驱逐出去的哲学来说，要是还留下什么的话，那就只留下一个纯粹思想的领域：关于思维过程本身的规律的学说，即逻辑和辩证法。[①]

对于恩格斯的这些论断，在马克思主义的学术工作者中间存在着不同的理解。分歧不仅在于如何评价旧的自然哲学，分歧更在于如何看待自然辩证法的学科性质。

自然辩证法作为一个相对独立的研究领域，它在马克思主义哲学体系中处于什么地位？它有没有自己独立的、既区别于哲学又区别于专门科学的对象、方法、范畴和体系？对于这两个问题，苏联哲学界早有争论。哲学家普拉托诺夫和鲁特克维奇等人主张自然辩证法是辩证唯物主义哲学中与历史唯物主义、辩证逻辑并列的独立的哲学学科；"自然辩证法"这一术语较之"自然科学的哲学问题"这一术语更能准确地标志这一知识领域的哲学特征。格里亚兹诺夫、叶尔莫诺夫等人则完全反对把自然辩证法当作一门独立的哲学学科，认为自然辩证法没有自己的特殊的研究对象、没有区别于辩证唯物主义的方法，也不可能有一个统一的知识体系。在这场争论中，凯德洛夫和柯普宁倾向于后一种意见，指责前者有在自然辩证法研究中恢复"自然哲学"的企图。他们援引恩格斯的上述论述，作为立论的根据。当然，他们并不反对把自然辩证法作为一个相对独立的研究领域。

在我国的学术界，在70年代末和80年代，也曾经发生了围绕上述问题的争论。争论中持不同观点的双方，也都援引了恩格斯的有关评价旧自然哲

[①] 《马克思恩格斯选集》第4卷，人民出版社，1972年，第242、253页。

学的论述。

争论问题之一是，"自然辩证法是马克思主义自然哲学"这个命题是否能成立？自然哲学这一术语的含义并不是单一的。这一术语的拉丁语形式 Philosophia naturalis 中曾经有过自然科学的含义。在《不列颠百科全书》（第15版）中专门有"自然哲学"（Philosophy of Nature）这个条目。它说，这个术语在它的德语形式（Nature philosophie）中，主要是指德国古典唯心主义者谢林和黑格尔哲学体系中与逻辑（Logik）和精神现象学（Phanomenologie des Geistes）相对立的部分。后来这个术语就超越了这个特定的历史背景，突破它原有的含义，用于表示研究实在的自然界基本性质的学科了。而当"科学哲学"这一术语流行起来后，"自然哲学"可以作为它的一个补充。

其实，在历史上，自然哲学并不是黑格尔所专有，18世纪法国唯物主义就曾被恩格斯称之为近代"第一个自然哲学体系"。它虽然带有机械论的缺点，但它和当时自然科学的关系就不完全是那种代替和统治的关系。这一点与黑格尔式的自然哲学有所不同。在当代，也有各种流派的自然哲学思想，石里克把他的著作名为《自然哲学》。莫诺把他的著作称作《偶然性和必然性——略论现代生物学的自然哲学》，就是很能说明问题的例证。就是马克思主义的创始人和继承者，有的场合也使用"自然哲学"这一名称。例如，马克思在1877年1月21日致威廉·亚历山大·弗罗恩德的信中，曾说过恩格斯"正在写关于自然哲学的著作"，这个著作，就是指《自然辩证法》一书。①

列宁也曾说过："对恩格斯的唯物主义的'形式'的修正，对他的自然哲学论点的修正，不但不含有任何通常所理解的修正主义，这正是马克思主义所必然要求的"。② 列宁生前虽然没有看见恩格斯的《自然辩证法》，但列宁非常推崇恩格斯的《反杜林论》，称它为马克思主义的百科全书。正是在《反杜林论》的哲学篇中，有四章（即第5、6、7、8章）就是用"自然哲学"作为标题的。总之，不仅西方的哲学家、科学家，而且马克思列宁主义的创始人都使用过"自然哲学"这个术语。既然如此，"自然哲学"就既可以在狭义上，也可以在广义上被使用。

---

① 《马克思恩格斯全集》第34卷，人民出版社，1972年，第229页。
② 《唯物主义和经验批判主义》，人民出版社，1971年，第251页。

当"自然哲学"在狭义上被使用,把它作为黑格尔式的自然哲学的同义语时,马克思主义者当然都会同意恩格斯的上述论断,不允许它在任何形式下复活。当然,历史的发展是复杂的,在以马克思主义为指导思想的社会主义国家中,无论是前苏联,还是中国,都曾经出现过政治干涉学术,哲学代替科学的"左"的、粗暴的做法。作为历史的惨痛教训,我们应当牢记,并极力避免其重演。

现在的问题是:当"自然哲学"在广义上被使用时,马克思主义的自然辩证法这一研究领域,能否也称之为马克思主义的自然哲学呢?既然争论的双方都同意:自然辩证法是属于哲学的范畴,是关于自然的哲学思想。那么,为什么就不能把自然辩证法作为马克思主义的自然哲学来认定呢?恩格斯的上述论述,只是说应当批判、清除黑格尔式的自然哲学,不允许它重新复活;并没有说不能有马克思主义的自然哲学。恩格斯只是说,在过去的旧哲学的体系中,一旦旧的自然哲学和历史哲学被驱逐出去了,有意义、有价值的东西就只剩下关于思维规律的研究了;他根本不是说,在新哲学中,在马克思主义哲学中,只能包括思维规律的研究。

关于学科的名称,可以有两种命名法:一种是不带观点的名称,一种是带观点的名称。前者如哲学、伦理学等;后者如历史唯物主义、自然辩证法。为了强调与旧自然哲学的区别,鲜明地表示我们的观点,自然辩证法的名称优于自然哲学;而为了恰当地反映出这个学科在马克思主义理论体系中的地位,或者为了便于开展国际学术交流,使国外同行更容易了解我们所研究的对象的学科性质,把我们已经习惯了的名称"自然辩证法",叫做"马克思主义自然哲学"也是可以的。在不同的场合,采用两个名称中的更恰当的一个或者两个名称同时采用,这在事实上也是可行的。中国自然辩证法研究会的外文名称定为:The Chinese society for dialectics of Nature / Philosophy of Nature, Science and Technology 就是一个例证。

争论问题之二是,自然辩证法作为一个学科,有没有或能不能有自己的独立的规律和范畴的体系?有人认为,自然辩证法既然是一个独立的学科,可以而且应该建立起一套与一般辩证法的规律和范畴完全不同的规律和范畴的体系,正如历史唯物主义已经做到的那样。也有人持与此完全相反的看法,认为自然辩证法根本不是一个独立的学科,它没有和一般辩证法相区别的规律和范畴,它只是一般辩证法在自然界的表现的研究而已。第三种看法是:自然辩证法是一个相对独立的学科。它有自己的一系列和一般辩证法不同只适合于自然界而并不适合于社会和思维领域的规律和范畴，但又不可能建立起一套和一般辩证法完全不同的纯粹化的规律范畴体系，而需要和一般辩证法共同使用某些规律范畴。它不可能像历史唯物主义已经做到的那样。显而易见，这种看法和上述两种意见中的任何一种都不完全相同。它具有更多的合理性。持这种看法的学者已经做了一些探索性的工作，《中国社会科学》1985年第5期上发表的查汝强的论文：《自然界辩证法范畴体系设想》，就是一个例子。论文中提出了一些富有启发性的意见，当然对一些问题的考虑未必很成熟。这种探索应该给予肯定，而不必急于把它说成是黑格尔式的自然哲学，加以全盘否定。

第三节　马克思主义哲学体系中自然观与历史观的辩证统一

自然辩证法是马克思主义的辩证自然观，历史唯物论是马克思主义的唯物的历史观，在马克思主义哲学的理论体系中，自然观和历史观是统一的。

但是，现代西方的一些哲学家并不这样认为。他们否认自然界的辩证法，并且把这种观点强加给马克思，从而把马克思和恩格斯对立起来。例如，匈牙利哲学家卢卡奇认为，对于辩证法来说，重要的是认识到它仅限于历史和社会领域，而恩格斯却遵循着黑格尔的错误引导，把辩证法扩展应用于自然。德国法兰克福学派哲学家施密特说，对于马克思主义的唯物主义来说，辩证法只能是一种历史方法。法兰克福学派的另一位哲学家马尔库塞认为，马克思没有把辩证法作为一种一般的方法论的图式来加以发展，在这方面的第一步是由恩格斯在其《自然辩证法》中迈出的。法国哲学家古尔维奇说，马克思从来没有说过自然辩证法，是恩格斯在马克思逝世后才研究它。美国哲学家戴乔治说，恩格斯把辩证法的概念扩展到整个自然界和自然科学中，马克思是否同意这个扩展，是一个有许多争论的问题。美国另一位哲学家李希特海默认为，自然辩证法只不过是恩格斯的个人的发明，他不明智地在马克思不敢涉及的领域里进行冒险。

现代西方哲学家的上述错误说法的实质，是把马克思和恩格斯对立起来，把马克思主义的自然观和历史观割裂开来。

一 马克思与《自然辩证法》

马克思是否赞同、支持恩格斯写作《自然辩证法》，这本来不是什么理论争议的问题，而是一个历史事实问题。我们在前面关于《自然辩证法》写作过程的阐述中，已经引述了一些马克思致恩格斯的信件，说明马克思和肖莱马等人都十分赞同恩格斯关于自然辩证法的构想。这里还可以再举几个例证。

马克思在1877年1月21日致威廉·亚历山大·弗罗恩德的信中说：

> 如果您偶尔见到特劳白博士，请代我向他衷心问好，并请提醒他一下，他曾答应把他已出版的著作目录寄给我。这对我的朋友恩格斯很重要，他正在写关于自然哲学的著作，……①

信中所说的"自然哲学的著作"就是指《自然辩证法》。

马克思在1867年6月22日致恩格斯的信中提到了他在《资本论》第3章中的一段话。在那里，马克思认为辩证法的规律在自然界和社会都同样起作用，都是同样有效的规律。马克思在《资本论》中是这样说的：

> ……在这里，也像在自然科学上一样，证明了黑格尔在他的《逻辑学》中所发现的下列规律的正确性，即单纯的量的变化到一定点时就转化为质的区别。②

前面我们已经提到，恩格斯在写作《自然辩证法》的漫长岁月中，还写了《反杜林论》。在《反杜林论》的哲学篇中关于自然哲学那部分，充分利用《自然辩证法》的研究成果。而整个《反杜林论》包括有关自然哲学部分，都是马克思同意了的。对此，恩格斯在该书公开出版的第2版序言中曾经明确地写道：

> 本书所阐述的世界观，绝大部分是由马克思所确立和阐发的，而只

---

① 《马克思恩格斯全集》第34卷，人民出版社，1972年，第229页。
② 《马克思恩格斯全集》第23卷，人民出版社，1972年，第342—343页。

有极小的部分是属于我的，所以，我的这部著作如果没有他的同意就不会完成，这在我们相互之间是不言而喻的。……在各种专业上互相帮助，这早就成了我们的习惯。①

从以上事实中，人们怎么能相信，《自然辩证法》的写作，仅仅是恩格斯个人的发明，而且还是在马克思逝世后才去研究的呢？

二 恩格斯的《自然辩证法》与马克思的《资本论》

马克思主义哲学的产生是哲学史上的一场伟大的变革。马克思和恩格斯把自己所创立的哲学，牢固地建立在自然科学和社会科学的实证研究的基础之上，从而马克思主义哲学本身也是一门科学。自然科学的实证化从文艺复兴时期就已经开始实现了，而社会科学的实证化直到马克思和恩格斯时代仍是有待解决的一项重大课题。因而，马克思和恩格斯所面临的理论工作的两大任务是，既要使自然科学的研究辩证化，又要使社会科学的研究实证化；既要创立辩证的自然观，又要创立唯物的历史观。马克思和恩格斯在理论研究上是既有合作又有分工的：马克思侧重研究经济学，他用了毕生的精力撰写《资本论》，直到他逝世，此项工作也未能最终完成；恩格斯用了相当长的时间研究自然科学，撰写《自然辩证法》，给后人留下的也只是一部未完成的手稿。他们虽有分工，却相互配合，通力合作。他们在辩证自然观的核心问题，即人与自然的关系问题上的观点是完全一致的。这可以从马克思的《1844年经济学哲学手稿》到他和恩格斯合著的《德意志意识形态》，到《资本论》，以及恩格斯的《自然辩证法》、《反杜林论》等著作找到大量的证据。马克思和恩格斯对人与自然的关系的探讨的角度虽有所不同：马克思是从经济学的角度，恩格斯是从自然科学的角度，但他们的结论是一致的，即：只有到共产主义社会，才能实现人和自然真正的协调发展。

恩格斯在《自然辩证法》中所讲的辩证法，不是纯粹的自然界的辩证法，而是人与自然紧密联系、自然观与历史观相统一的辩证法，是自然界向人类社会过渡的辩证法。恩格斯的自然辩证法不同于旧的自然哲学就在于，它不是从自然主义的角度对自然作出判断，而是从社会、科学与哲学发展的相互关系的角度，对自然界和自然科学进行考察。

---

① 《马克思恩格斯选集》第3卷，人民出版社，1972年，第49页。

马克思在《资本论》中所辨的辩证法,也不是脱离自然界的辩证法,而是以人与自然相互关系作为其理论基础的;《资本论》本身蕴含有丰富的自然辩证法思想。马克思在《资本论》中指出:

> 劳动首先是人和自然之间的过程,是人以自身的活动来引起、调整和控制人和自然之间的物质变化的过程。
> 我的观点是:社会经济形态的发展是一种自然历史过程;不管个人在主观上怎样超脱各种关系,他在社会意义上总是这些关系的产物。①

如果离开了人和自然之间的关系,就谈不上人类的劳动;而离开了人的劳动,也就谈不上人类的生产的发展。如果是这样,又怎能谈得上人类社会经济形态的发展是"一种自然历史过程"呢?

由此可见,恩格斯的《自然辩证法》和马克思的《资本论》中所讲的辩证法,都是自然观与历史观相统一的辩证法。自然辩证法和历史唯物论本来就是马克思主义理论体系的整体中两个不可分割的有机组成部分。

长期以来,人们有一种误解,就是把自然观与历史观加以分割,并且把历史唯物主义说成是自然唯物主义在社会领域中的推广和应用。这种看法是错误的。恩格斯一贯坚持自然观与历史观的统一,既反对那种与人类活动无关的"纯自然界"的自然主义观点,也反对那种无限夸大主体作用的各种历史唯心主义。早在19世纪40年代,他就指出:

> 我们仅仅知道一门科学,即历史科学。历史可以从两方面来考察,可以把它划分为自然史和人类史。但这两方面是密切相关的;只要有人存在,自然史和人类史就彼此相互制约。②

到了80年代,恩格斯《在马克思墓前的讲话》中,把人类社会发展规律和自然发展规律,都看作是不以人们的意志为转移的客观的规律。他说:

> 正像达尔文发现有机界的发展规律一样,马克思发现了人类历史的

---

① 《马克思恩格斯全集》第23卷,人民出版社,1972年,第201、12页。
② 《马克思恩格斯全集》第3卷,人民出版社,1960年,第20页。

发展规律，即历来为繁茂芜杂的意识形态所掩盖着的一个简单事实：人们首先必须吃、喝、住、穿，然后才能从事政治、科学、艺术、宗教等等；……①

综上所述，可以看到，在马克思主义哲学的理论体系中，自然与历史观是统一的，《自然辩证法》与《资本论》虽然研究的对象不同，其理论基础、基本精神是一致的。把恩格斯与马克思对立起来，是现代西方哲学家编造出来用以反对马克思主义的一种荒唐的神话。

西方资产阶级哲学，自从实证主义流行以来，往往把哲学只归结为一种认识方法或逻辑方法，认为在实证科学以外还讲什么哲学世界观，就是一种毫无意义的"形而上"的东西。现代西方的一些哲学家，否认自然辩证法，是和这潮流相吻合的。而且，从他们只承认社会（包括思维）领域有辩证法，不承认自然界有辩证种种说法中，人们不难发现：西方现代哲学家所奉行的，其实还是那种把人的自由、主观能动性同客观规律绝对地对立起来的古老的偏见。

---

① 《马克思恩格斯选集》第 3 卷，人民出版社，1972 年，第 574 页。

第九章
《自然辩证法》的现代意义

《自然辩证法》自1925年公开出版以来,被翻译成多种文字,在许多国家中广泛传播并产生了深远的影响。现代科学技术的发展和19世纪相比,无论在广度和深度上都不可同日而语。在这种情况下,《自然辩证法》的基本思想和它的精神实质并没有过时,它对现代科学发展,仍然具有现实的指导意义。

第一节 《自然辩证法》主题思想的再认识

《自然辩证法》是否具有现代意义的问题,同如何看待它的主题思想直接相关。由于《自然辩证法》是一部未完成著作的手稿,因此,对它的主题构思,理论目的以及写作重点等问题上,在马克思主义的学术工作者中间,一直存在着不同的看法。这既是不可避免的,也是可以理解的。

一 勃·凯德洛夫的《论恩格斯〈自然辩证法〉》

恩格斯的《自然辩证法》在苏联出版后,苏联学术界把这个既区别于纯哲学,又区别于专门科学的相对独立的研究领域,称之为"自然科学中的哲学问题"。而他们所说的"自然辩证法"主要是指自然界的辩证法或恩格斯的自然辩证法思想。苏联的自然辩证法研究,在世界上占有突出的地位,其历史最长、成果最多、队伍也最大。在对恩格斯的《自然辩证法》的研究方面,以勃·凯德洛夫院士的成绩最为卓著。

1973年,凯德洛夫的《论恩格斯〈自然辩证法〉》一书出版(中译本于1980年由三联书店出版)。这是一本有不少独到见解的学术专著,代表了苏联学术界最高的研究水平。

凯德洛夫在该书的第三章"卓越的构思"中，阐释了恩格斯撰写《自然辩证法》的主题构思和理论目的。他指出，对恩格斯撰写《自然辩证法》的构思，通常有两种看法。一种认为恩格斯打算从唯物辩证法的观点对他那时代的全部自然科学进行哲学概括；另一种认为，恩格斯打算在这本书中证明辩证法规律的普遍性，证明这些规律不仅表现在人类生活（社会和思维）中，而且也表现在自然界中，从而为整个马克思主义学说奠定自然科学基础。凯德洛夫认为，这两种看法都是正确的，但都不完全。他认为，

> 对恩格斯来说，这本书的主要目的是创作一部直接同《资本论》衔接，并且与《资本论》一起提供关于马克思主义学说统一而完整的观念和对这个学说加以阐明的著作。①

凯德洛夫认为，马克思的经济学著作《政治经济学批判》，特别是《资本论》对资本主义社会的发生、实质和进一步变化的前途给予马克思主义的批判分析，

> 于是恩格斯的构思就形成了更加具体的轮廓：就是要写出某种类似《Vor-Kapital》（《前资本论》）的东西，也就是人类社会的某种Vorgeschichte（史前史），并且揭示自然发展的客观过程怎样有规律地越出自然界本身的范围而到达人类社会历史领域的辩证法。
>
> 这就意味着，《自然辩证法》所结束的地方应当成为《资本论》的开始。《自然辩证法》通过自己的说明和分析的整个逻辑所导致的结果，应当成为马克思的《资本论》和《政治经济学批判》的系统叙述所开始的东西。②

凯德洛夫上述看法体现了自然界的客观性和辩证性，体现自然界向社会历史领域过渡的必然性，因而有相当大的合理性和解释力。这是他的见解的优胜之处。但是，正如我国有的学者所指出的那样，凯德洛夫强调了自然辩

---

① 《论恩格斯〈自然辩证法〉》，三联书店，1980年，第35页。
② 《论恩格斯〈自然辩证法〉》，三联书店，1980年，第36页。

证法对历史辩证法的本原性、本体性和本质性，强调了自然辩证法在马克思主义学说体系中的地位和作用。把自然辩证法和历史辩证法看成是前后相继的两个环节，这从发生学的角度上看，当然是对的；但人类社会一旦产生，自然辩证法与历史辩证法之间就存在着相互联系、相互制约、相互渗透和相互蕴含的辩证关系。对此，凯德洛夫却未能给予充分的注意与强调。这种自然辩证法先于历史辩证法，历史辩证法是自然辩证法的推广与应用的观点，在当时苏联理论界是有代表性的。公正一点说，在对待马克思主义哲学体系的看法中，把历史唯物主义说成是辩证唯物主义"在社会历史领域的推广和应用"，并非凯德洛夫的首创。但凯德洛夫的上述看法，却与之相合拍，这一点是无可否认的。正因为如此，有的学者认为，凯德洛夫的看法，本质上是自然主义与科学主义的复合。也就是说，

> 凯德洛夫是以一个黑格尔式的自然哲学家的视界去理解恩格斯的《自然辩证法》，以一种达尔文式的自然科学家的视界去理解恩格斯的《自然辩证法》。由于这样一种解读式，《自然辩证法》中人与自然的关系的思想被消解了，自然观、科学观与历史观同构同步的整体思想被肢解了，人类社会的主体性被自然界的"客观必然性"所冻结，人被物化、被自然化了。[①]

对于凯德洛夫观点的这番评论，是否准确、适当，固然可以进一步斟酌。但从中却透露出一种可喜的信息，就是，我国的学者对于历史上曾经出现的某种权威观点，不再持盲目听从的态度，而是用实践的观点进行反思并决心加以超越。

二 反思与超越

对于恩格斯《自然辩证法》的主题构想，我国学者提出了与上述凯德洛夫观点不同的理解。

一种看法是，认为恩格斯《自然辩证法》是由三个不同层次的辩证法所构成。第1层次是人与自然的辩证法，即自然辩证法与历史辩证法统一的

---

① 安维复：《超越"凯德洛夫模式"：对〈自然辩证法〉的误解与再思》，《自然辩证法研究》1991年第4期。

辩证法，自然观、科学观与历史观统一的辩证法；第 2 层次是从自然界到社会历史的辩证法，包括从自然科学到社会科学的辩证法；第 3 层次，自然界的辩证法，包括自然科学的辩证法。其中第 1 层次包含了第 2 层次，第 2 层次从属于且小于第 1 层次。第 2 层次包含了第 3 层次，第 3 层次从属于且小于第 2 层次。恩格斯的《自然辩证法》是人与自然的大循环，自然向人的过渡是其中的一个子系统，而自然界本身的循环仅仅是自然界向人过渡的一个环节。持这种看法的同志认为，传统的理解只限于第 3 层次，凯德洛夫的理解达到了第 2 层次，而正确的理解应当是第 1 层次。这就是说，

> 恩格斯的《自然辩证法》包含自然界以及自然界向社会历史过渡的辩证法，包含自然科学以及自然科学向社会科学过渡的辩证法，而且，关于自然界及其自然科学的辩证法的论述占据《自然辩证法》的大量篇幅。但是恩格斯写作《自然辩证法》的理论重心不在自然界及自然科学的辩证法，而在于人与自然之间关系的辩证法，在于自然观、科学观与历史观相统一的辩证法。①

另一种看法是，认为恩格斯《自然辩证法》手稿材料可划分为以下三个部分：第 1 部分，从科学理论的历史发展看理论思维发展的历史局限性，说明科学理论及其理论思维总是受科学研究对象及其理论前提制约的，因而产生的自然观也是有局限性的。辩证思维是以发展的观点，力图反映世界整体联系与发展性质的思维。第 2 部分，从科学的社会历史实践看主观辩证法发展的必然性与必要性，科学的真理与价值决定于科学的社会历史实践。辩证思维不仅应反映这种实践，而且应成为这种实践的主体意识。第 3 部分，辩证思维要以科学发展的历史材料为依据，以科学的社会历史作用为线索，掌握自然辩证法的客观内容、历史条件与基本方向。其中，自然辩证法是辩证思维研究的内容与对象，而辩证思维是自然辩证法研究的思维方法、组织原则与研究课题。据此，持这种看法的同志对《自然辩证法》的主题精神、基本思想作如下的阐述：

---

① 安维复：《超越"凯德洛夫模式"：对〈自然辩证法〉的误解与再思》，《自然辩证法研究》1991 年第 4 期。

  《自然辩证法》手稿的主题精神可表述为从科学发展角度论证人类理论思维发展是一个自然历史过程。

  手稿基本思想可以表述为：统一的物质世界与物质技术进步通过实践对科学认识的作用；科学认识对哲学思维的作用是一个有层次递进建构的过渡。

  自然辩证法实质上是指自然界的运动，通过人们的实践与人的思维形成的辩证关系。[①]

  还有一种看法是，认为恩格斯《自然辩证法》手稿的主题构想是全面地论述哲学与科学的关系。这种看法可以《哲学与科学——现代自然科学唯物主义引论》一书为代表。该书作者指出，苏联于1925年出版的《自然辩证法》，是按手稿写作的年代先后来编排的，同恩格斯遗稿的本来面目比较接近。而1941年版的编排，片面地解释了恩格斯手稿写作的最初提纲，以自然界的客观辩证法作为贯穿全部手稿的基本线索，把物质运动及其转化的学说作为手稿的核心和主题，这就歪曲和背离了恩格斯的写作意图，把恩格斯的手稿搞得面目全非，比起1925年的初版来，不能不说是一个令人遗憾的退步。作者还指出，从50年代起，凯德洛夫就一直强调，阐述自然界物质运动形式的转化是《自然辩证法》的核心部分。作者认为，凯德洛夫把恩格斯写作《自然辩证法》的目的，说成是要写出某种类似《前资本论》的东西的这种看法，也是错误的。

  作者明确指出：

  《手稿》的主题，是全面论述哲学与科学的关系。恩格斯既强调科学家必须掌握哲学，也强调哲学家必须接受自然科学的成果。[②]

  作者认为，理解全部手稿的精髓，不在包含有19世纪自然界辩证图景，即"四大起源"论述的导言，而是《〈反杜林论〉旧序》和《辩证法》那两篇文章。因为，正是这两篇文章，体现了恩格斯研究自然哲学的一贯思

[①] 卢列健：《〈自然辩证法〉学习札记》，《自然辩证法研究》1994年第6期。
[②] 杜镇远等：《哲学与科学——现代自然科学唯物主义引论》，山西人民出版社，1991年，第217页。

想，即：依据自然科学的新材料，从唯物主义立场出发，对黑格尔的辩证法，特别是《自然哲学》进行批判的改造。作者认为，《自然辩证法》手稿的重点是科学认识论和方法论的研究，而传统的看法把客观辩证法的研究作为重点，这是不符合恩格斯的本意的。

在对《自然辩证法》主题构想的理解上，以上几种看法实际上是互相补充的。虽然它们的侧重点不尽相同，或者强调人与自然的关系，或者强调辩证思维发展的历史性与实践性，或者强调哲学与自然科学的相互关系。但有一点是共同的，就是都不赞成把客观辩证法即自然界发展的辩证法问题，作为《自然辩证法》的主题和重点，都不同意凯德洛夫的上述观点。这种在坚持自然观与科学观、历史观辩证统一的基本前提下对《自然辩证法》主题构想的反思和探索，是对传统观点的一种超越。毫无疑问，它将大大推动人们进一步的研究。

这里，特别值得指出的是，《哲学与科学》一书的作者，在探讨恩格斯《自然辩证法》的主题构思时，提出了一个很新颖而且很有价值的见解。作者认为，恩格斯在写作《自然辩证法》时，其主题思想的提炼经历了一个转变的过程；为了判定手稿的主题构想，应当主要根据恩格斯对手稿进行整理时所作的主题分类。

作者指出，恩格斯写作《自然辩证法》的最初构思，体现在1873年5月给马克思的那封信中（参阅本书第四章§1）；编制总的计划草案是在1878年；而恩格斯对全部手稿进行分束整理，是对手稿的主题思想的进一步加工，本身就是明确的主题分类，具体时间可以设想是在完成《资本论》第3卷（1994年10月）之后（虽然这只是一种设想，缺乏足够的事实依据，但总是在恩格斯逝世前不久的某个时间）。从1873年到1893年或1895年，长达20余年。一部著作长达20余年还未完成，主题思想没有升华、提炼，乃至没有部分地改变是不能设想的。作者说：

> 我们主张以四束分类为最后依据来研究全部手稿。这是因为：四束分类所包含的内容比总计划草案更丰富，主题思想更集中、更精炼、更明确。总计划草案显然地应该包含在四束主题之内，这是毫无疑问的。
>
> 四束手稿的分类，……从当时科学和哲学发展的历史潮流来看，比

起总计划草案，具有更大的优越性和更深远的洞察力。①

作者认为，从1873年5月至1878年恩格斯在完成《反杜林论》之前，恩格斯着重批判了庸俗唯物主义，阐述了物质和运动的相互联系、运动是物质存在方式的原理。1878年以后，恩格斯进一步拟定了两份写作计划，即局部计划草案和总计划草案。这个阶段写作的特点是，愈来愈重视科学认识论和科学方法论的研究。而到1883年马克思逝世后，恩格斯为《自然辩证法》写的材料虽不很多，但这个时期，思想更加成熟了。而手稿的分束整理，标志着恩格斯长期研究的一个新的高度。

恩格斯整理分类的第1束手稿《辩证法和自然科学》，讲的是辩证法和自然科学的关系，即哲学和自然科学的关系，是总计划草案第1、2、4、6、7项的进一步综合和提炼，并且丰富和增加了它的内容。总计划草案共11项，如果考虑到其中第9、10两项没有相应的材料，只剩下9项。而第1束材料就占去5项，超过了一半。可见恩格斯对这个问题的重视。第2束手稿《自然研究和辩证法》，恩格斯在这束手稿里集中阐明的是科学认识论和科学方法论问题，这是19世纪下半叶科学发展中的一个十分迫切的问题。这束手稿是在1876—1886年间写的，绝大部分材料是总计划草案中所没有的，是在总计划草案之后进一步发展和提炼出来的全新的主题。从今天看来，它的编定具有超越时代的重大历史预见性，对现代自然科学的发展，具有重大意义。第3束手稿《自然辩证法》，恩格斯从自然界的客观辩证法和自然科学认识自然的概念运动的主观辩证法相结合的角度，论述了辩证自然观的思想，批判了形而上学的自然观。它是总计划草案的第1、4、5项内容的扩大。辩证自然观不能简单地归结为自然界各种运动形式的辩证转化，恩格斯把《运动的基本形式》和《神灵世界中的自然科学》从原来放在第2束中抽出来，改放在这里，反映了他对主观辩证法的一种强调。第4束手稿《数学和自然科学。Diversa札记》，从开头的《辩证法》长篇论文来看，是同总计划草案第3、5项相接近。恩格斯主要是运用数学和自然科学的材料来说明辩证法的普遍性，论述自然辩证法手稿同黑格尔辩证法，特别是《自然哲学》的联系与区别。

《哲学与科学》一书的作者正是根据对恩格斯四束手稿的分类概括出

---

① 杜镇远等：《哲学与科学》，山西人民出版社，1991年，第248、251页。

《自然辩证法》手稿的主题构思、基本线索和理论目的。

作者说：

> 照我们的看法，四束分类是坚持以哲学和科学的相互关系为主题，以认识论和辩证自然观的一致性为基本线索，批判地继承和改造黑格尔的辩证法，特别是自然哲学的伟大成果。它不仅以德国哲学的发展为背景，而且是以整个西欧近代科学和哲学的发展为背景，从总体上深刻预见了本世纪科学和哲学发展的历史趋势，……
>
> 恩格斯的手稿是一部马克思主义自然哲学和科学哲学的奠基性著作。①

从以上所述，人们不难看出，只有正确地理解恩格斯《自然辩证法》一书的主题构思，才能充分地估价它的现代意义。否则，就会有意或无意地贬低它在现代的理论价值。

第二节 现代自然科学家对《自然辩证法》的评论

《自然辩证法》对于现代自然科学的发展，究竟有没有意义，有多大的意义，在这个问题上，最有发言权的是现代自然科学家们。现代自然科学家中，许多在科学上卓有建树的学者，发表过不少关于马克思主义哲学乃至一般哲学与自然研究相互关系的言论。在这里，我们不拟泛泛而论，只是挑选出几位科学家作为典型例证，加以剖析，从中看出《自然辩证法》对他们科学研究工作的巨大影响。

一 "坂田模型"和"坂田旋风"

坂田昌一是日本著名的理论物理学家。他在读高中时就对理论物理发生极大的兴趣，并对围绕其中的若干世界观与方法论方面的争论问题有所了解。1926年前后，他结识了正投身于恩格斯《自然辩证法》翻译工作的加藤正，并从加藤正那里了解到恩格斯这部著作的一些内容。在大学学习物理学期间，他就开始认识到学习自然辩证法的重要性。1933年，他毕业于京

---

① 杜镇远等：《哲学与科学》，山西人民出版社，1991年，第251—252、234页。

都大学物理系后，长期从事基本粒子物理的研究，并取得了一系列重要成果。1955年，他提出关于基本粒子结构的"复合模型"（即"坂田模型"）而闻名于世。他曾结合自己多年来研究基本粒子物理学的实际体会，写了一篇在科学界和哲学界都有很大影响的论文：《我所遵循的经典——恩格斯的〈自然辩证法〉》。他在文章中说：

> 我专门研究的原子核物理学或者叫基本粒子理论，是一个崭新的领域。……因此，对我们来说，最关心的大事就是如何摆脱陈旧观点的束缚，在这个意义上来说它，或许有人认为它与经典著作没有什么关系吧！但是，要破旧立新，从陈旧的观点下解放出来，并去创造新事物，就有个"科学的方法"即方法论问题。在这一点上，经典著作是有其特别重要意义的。今天，我想谈谈所遵循的经典著作，尤其是恩格斯的《自然辩证法》。这部著作就像珠宝的光芒一样照耀着我四十年的研究生活。①

接着，他谈到他在高中时代，就从加藤正那里直接听到了恩格斯这部著作的内容，是最早接触自然辩证法的日本人之一。当他在京都大学物理系学习理论物理学时，

> 由于逐渐认识到二十世纪所发现的两大理论，即相对论和量子力学的意义，从而也逐渐认识到辩证法的自然观即自然辩证法的重要性，特别是读过列宁的《唯物主义和经验批判主义》后，我领悟到本世纪初马赫和普朗克所进行的争论是何等地无聊。此时一种激情拨动着我的心弦，这种强烈的激情驱使我要把现代科学的方法论——自然辩证法应用到我的研究实践中去。②

坂田昌一在文章中，谈到了1932年发现中子对于认识原子核的重大意义，谈到了汤川先生的介子场理论，还谈到了大胆勇敢地发展汤川理论的武

---

① 坂田昌一：《我所遵循的经典——恩格斯的〈自然辩证法〉》，中译文见《科学与哲学》，1981年第3期。
② 坂田昌一：《我所遵循的经典——恩格斯的〈自然辩证法〉》，中译文见《科学与哲学》，1981年第3期。

谷三男。他说，1936年，武谷三男在《世界文化》杂志上发表了《〈自然辩证法〉与量子力学》一文，此文用自然辩证法的观点深入分析了量子力学，是一件划时代的大事。坂田昌一还专门介绍了武谷三男所提出的"三阶段论"。武谷三男认为，无论是牛顿力学还是量子力学，都是经过三个阶段（即现象论、实体论、本质论）才认识的。所谓"现象论"是指真实地观察事物的现象阶段；所谓"实体论"是指探讨物质是怎样构成的阶段；所谓"本质论"是指抓住物质对象的运动规律的阶段。武谷三男的这个理论是在1936年公开发表的，那时已经发现了中子，由于介子理论的发展，人们对原子核物理学的研究正是处在实体论向本质论过渡的关键时刻。

坂田昌一指出，1937年在宇宙线中发现了介子。这一发现证明了汤川理论的正确性，也证明了武谷三男"三阶段论"的雄辩力。至于他本人的研究，无论是1942年发展汤川理论而创立的二介子论；也不论是1946年提出的混合场理论；还是1955年提出的复合模型说，都是根据自然辩证法并以武谷三男的方法论为背景进行的。

坂田昌一特别强调地引述了恩格斯在《自然辩证法》中所阐明的关于自然界存在各种不同质的层次，而这些层次又是互相依赖、相互联系并处于相互转化之中的观点，然后说：

> 这就是说，它构成了一个多种因素联系在一起的自然界。可以说，武谷的"三阶段论"正是以这种自然观为基础，发展了认识各个层次的方法论。恩格斯逝世后，科学的迅速发展越来越清楚地证明了辩证法自然观的正确性。①

恩格斯在《自然辩证法》中明确指出，新的原子论同以前的原子论的区别在于，它并不主张物质只是分立的，而是主张各个不同阶段的各个分立的部分是各种不同的关节点，这些关节点制约一般物质的各种不同的质的存在形式。坂田昌一写道：

> 我把恩格斯的这段话作为座右铭。同时，我也决不忘记列宁在《唯

---

① 坂田昌一：《我所遵循的经典——恩格斯的〈自然辩证法〉》，中译文见《科学与哲学》，1981年第3期。

物主义和经验批判主义》一书所指出的："电子和原子一样，也是不可穷尽的。"正是因为受到这些话的指引，我才反对把粒子看作是"物质的终极"，并且站在"物质的层次"这一立场上致力于复合模型的研究。①

坂田昌一还提到马克思的博士论文《德谟克利特的自然哲学与伊壁鸠鲁的自然哲学的差别》对他科学研究工作的重大指导作用，并且说："我认为，对这篇论文，理所当然地也应该给予高度评价。"②

坂田昌一在1956年曾访问我国，并报告了他的基本粒子的"复合模型"。后来，他又进一步发展了这个理论。《自然辩证法研究通讯》1963年第1期发表了坂田昌一写的《关于新基本粒子观的对话》，引起了毛泽东的注意和赞许。毛泽东在1964年几次向一些哲学工作者和自然科学工作者提到它，特别是8月24日同于光远、周培源谈话中，从这篇文章谈起，表示了自己对自然界辩证发展的许多看法。当时的《红旗》杂志在1965年第6期上，重新发表了这篇文章，并根据毛泽东的谈话的精神写了长篇按语。按语说：

> 世界是无限的。世界是充满着矛盾的。万事万物都是对立的统一。没有一个事物不存在矛盾，没有一个事物是不可分的。一分为二，这是个普遍现象，这就是辩证法。自然界是如此，社会是如此，人类的认识也是如此。
>
> 宇宙，从大的方面说，在太阳系外面还有千千万万个太阳，在银河系外面还千千万万个银河系，它是无穷无尽的。宇宙，从小的方面说，也是无穷无尽的。原子里头分为原子核和电子，它们是对立面的统一。原子核里头又分为质子和中子，它们也是对立面的统一。质子又有和反质子的对立的统一。中子又有和反中子的对立的统一。质子、反质子，中子、反中子，等等，这些基本粒子还是可分的。物质是无限可分的。人类对自然界的认识同样是无穷无尽的。人类的认识总是要在社会实践中不断有所发展，有所创造。③

---

① 坂田昌一：《我所遵循的经典——恩格斯的〈自然辩证法〉》，中译文见《科学与哲学》，1981年第3期。
② 坂田昌一：《我所遵循的经典——恩格斯的〈自然辩证法〉》，中译文见《科学与哲学》，1981年第3期。
③ 参见《红旗》1965年第6期。

第九章 《自然辩证法》的现代意义

《红旗》杂志刊登的坂田昌一《关于新基本粒子观的对话》一文，遵循恩格斯关于分子、原子不过是物质分割的无穷系列中的各个"关节点"的观点，和列宁关于电子也是不可穷尽的观点，根据基本粒子领域的新事实，富有说服力地论证了物质无限可分性的思想，发挥了自然科学理论的无限发展的思想，尖锐地批判了在这个问题上的形而上学和唯心主义。这篇文章在我国学术界产生了很大的影响，人们称之为"坂田旋风"。作为自然科学家的坂田昌一能够这样做是十分可贵的，这也说明了恩格斯的《自然辩证法》（还有列宁的《唯物主义和经验批判主义》）对现代自然科学发展的现实意义。

二 宫原将平与恩格斯的"虚拟会见"

无独有偶。在日本，除了坂田昌一还有一位著名物理学家宫原将平，他也是深受恩格斯《自然辩证法》的影响，并在自然科学研究中做出成就的典型。宫原将平是日本物理学会会长，中央大学物理学教授。他在1979年5月发表了一篇形式新颖的论文，题目是《与恩格斯的虚拟会见记》，副标题："围绕自然辩证法的对话"。在这篇文章中，宫原将平指出，不少日本的马克思主义者认为，辩证法是从社会的历史中抽象出来的，而不能说自然界本身是辩证的。对此，宫原将平是不同意的。他虚拟恩格斯的话，批评这种人不是真正的马克思主义者，因为在承认自然界的辩证法这一点上，马克思和恩格斯是一致的。宫原将平说：

> 我认为，辩证法也是从自然界里抽象出来的规律，正因为如此，对于自然科学来说，它又是不可缺少的思维规律。有的物理学家把辩证法应用到新的物理学的研究之中。①

他以坂田昌一和武谷三男为例加以说明。他指出，坂田昌一把基本粒子也看作是一个关节点，从而倡导基本粒子的复合模型。起初未能得到多数人的支持，但今天一般认为建立基本粒子复合模型的方向是正确的。

宫原将平说，恩格斯的《自然辩证法》在很多地方使他受到启发，对他的科学研究有着指导的作用。他举例说，论文《导言》是"构成自然辩

---

① 宫原将平：《与恩格斯的虚拟会见记——围绕自然辩证法的对话》，中译文见《科学与哲学》1980年第3期。

证法核心的许多极好的文章之一",《神灵世界中的自然科学》是他"最感兴趣"的一篇论文。他还认为,在"《札记和片断》"中,有很多极其优秀的东西",像"《科学历史摘要》、《自然科学和哲学》就是现代自然科学家也应该读",《物质的运动形式。科学分类》标题之下的一段文字,以及《关于"机械的"自然观》等文,都是"很重要的"。恩格斯在批评机械自然观时说,如果更进一步把化学也叫做力学的一种,这是不能容许的。宫原将平认为,这是恩格斯的札记中"写得最精彩的一段"。他还认为,恩格斯看透了古典力学所具有的基本特征,看出了"力"中的唯心主义的东西:"本来是相互作用的东西却被当作外力来看待"。

宫原将平也坦率地指出,恩格斯的《自然辩证法》中,"有不少地方应该订正"。有的札记,"到二十世纪,应该大大地改写一番";有的札记,即使在十九世纪的当时,"也有明显误解的地方"。例如,他认为恩格斯对热的理解,是"相当不充分的";认为恩格斯"没有完全理解十九世纪热学形成过程中卡诺的工作,因而对克劳胥斯的工作也是有误解的",并且"对熵的理解是不全面的";又说,"认为引力和斥力是守恒和相互联系的,又认为'能'是斥力,我看这确实是发生了误解";他还特别指出,像《运动的基本形式》、《运动的量度。——功》、《数学》、《力学和天文学》中的某些内容,"今天对于学习自然科学的人来说,是难以理解的"。

即使如此,宫原将平仍然认为,恩格斯"整个的工作包括未完成的《自然辩证法》,可以说都是必要的","对于我们来说,都包含着可以引以为戒的内容",因此,"实际上是宝贵的遗产"。

宫原将平最后说,他将和唯物论哲学家岩崎先生合作,写一本新的自然辩证法的著作,打算把新的自然科学成果充分地写进去。他还以虚拟的口气,对恩格斯说:

> 不过,不用说其核心是从您那里继承下来的。您的自然辩证法,即使有越来越应加以锤炼之处,但也不会陈旧。
> 我认为无论提出了什么样的意见,您的《自然辩证法》的精髓都是不会丧失的。①

---

① 宫原将平:《与恩格斯的虚拟会见记——围绕自然辩证法的对话》,中译文见《科学与哲学》1980年第3期。

宫原将平在他的文章中，已经把恩格斯《自然辩证法》的理论价值、现代意义以及局限性都说得十分清楚了。

三 普利高津赞赏《自然辩证法》中"历史发展的思想"

对恩格斯的《自然辩证法》作出高度评价的现代自然科学家中，比利时著名科学家普利戈金（I. Prigogine）是一位很能说明问题的杰出代表。他以创立耗散结构理论而著称于世。他和他的学生、同事斯唐热（I. Stenger）合写了一本关于当代自然科学哲学问题的著作，书名是：《从混沌到有序（人与自然的新对话）》。在书中，他们曾写下了对恩格斯《自然辩证法》的如下评论：

> 自然史的思想作为唯物主义的一个完整部分，是马克思所断言，并由恩格斯所详细论述过的。
>
> 在恩格斯写作《自然辩证法》一书的那个时代，物理科学看来已经摈弃了机械论的世界观，而更接近于自然界的历史发展的思想。
>
> 当代物理学的发展，不可逆性所起的建设性作用的发现，在自然科学中提出了一个早已由唯物主义者提出的问题。对他们来说，认识自然就意味着把自然界理解为能产生人类和人类社会的自然界。
>
> 但是机械论却依然是辩证唯物主义面临的基本难题。辩证法的普遍规律与同样普适的机械运动定律之间的关系是什么？……过程世界和轨道世界如何才能联系在一起呢？①

根据这些论述，我国有的学者把普利戈金与爱因斯坦进行了一番比较，认为普利戈金不仅赞赏恩格斯在《自然辩证法》中所阐发的"自然界的历史发展的思想"；而且，他所致力的研究工作，正是要在科学上架起从"轨道世界"到"过程世界"，即从静到动的桥梁。

爱因斯坦终生从事的是他对存在统一性的追求。相对论虽然修正了牛顿的时空观，解决了牛顿力学的"粒子—力的图景"与麦克斯韦的"场图景"的矛盾，但它所提供的仍然是一幅静止的存在图像。爱因斯坦虽然也批判机械论，但他是从客观世界的存在统一性的角度来进行批判的；对他来说，时

---

① 伊·普利戈金等著：《从混沌到有序》，曾庆宏、沈小峰译，上海译文出版社，1987年，第304—305页。

间和演化过程，只不过是一种幻觉。从这个角度说，爱因斯坦对《自然辩证法》的学术价值不可能评价很高。

而普利戈金则不同，他把自己毕生的精力贡献在对时间的探索上，并且，是从物质世界的演化统一性的角度来批判机械论的。普利戈金认为，自然界既是存在的，又是在不断演化发展着的。根据对时间观念的不同，他把物理学分为两大部分，即"存在的物理学"（Physics of being）和"演化的物理学"（Physics of becoming）。前者包括对时间可逆的经典力学、量子力学和相对论；后者包括热力学，特别是非平衡热力学，研究热力学第二定律所描述的不可逆现象，从简单的热传导到复杂的生物自组织过程。普利戈金所致力的是通过对不可逆过程微观理论和熵的研究，实现从存在到演化的过渡，从而把"存在的物理学"与"演化的物理学"统一起来。正因为如此，普利高津

> 在对演化统一性的求索，在力图重新发现时间、解决过程世界和轨道世界矛盾的科学事业中，自觉地靠近《自然辩证法》。①

这是从爱因斯坦和普利戈金两人科学工作的不同追求作为立论的出发点，来说明两人为什么对同样一本书会有两种不同的评价。这种说法，是颇有见地的。

其实在《从混沌到有序》一书中，还有一些论述，可以说明普利戈金的哲学观点。他们在该书的《导论：对科学的挑战》中还说：

> 早在两千年前，庄子就写道："天其运乎！地其处乎！日月其争于所乎？孰主张是？孰维纲是？孰居无事推而行是？意者其有机缄而不得已邪？意者其运转而不能自止邪？"我们相信，我们正朝着一种新的综合前进，朝着一种新的自然主义前进。也许我们最终能够把西方的传统（带着它对实验和定量表述的强调）与中国的传统（带着它那自发的、自组织的世界观）结合起来。②

---

① 曾国屏：《爱因斯坦、普里戈金与〈自然辩证法〉》，《自然辩证法研究》1993年第4期。
② 伊·普利戈金等著：《从混沌到有序》，曾庆宏、沈小峰译，上海译文出版社，1987年，第304—305页。

普利戈金在这里推崇的是中国传统哲学中的有机论的自然观和注重综合的思维方式以及庄子哲学中所包含的事物不断演化、瞬息万变的思想，而不是庄子的唯心主义和相对主义。普利戈金高津本人所追求的新的综合、新的自然主义，则是建立在现代科学基础之上的与传统机械论截然不同的现代唯物主义。他还说：

> 我们的任务不是去悲叹过去，而是要试图在这科学的极不平凡的多样性中发现某种统一的线索。科学的每个伟大时期，都引出某个自然界的模型。对经典科学来说，这个模型是钟表。对十九世纪的科学，即工业革命时代来说，这个模型是一个逐渐慢下来的发动机。对于我们来说，标志可能是什么呢？我们头脑里的东西也许可以用那些从古印度或前哥伦布的艺术直到我们时代为止的雕刻最好地表达出来。在一些最美的雕像中［无论是在舞蹈的湿婆（Shiva）中或是盖米罗（Guerrero）的小型庙堂中］，十分清晰地表现出一种寻求，寻求静止与运动之间、捕捉到的时间与流逝的时间之间的接合。我们相信，这个对照将把它的独一无二的特点赋予我们的时代。①

在现代自然科学中，自然界是一个运动与静止、可逆与不可逆、有序与无序、必然与偶然等等统一在一起的有机整体。包括耗散结构理论、协同学、超循环理论等等在内的自组织理论，正愈来愈具体、愈深入地揭示出自然界演化发展、生生不息的内在机制。在这种情况下，像普利高津这样站在现代科学前沿的自然科学家对恩格斯的《自然辩证法》中所蕴含的辩证自然观和思维方式情有独钟，是完全可以理解的。

四 钱学森关于"现代科学技术体系"的构想

恩格斯的《自然辩证法》对于我国广大的科技工作者来说，并不陌生。在革命战争年代，不少科技工作者正是通过学习《自然辩证法》，进而接触马克思主义，直至走上了革命的道路。在和平建设时期，广大科技工作者自觉地以马克思列宁主义（包括《自然辩证法》）作为进行科学研究的指导思

---

① 伊·普利戈金等著：《从混沌到有序》，曾庆宏、沈小峰译，上海译文出版社，1987年，第304—305页。

想。我国著名科学家钱学森、周培源、钱三强、李四光、童第周、竺可桢等人都曾经反复强调必须坚持马克思主义哲学对现代科学技术的指导。这里，仅以钱学森为例略加说明。

钱学森坚持马克思主义哲学对科学技术工作的指导作用的观点，见诸文字者，数量颇多，而且非常系统。他关于"现代科学技术体系"的构想，是许多学者所共知的。

钱学森认为，现代科学技术体系是一个开放的矩阵式纵横交错的系统，最高层次是马克思主义哲学，也就是辩证法唯物论；最下面的层次是现代科学技术的10大部门；其间以各门具体科学的哲学概括为桥梁通向哲学，共同作为马克思主义哲学的基础和内容。具体说来，自然科学通向哲学的桥梁学科是自然辩证法；社会科学通向哲学的桥梁学科是唯物史观；数学科学通向哲学的桥梁学科是数学哲学；系统科学通向哲学的桥梁学科是系统论；人体科学通向哲学的桥梁学科是人天观；地理科学通向哲学的桥梁学科是地理哲学；军事科学通向哲学的桥梁学科是军事哲学；行为科学通向哲学的桥梁学科是社会论；文艺理论通向哲学的桥梁学科是美学。[①]

钱学森把自然辩证法作为自然科学与马克思主义哲学辩证唯物主义之间的桥梁学科，可见他对自然辩证法的地位作用的认识，是从现代科学技术体系的整体着眼的，是站在科学与哲学相互关系理性思考的高度，从而达到了完全自觉的境界。他还结合自己的体会，谈了恩格斯、列宁、毛泽东关于物质结构无限层次性的思想对科学研究的指导作用。他说：

> 这样一个宇宙的形式，从小到大都是由物质组成的。不论是微观世界还是宏观世界的各个不同层次，都不过"是在分割的无穷系列中的一个关节点，它并不结束这个系列，而是规定质的差别。"但是在错误的哲学思想指导下的资产阶级科学家，却不认识这样一个基本的事实，他们硬要切断这个无穷系列，小也不许再小，大也不许再大，因而做出了许多荒谬的结论。"他们一点儿也没有少做哲学的奴隶，遗憾的是大多数都作了最坏的哲学的奴隶，而那些侮辱哲学最厉害的恰好是最坏哲学的最坏、最庸俗的残余的奴隶。"所以，我们还是要有正确

[①] 钱学森：《科学的艺术与艺术的科学》，人民文学出版社，1994年，第286页。

的哲学思想，也就是马列主义、毛泽东思想来指导我们的科学技术的发展。①

钱学森这里引用了恩格斯的两段话：前面一段话是恩格斯在1867年6月16日致马克思信中说的，收入《马克思恩格斯全集》第31卷，第309页；后面一段话见恩格斯的《自然辩证法》第68页。恩格斯在后面这一段话中，尖锐地批判了当时的某些自然科学家所持的错误哲学观点。这种状况在当时是容易理解的。由于社会历史的局限和科学发展自身水平的限制，近代的许多科学家带有明显的狭隘经验论的倾向，而且大多不懂得辩证法思维。在恩格斯《自然辩证法》手稿涉及的诸多著名科学家中，表现出能辩证思维的科学家，可以说是凤毛麟角；而现代著名的自然科学家中，富有辩证思维精神的，就有相当的普遍性。以上我们着重阐述的只是其中与《自然辩证法》的评价直接相关的少数几个代表。对于现代自然科学家哲学观点的总体分析，将留待下一章来进行。

第三节 《自然辩证法》的基本原理不会过时但要发展

恩格斯的《自然辩证法》是否已经过时和它是否仍然具有现实的意义，这是同一个问题的两种不同的提法。从前面的阐述中我们看到，《自然辩证法》中所论述的主题思想并没有过时；事实上，现代许多自然科学家在具体的研究工作中仍然遵循着恩格斯在《自然辩证法》中所阐发的辩证法的自然观和思维方法。这实际上已经回答了《自然辩证法》是否过时，还有没有现实意义的问题。现在我们再从总体上作些论述。

恩格斯是在撰写《自然辩证法》的过程中，抽出时间来集中地撰写《反杜林论》的。在《反杜林论》的哲学篇中，恩格斯利用了他在为撰写《自然辩证法》过程中所准备的部分成果。因此，《反杜林论》同《自然辩证法》这两本书的联系特别密切。在《反杜林论》的第二版序言（1885年）中，恩格斯对理论自然科学的发展同辩证思维的关系作了非常重要、相当精辟的论述，它有助于我们对《自然辩证法》理论价值的全面评价。

---

① 钱学森：《社会主义现代化建设的科学和系统工程》，中共中央党校出版社，1987年，第74页。

恩格斯说：

> 在自然界里，同样的辩证法的运动规律在无数错综复杂的变化中发生作用，正像在历史上这些规律支配着似乎是偶然的事变一样；这些规律也同样地贯穿于人类思维的发展史中，它们逐渐被思维着的人所意识到；这些规律最初由黑格尔全面地、可是以神秘的形式阐发的，而剥去它们的神秘形式，并从它们的全部单纯性和普遍性上把它们清楚地表达出来，这就是我们的目的。①

在唯物主义基础上，阐述辩证的自然观，这既是恩格斯撰写《反杜林论》的一个目的，也是他撰写《自然辩证法》的目的之一。因为这是创立完整的马克思主义哲学世界观的重要的不可缺少的组成部分。恩格斯在《自然辩证法》手稿中，通过对当时自然科学成果的哲学概括，丰富和发展了马克思主义哲学的一系列规律、范畴和原理。它第一次将唯物辩证法的主要规律概括为三条：质量互变、对立统一、否定之否定；第一次明确阐述了辩证逻辑的一些原理。只要马克思主义不过时，马克思主义哲学不过时，马克思主义的唯物辩证法、认识论和辩证逻辑不过时，《自然辩证法》也就不会过时。

恩格斯还说：

> 也许理论自然科学的进步，会使我的工作的绝大部分或全部成为多余的。因为单是把大量积累的、纯粹经验主义的发现予以系统化的必要性，就会迫使理论自然科学发生革命，这场革命必然使甚至最顽固的经验主义者也日益意识到自然过程的辩证性质。②

这就是说，随着理论自然科学进一步发展，自然界的辩证性质会不断地明显地暴露出来并为人们所认识。过去，人们总认为各种自然现象之间是孤立的有着明显的界线，它们之间的对立也是不可调和的带有绝对的意义。现在不同了，人们已经认识到各种事物之间的相互联系，认识到两极对立只有

---

① 《马克思恩格斯选集》第3卷，人民出版社，1972年，第51页。
② 《马克思恩格斯选集》第3卷，人民出版社，1972年，第51页。

相对的意义，它们之间是可以转化的。恩格斯指出，

> 这样的一种认识，构成辩证自然观的核心。大量积累的自然科学的事实迫使人们达到上述的认识；如果有了对辩证思维规律的领会，进而去了解那些事实的辩证性质，就可以比较容易地达到这种认识。无论如何，自然科学现在已发展到如此程度，以致它再也不能逃避辩证的综合了。①

恩格斯的这番话，一方面告诉我们自然科学的发展本身会迫使人们放弃形而上学，接受辩证法思想；另一方面又告诉我们，如果自觉地学习辩证法理论，有了对辩证思维规律的领会，那么，进而去了解客观事物的辩证性质就比较容易了。从前一种意义上说，理论自然科学的发展，的确会使恩格斯的理论工作大部分甚至全部"成为多余"；而从后一种意义上说，又不会"成为多余"了。对辩证法思维的领会与运用，本身既是一门科学又是一种艺术，它既不是天生的，也不是和普通的日常意识一起得来的，要靠训练，靠在实践中认真地学习。懂得了这个道理，就不会由于理论自然科学的发展本身可以使人接受辩证观点，从而认为恩格斯的理论工作是"多余"的了。相反地，就会像上面所提到的坂田昌一那样，认为恩格斯的工作是完全必要的了。

有了对辩证思维规律的领会，不仅能比较容易地理解客观事物的辩证性质，而且还能对科学的发展作出预见。恩格斯在《自然辩证法》中正是这样做的。他运用辩证唯物主义观点对当时自然科学发展中的一些重要问题，作出了很有见地的分析，提出了一些重要的科学预见。如机械运动中两种量度的争论的历史的总结；以及对原子可分、电运动的物质基础、放射到太空中的热能的重新集结、物理学和化学之间边缘科学的发展、人工合成蛋白质的可能、非细胞生命的存在等等作出了预见。这些预见在以后的科学发展中得到了证实。这也从另一个侧面说明了《自然辩证法》对现代自然科学发展的指导作用。

恩格斯在《自然辩证法》中所做的，不只是对当时自然科学的发展进行归纳和总结，而且是开辟了一个新的领域，创立了一个新的学科。恩格斯

---

① 《马克思恩格斯选集》第3卷，人民出版社，1972年，第54页。

在书中阐述的丰富思想，为马克思主义的自然观、自然科学观、科学方法论和科学社会学的研究奠定了理论基础，指明了方向。本书第一章所阐述的自然辩证法的学科体系，正是在恩格斯《自然辩证法》所奠定的理论基础上开拓前进的结果。没有恩格斯的《自然辩证法》，哪来今天自然辩证法研究的新的繁荣局面？

当然，自然辩证法研究工作的任务是极为艰巨的。因为它所面对的是自然界和自然科学，自然界的领域是广阔的、漫无边际的；自然科学的发展也是迅速的、巨大的。这正如恩格斯早就描写的那样：

> 要系统地并且在每个领域中都来完成这一点，却是一件巨大的工作。不仅所要掌握的领域几乎是漫无边际的，而且就是在这整个的领域中，自然科学本身也正处在如此巨大的变革过程中，以致那些即使有全部空闲时间来从事于此的人，也很难跟踪不失。[①]

在这种情况下，《自然辩证法》中的某些提法和相当部分的具体材料（例如，"以太粒子"、"生命是蛋白体的存在方式"的提法，以及宫原将平在上述与恩格斯"虚拟"会见记中所指出的那些不足之处），随着自然科学的发展，肯定会成为陈旧、过时的东西而必须加以抛弃。但是，书中阐述的基本原理、基本方法仍然对现代自然科学的理论研究，具有现实的指导意义。当然，即使是这方面，也还要根据现代自然科学的发展而不断丰富和发展。

---

① 《马克思恩格斯选集》第3卷，人民出版社，1972年，第53页。

第十章
自然辩证法的丰富与发展

恩格斯在马克思的合作下所创立的自然辩证法，是一个开放的体系。它将随着科学的进步和实践的发展，而不断地得到丰富和发展。为此，必须认真地研究和概括现代科学技术的伟大成就和提出的种种新课题；批判地吸收现代西方科学哲学各个流派中的合理的研究成果；继续巩固和进一步发展哲学家和自然科学家的联盟。只有这样，才能把恩格斯所开创的伟大事业，继续推向前进。

第一节 现代科学技术的进步和自然辩证法的发展

20世纪的科学技术同19世纪相比较，无论在广度和深度上都是不可同日而语的。它的发展激动人心，绚丽多彩，是科学历史上最为壮丽的篇章。它不仅极大地推动了生产力的发展和经济社会的进步，而且也不断地丰富和发展了自然辩证法。

一 20世纪科学技术的伟大成就

19世纪末、20世纪初，随着电子、伦琴射线和放射性等的发现，出现了物理学的危机和革命。为了解决经典理论不能解释的黑体辐射问题，德国物理学家普朗克（M. Planck，1853—1947）提出能量的量子化观念。爱因斯坦于1905年创立了狭义相对论，1916年又创立了广义相对论。在爱因斯坦的光量子论（1905年）和丹麦青年物理学家玻尔（N. Bohr，1885—1962）的量子化的原子理论（1913年）的基础上，德国的海森堡（W. K. Heisenberg，1901—1976）和奥地利的薛定谔（E. Schrodinger，1887—1961）于1925—1926

年建立了量子力学。相对论和量子力学是现代物理学的两大基石。相对论是原子内部的微观物理学的基础，也是天体物理学和宇宙学的理论基础，它的创立是物理科学的第四次大综合。量子力学的创立，成功地揭示了微观物质世界的基本规律，从而完成了物理科学的第五次大综合。相对论与量子力学的结合，又产生了相对论量子力学、量子场论等一系列新学科。

20世纪微观物理学研究的重大成就还表现在物质微观结构理论的进展。继1919年英国物理学家卢瑟福（E. Rutherford，1871—1937）发现质子后，英国物理学家查德威克（J. Chadwick，1891—1974）于1932年发现了中子。这样，人们的认识在突破了原子层次之后，又突破了原子核层次，认识到原子核是由质子与中子组成。接着，又陆续发现了其他一些基本粒子。许多高能物理实验表明，基本粒子并不基本。于是，基本粒子内部结构和自然界存在的引力作用、电磁作用、弱相互作用、强相互作用这四种相互作用是否能统一的问题，成为物理学研究的前沿。1949年美国物理学家费米（E. Fermi，1901—1954）和杨振宁提出了关于基本粒子的复合模型，1955年坂田昌一提出了强子结构的复合模型，1964年美国物理学家盖尔曼（M. Gell-Mann，1929—）提出了强子结构的"夸克模型"，1965—1966年中国高能物理学家朱洪元、胡宁等提出了强子结构的"层子模型"。60年代后期以后，陆续出现的弱电统一理论、量子色动力学以及大统一理论，把人们的认识又向前推进了。

物理学的革命在整个科学技术领域引起了连锁反应，诱发了天文学、地学、化学、生物学等学科的相继革命，使这些学科从原来的经典时期进入了现代时期。

现代物理学的理论和方法渗透到天文学中，产生了现代的天体物理学和宇宙学。它的研究范围在空间上已经大到近200亿光年的距离；相应的，在时间上也已追溯到近200亿年以前天体的状态。而且，人们对地球、恒星、星系等不同层次的天体的起源和演化的认识也进入了一个新的阶段。40年代末，美国物理学家伽莫夫（G. Ganov，1904—1968）提出了"原始火球"模型的"大爆炸宇宙论"。60年代中，人们又有类星体、脉冲星、$3°K$微波背景辐射和星际有机分子的发现。微波背景辐射的发现和氦丰度的测定，有力地支持了伽莫夫的学说。

现代物理学的理论和方法渗透到地学后，产生了地球物理、地球化学、同位素地质学等新学科，使人们在认识地球的表层及深层结构及其属性方面取得了新的进展。在海洋地质学发展的基础上，1912—1915 年德国气象学家魏格纳（A. L. Wegener，1880—1930）提出了大陆漂移学说；1961 年美国学者赫斯（H. Hess，1906—1969）和迪茨（R. S. Diets）分别提出了海底扩张学说；1968—1969 年美国学者勒比雄（X. Le Pichon）、摩根（J. Morgen）和英国学者麦肯齐（D. P. Mckenzie）等人先后把上述学说结合起来提出了新的大陆漂移学说——板块构造学说。它冲破了传统地质学所主张的僵化的地球"固定论"的束缚，向着地球"活动论"迈出决定性的一步，从而促进地质科学的发展。

现代物理学的理论，特别是量子力学渗透到化学后，产生了结构化学、量子化学、核化学和高分子化学等新的学科。化学已从原来的宏观领域，走向微观领域；从经验性为特征，走向理论性为特征；从研究分子静态，走向研究分子动态。化学键理论的成功和分子工程学的产生，使人们能像建筑家设计高楼大厦那样，设计出人类所需要的多种分子。

现代物理学的理论和方法渗透到生物学后，形成了生物物理、生物化学等新学科。40—50 年代，生物学取得了三大重大发现：美国生化学家比德尔（G. W. Beadle）和泰特姆（E. L. Tatum，1909—1975）发现"一个基因一个酶"，弄清了基因与酶的关系；埃弗里（A. G. Avery，1861—1955）、麦克劳德（C. M. Mac Leod，1909—1972）和麦卡蒂（M. Me Carty）发现了 DNA 是携带遗传信息的载体；美国生物化学家沃森（J. D. Watson）和英国物理学家克里克（F. Crick）建立了 DNA 分子的双螺旋结构的模型。而 DNA 分子的双螺旋结构模型的发现，标志着分子生物学的产生。随着分子生物学的发展，现代生物学向经典生物学提出了新的挑战。本村资生于 1968 年提出分子进化的"中性说"，认为分子进化的速率是由中性突变的速率决定，中性突变按照一定的几率通过遗传漂变而发生进化，形成新种。1954 年，伽莫夫又提出了"三联遗传密码假说"，人们在此基础上，到 1969 年将 64 种遗传密码破译完毕。遗传密码的破译为遗传工程开创了有利条件。这是现代科学继物理学革命之后，又爆发的一场引人注目的生物学革命。从此，人类由认识与利用生物的时代，进入了改造与创建新生物的时代。

20 世纪科学发展的诸多重大成就中，系统科学的崛起是最激动人心的。从 20 年代迄今，现代系统科学从无到有，由浅入深，已发展成为一个拥有众多学科的科学群。其中包括美籍奥地利生物学家贝塔朗菲（L. V. Bertalanffy，

1901—1972）在《关于普通系统》（1945年）一书中提出的系统论；美国数学家维纳（N. Wiener, 1894—1964）在《控制论》（1948年）一书中提出的控制论；美国数学家申农在《通信的数学理论》（1948年）和《在噪声中的通信》（1949年）中提出的信息论。此外，还有普利高津创立的耗散结构理论；法国拓扑学家托姆（R. Thom）创立的突变理论；德国物理学家哈肯（H. Haken）创立的协同学（Synergetics）；德国物理化学家艾根（M. Eigen）创立的超循环理论等。现代系统科学的产生和发展来源于现代科学技术，但它一经产生又反过来深刻地改变了现代科学的面貌。它不仅改变了现代科学的总体结构，为现代科学的整合奠定基础，是现代科学技术新的生长点；而且，还给现代科学提供了新的世界观和方法论，促使人类的科学图景的新变化。

20世纪初期，由于汽车的大量生产（1908年开始），飞机的发明（1903年）和无线电电子学（1906年发明三极电子管）的迅速成长，第二次技术革命继续向纵深发展，工农业生产水平都大为提高。40年代以后，由于出现了原子能工业（1942年）、电子计算机（1946年）和空间技术（1957年），开始了第三次技术革命。这场革命从40—50年代后，继续向广阔和纵深两个方面继续发展。70年代以后，又发展到一个新的阶段，出现了更多的技术领域，形成了以微电子技术为带头技术，包括激光与光导纤维通讯、新材料、新能源、空间技术、海洋工程、生物工程等在内的新兴技术群。这场新技术革命其规模之大，发展速度之快，内容之丰富，影响之深远，都是前所未有的。这场技术革命充分表明，科学对生产技术的指导作用，比以往的任何时期都更加突出了。科学的应用主要的已不仅在于发展单项技术，而且在于开辟新的技术领域，建立完全新型的工业。例如，由原子核物理学产生原子能工业，由数理逻辑和电子学产生电子计算机，由流体力学、材料科学和电子学产生空间技术，由固体物理学产生（半导体）电子技术，由量子论产生激光技术，等等。任何重大新技术的出现，不再来源于单纯经验性的创造发明，而来源于系统的综合的科学研究。

二 自然辩证法在现代的丰富与发展

现代科学技术的一系列重大成就，不仅促进了现代生产力的发展，推动着社会的各方面的进步；而且，它还在各个方面丰富和发展了恩格斯在19世纪所创立的自然辩证法。恩格斯曾经说过，"随着自然科学领域中每一划时代的发现，唯物主义也必然要改变自己的形式"。① 列宁也说过，"现代物理学是在临产中。它正在生产辩证唯物主义。"② 现代科学技术的发展，证实了恩格斯、列宁的上述论断。当然，伴随着现代科学而产生的，虽然不会像从前由形而上学唯物论到辩证唯物论那样的根本性质的变革。但是，由马克思和恩格斯在19世纪所创立的辩证唯物主义的自然观、科学技术观以及科学认识论和方法论，还是发生了一系列非常重大、十分深刻的变化。

在自然观方面，相对论的建立，标志着人类对物质、运动、空间、时间及其相互关系的认识达到了新水平。狭义相对论否定了绝对的时空观和绝对的同时性，揭示了运动与时空联系，运动与质量联系，以及质能（$E=mc^2$）联系。广义相对论进一步揭示了物体运动的物理本质与时空几何结构的统一性。量子力学的建立，标志着人类对自然界的认识，从宏观世界进入微观世界的领域。它从理论上描述了波粒二象性，说明实物与场的统一性，找到了描述微观粒子运动的基本规律（薛定谔方程）。人们还了解到微观世界的不连续性和运动规律所遵循的统计性（波函数平方的几率意义），从而对物质微观结构及其运动规律有了更深刻的认识。现代物理学把四种相互作用的统一问题的研究作为主攻方向之一。弱—电统一理论的提出及其取得满意的实验检验，是继牛顿把天上的力和地上的力统一起来，麦克斯韦把电力和磁力统一起来之后的第三次相互作用的统一。特别应该指出的是，薛定谔在《生命是什么?》（活细胞的物理学观）（1944年）中，探讨了生命现象的物理基础。他把生物有机体也看作微观粒子的一定的组织状态，服从于严格的量子力学定律。这样，也把存在于无机自然界的连续场的思想，推广到有机生物学的领域。在上述种种理论的背后，存在着自然界是和谐统一、具有严格对称统一的数学结构的信念。

但是，量子力学和分子生物学的成就，又把自然界的随机变化、偶然性的重大作用等呈现出来了。海森堡的"测不准原理"的提出以及整个量子力学的建立都充分地表明，通过各种事件发生的几率，来描述客观世界运动的规律性，是物质的更高级的运动形式所遵从的法则，决不能把它还原为简单的动力学规律。机械决定论只是决定论的一种形式，不能把几率决定论看作是非决定论而加以反对。现代分子生物学基于对遗传机制的微观研究，根

---

① 《马克思恩格斯选集》第4卷，人民出版社，1972年，第224页。
② 《列宁选集》第2卷，人民出版社，1972年，第319页。

本改变环境选择的被动进化观,确认进化本身没有终极目的,而且有随机性。在进化的分叉点上,机体偶然的主动的行为选择,起着决定作用。莫诺(J. Monod,1901—1976)在《偶然性与必然性》(1971年)中,把偶然性看作是进化的基础和源泉。DNA的不连续的跃迁式的变化,完全是一种偶然性的事件,事先无法预测。因此,进化不是潜藏在宇宙结构中的预定程序的展现,而是一种纯粹偶然的巧合。虽然莫诺有过分夸大偶然性的错误观点,但整个现代生物学的成就,却生动地揭示了偶然性与必然性相统一的不断创新的生物进化的崭新图景。现代分子生物学证实和丰富关于遗传变异决定生物发展的观点,揭示遗传的实质在于DNA的自我复制,而变异的实质在于DNA的碱基排列的变化,从而为生物的无穷无尽的多样化的发展提供了内在的根据。生命现象是核酸与蛋白质这种分子体系所表现出来的特殊运动形式,从分子的层次研究生命现象,承认物理化学规律对生命研究的作用,但又不能把生命现象完全归结为物理化学现象。

现代系统科学的创立,在现代科学水平上发展了辩证的有机的自然观。系统论把过去以实体为中心的自然观,转变到以系统为中心的自然观。过去,人们着眼于客观事物的要素;现在,人们更注重的是各种要素之间的关系。控制论填平了无生命的机器和有生命的动物之间的传统鸿沟,用功能的观点分析了负反馈与目的行为的等价关系,指出"一切有目的的行为都可以看作需要负反馈的行为",从而为将生物系统的规律转移到技术系统中打通了道路。机械论在结构上把动物和人等同于机器的观点,已被哲学思维发展历史所抛弃;控制论却在功能上重新把动物和人同机器进行类比,寻找两者之间的统一性,这是科学技术的进步,也是哲学观念的发展。19世纪时,恩格斯根据当时的科学水平,着重论证了物质与运动的密切联系和不可分离;现代信息论却揭示了自然界中信息的重要地位,信息和物质、能量三者都是现代文明的重要支柱,物质、能量、信息这三者互相联系,缺一不可。不仅在无机界中,信息的运动至关重要;而且,在生物体内的化学变化中,除了分子结构和能量的变化之外,还有信息量的变化。这就在更高层次上揭示了生命运动的内在统一性。19世纪时,热力学第二定律揭示了在无机界的孤立系统中,存在着熵增大的不可逆过程,系统将从有序走向无序,趋于热平衡。而达尔文却与之相反,进化论揭示了在有机生命界,存在着从简单到复杂、从低级到高级、从无序到有序的进化过程。长期以来,人们对这个热力学第二定律与生物进化论之间的矛盾现象得不到合理的解释。信息论告诉我们，信息量与负熵存在着数学形式上的一致性。这就预示着解决上述矛盾的逻辑思路。普利高津的耗散结构理论指出，一切开放系统在远离平衡态的条件下，在与环境进行的物质与能量的交换中，能够得到大量的负熵流（信息流），从而抵消了系统自然增熵的过程，在混乱中进行自我组织，建立某种有序结构。因此，非平衡是有序之源。这样，耗散结构理论在不违反热力学第二定律的条件下，解决了退化与进化的矛盾。哈肯的协同学还进一步说明，只要系统内部要素之间的协同作用建立起来，就能发生系统的自组织过程，使系统将能量集聚于结构之中，使之有序化。艾根则通过超循环理论，揭示了从无生命到生命的进化问题，证明"进化原理可以理解为分子水平上的自组织"，可以"从物质的已知性质导出达尔文原理"。上述研究成果充分说明，自然界在其发展中，可逆与不可逆，平衡与非平衡，有序与无序，偶然与必然，进化与退化都是相互依存、相互转化的。自然界正是由于这种自我调节与自我组织，才能在随机变化的过程中，形成一个和谐统一的有机整体。

在科学认识论与方法论方面，由于现代科学技术的发展而出现了一系列新的特点和新问题。现代自然科学不存在什么纯粹的自然观问题，人们对自然的认识总是要受到认识主体和被认识的客体之间的关系的限制和约束，受到认识主体的能力、水平的限制和约束。量子力学创立的哲学意义不仅在于它揭示"波粒二象性"、实物与场的统一，从而为对立统一规律的普遍性提供了新的证明；而且，它还把认识过程中主客体的相互关系、主体的能动性以及观察仪器的作用，作为认识论的问题突出地展示在人们面前。在经典科学时代，笛卡尔有句名言，认为人"在世界上所演出的一切喜剧中，只作观众而不作演员"。而玻尔却提出了与此不同的主张。他认为人"在现实戏剧中，既是演员又是观众"。这是对待人与自然的相互关系、认识主体与认识客体的相互关系的两种截然不同的态度。笛卡尔的话，表达的是经典科学的静观性；而玻尔的看法则反映了现代科学对认识主体的重视与强调，是主体的能动性的生动写照。在认识微观客体的过程中，人所选择的仪器装置同客体之间存在着某种限度的不可控制的相互作用，决定了人对微观客体的行为的认识具有不确定性。这正表明，人在自然界的舞台上，不仅是观众，而且是演员，人只能在主体同客体的相互作用中整体地认识自然现象。在经典决定论的意义上，科学认识主体对于客体没有主动性可言，它只能在被动的状态下，对客体进行毫无干涉的直观，从而给出一个不受任何主体"污染"

的观察记录，并在此基础上对理论作机械决定论式的诠释。但是，在量子测量过程中，由于认识对象、仪器和认识主体的统一性和相关性是不可分割的，认识主体及其背景知识作为一个不可缺少的要素，存在并影响着测量过程的展开及其特定的结果。在这种情况下，认识主体作为演员和观众的统一，正是认识主体的能动作用的一种表现。这也决定，理论的诠释不应是静观的、单值的决定论的阐述，而应从各个测量要素的整体上来进行。1927年玻尔所提出的"互补原理"其重大的认识价值，正在于此。

现代科学认识过程中，认识环境和认识条件也具有重要的地位和作用。相对论指出，牛顿力学的绝对空间和绝对时间的参考系是不存在的，物体的长度、事件的时间间隔以及物体的惯性质量等，都要依赖于所选取的参考系。在不同性质和不同运动状态的参考系中，空间、时间、质量这三者的观察效应是不相同的。这里所说的参考系的选择，也就是认识环境和认识条件选择的一种形式。

随着现代科学的发展，科学所面对的实在对象，已远离人们日常的直接经验。科学理论愈来愈具有抽象化和公理化的特点。科学理论体系的建构，不是依靠对大量实验进行的归纳，而是在少数实验或事实的启发下，主要靠背景理论和知识的导引，凭借高度的理性分析和逻辑推理，凭借思维的"自由创造"。从这个意义上说，理论创造是逻辑过程的中断，是思维活动的一种"跃迁"。这种高度抽象化的理论也不能用实践来直接检验，只有在公理化的体系中演绎出各种合题或推论后，才可进行实践的验证。无论相对论，还是量子力学，都具有这种特点。这正如玻尔所说的：

> 尽管在引起相对论发展和引起量子论发展的那些物理问题之间有很多差别。但是，相对论论证和互补性论证之间的一种纯逻辑方面的对比将使人们看到，在放弃客体的惯常物理属性的绝对意义方面，这二者是有着一些显著的类似点的。[1]

这里所说的它们的共同特点，是指都要"使用不能直接用具体想象的符号"。现代科学的这种特点表明，概念是思维的自由创造，理论的创造并不像培根所推崇的蜜蜂酿蜜，而是正像他所贬斥的蜘蛛编网，即基于经验的大

---

[1] 玻尔：《原子物理学和人类知识》，商务印书馆，1978年，第71—72页。

胆想象。因此，爱因斯坦强调，科学概念的提出是一种发明，而不是发现。当然，这样说，并不意味着创造性和想象力是主观任意的虚构和幻想。实际上，它是认识主体能动性的表现，是科学理论形成的决定性因素。从现代科学的认识论中我们看到：一方面理论与经验的关系比以往更加密切了，经验过程包含着理论认识活动，而理论认识又包含着经验的内容，不存在有什么"中性"的观察和其他的感知过程；另一方面，理论与经验之间的关系更加间接了，也更复杂了。两者之间不存在直线的、单向的因果关系，而是呈现出非线性的、多角度和多层次的复杂关系。现代自然科学家愈来愈需要摆脱近代科学家所普遍存在着的狭隘的经验主义倾向，而代之以对理性思维的重视，和由此而来的主体创造性的有效发挥。正因为这样，现代科学方法论的研究中，愈来愈重视对非逻辑思维的研究。想象、灵感、直觉这些过去视为禁区的研究课题，已堂而皇之摆上研究的日程。所有这些，都反映了对创造性思维的本质及其特点、机制的研究力度，愈来愈增强了。

现代系统科学的创立为现代自然科学研究提供了一整套与传统方法不同的新方法。传统的科学方法强调分析，坚持在分析的基础上的综合。这种综合，也许只是一种机械的组合。现代系统科学强调整体性和综合化，争取达到整体上的优化。它从"整体大于部分的总和"的观点出发，坚持系统分析与系统综合的高度结合，要求把所研究的对象看作是有机的整体，看作是复杂的系统。现代系统科学所提供的系统分析法、信息方法、反馈控制方法、黑箱方法、功能模拟方法、系统规划方法等，为现代科学研究增添了新的思维工具，极大地丰富了科学方法论的原有内容。

电子计算机的广泛使用和人工智能的不断发展，不仅是人手和感觉器官的延长，而且是人脑思维器官的延长，是人类智力的解放。人工智能的出现对科学认识论带来了空前而深刻的影响，并提出了诸如人脑与电脑、认识主体与认识客体等一系列新的问题。人类认识史发展到今天，使得科学认识的产物反过来又成为科学认识的对象，这在认识论上不能不算是一种巨大的突破。现在摆在人们面前的尖锐问题是：机器有没有人的智能？在横向上，它能否全部模拟人的思维？在纵向上，它能否模拟人类无限发展着的思维？特别是，它能否模拟人的辩证的思维和创造性思维，是否能超过人脑而使人成为机器的奴隶？与此相联系的问题是：人工智能、机器人是否能成为独立的认识主体，能否出现"人—机"认识主体？这些问题既是计算机科学的问题，也是哲学认识论的问题。我们不应该，也不必要给人工智能的发展设置限制和障碍，不能低估人工智能的重大的认识作用和社会功能；也不宜无限夸大它的作用，以至走到极端的地步。机器模拟思维的过程，实际上是模拟人脑中的信息传递和变换的过程。因此，机器能够模拟人的思维到达什么样的程度，首先取决于人们究竟在什么样的程度上把这些信息的传递和变换过程加以形式化、数学化和符号化。这一点是毫无疑义的。

在科学观和技术观方面，现代科学技术的迅猛发展给于它所带来的影响，比以往任何时期都更加深刻、更加巨大。

现代科学技术的发展，一方面高度地分化，学科愈来愈多，分工愈来愈细；另一方面又高度地综合，边缘学科、交叉学科、整体性学科、横断学科的出现，使得现代科学技术日益出现整体化的趋势。科学与技术之间、科学技术与经济社会之间的关系，空前地密切了；科学技术与生产的相互结合已成为一个辩证统一体；而科学日益社会化和社会日益科学化已成为不可逆转的历史趋势。由于现代科学技术的巨大进步，人们心目中的自然界，早已不只是过去的那种天然的自然，而且还包括人化自然和人工自然在内。因此，天然自然与人工自然的关系问题的提出，标志着科学技术的研究，已经突破了原来的界限，使自然科学与社会科学、自然与社会的关系发展到一个新的阶段。早在19世纪40年代，马克思就这样说过：

> 历史本身是自然的历史即自然界成为人这一过程的一个现实部分。自然科学往后将包括关于人的科学，正像关于人的科学包括自然科学一样：这将是一门科学。[①]

马克思逝世后整个世界科学技术发展的趋势，证明了这个论断的无比正确性。自然科学与社会科学的汇合而成的洪流，正猛烈地冲击着科学思想的各方面，还将引起了科学技术观的深刻变革。

马克思主义的创始人一贯重视科学技术的社会功能，高度评价它在发展经济，促进社会变革和提高人的思想素质方面的巨大作用。马克思早就指出，"生产力中包括科学"，机器生产发展要求人们自觉地应用科学。20世纪以来，科学技术的发展一日千里，日新月异，高科技领域的一个突破就可以带动一批产业的发展。21世纪，将是高科技发展的世纪。邓小平在1978

---

① 《马克思恩格斯全集》第42卷，人民出版社，1979年，第128页。

年召开的全国科学大会的开幕式上,就明确指出,社会生产力的巨大发展,劳动生产率的大幅度的提高,最主要的靠科学技术的力量。1988年,他根据科学技术在当代发展的新形势和对我国现代化建设的新要求,深刻地概括出"科学技术是第一生产力"的著名论断。它继承了马克思的观点,又发展了马克思的观点,反映了科学技术观在当代的发展。

当然,我们还应该看到,科学技术的发展是一把双刃剑。在不合理的社会制度下,或在错误的政策导向下,科学技术也可能给社会的全面发展,生态环境的优化以及人类伦理道德的进步,带来负面的影响。20世纪以来,愈来愈多的有识之士深刻地认识到,对科学技术的发展像罗马俱乐部那样,持悲观主义的观点固然是不对的;而盲目地乐观也不足取。应该看到科技发展、经济增长对生态环境、自然资源所带来的问题。"可持续发展"的战略方针正是在这种背景下提出的。从1972年联合国在瑞典的斯德哥尔摩召开的人类环境会议,提出"只有一个地球"的口号,通过《人类环境宣言》,到1992年联合国在巴西召开的环境与发展大会及其通过的《里约宣言》和《21世纪议程》,反映了全人类在这个问题上的共识。我国所编制的《中国21世纪议程》,既是对世界各国所作的庄严承诺,也标志着"可持续发展"作为战略原则,在建设有中国特色社会主义的伟大事业中所处的重要地位。

第二节 吸收现代西方科学哲学研究中的积极成果

现代物理学、现代逻辑学在现代工程技术中得到了越来越广泛的应用,但在理论形态上却采取了极其抽象的数学形式,这就提出了自然科学认识论和方法论方面的一系列哲学问题。而现代西方科学哲学对此进行了研究,并作了相应的哲学概括。我们应当批判地吸收其中的积极成果。

19世纪末、20世纪初,奥地利物理学家、哲学家马赫(E. Mach, 1838—1916)、法国物理学家彭加勒(J. H. Poincare, 1854—1912)和法国科学史家杜恒(P. M. M. Duhem, 1861—1916)等人在各自的著作中,阐述了科学哲学的观点。随着就是英国哲学家罗素(B. Russell, 1872—1970)和维特根斯坦(L. Wittgenstein, 1889—1951)等人所开创和推动的逻辑经验主义运动,促进了科学哲学的蓬勃兴起。后来的发展可分为以下几个阶段:(一)逻辑实证主义和理性批判主义(20世纪20—50年代);(二)历史主义学派(50年代末至60年代末、70年代初);(三)新历史主义学派(70年代以后)。

一 逻辑实证主义和批判理性主义

逻辑实证主义,又名逻辑经验主义,核心是维也纳学派。其代表人物有石里克(M. Schlick,1882—1936)、卡尔纳普(R. Carnap,1891—1970)、艾耶尔(A. Jules)、赖欣巴哈(H. Reichenbach,1891—1953)、亨普尔(C. Hempel)等人。1936年石里克去世后,卡尔纳普被公认是这个流派的领导人。逻辑实证主义继承和发展西方哲学中的经验论的传统。它以数理逻辑的方法对科学知识的结构作静态的逻辑分析,所以又被称为逻辑主义的科学哲学。它的理论基石是"经验证实原则",认为任何命题只有表述经验内容,并能被经验证实或证伪才有意义,否则就是没有意义的。据此,他们反对形而上的学问,主张把它从科学中清除出去。逻辑实证主义者说:"命题的意义是它的证实方法"。根据这个原则,了解一个命题的意义,必须首先了解什么才能使它为真,即通过什么条件被证实为真,才能确定它的真或假,因而也才能了解它的意义。逻辑实证主义者的这个可证实性的意义标准,在受到了国际分析哲学界的严厉批评后,从20世纪30年代末开始,用"可确认性"或"可检验性"来代替可证实性的提法。后来,逻辑实证主义因不能适应新的科学技术革命的形势而迅速衰落,代之而起的是批判理性主义学派。

批判理性主义的创始人是英国籍科学哲学家波普尔(K. R. Popper)。这个学派继承和发展了西方哲学中的唯理论传统,并力图把它同现代科学结合起来。波普尔深受爱因斯坦及其相对论的影响,认为可证伪性是科学的不可缺少的特征。凡是不可能被经验证伪的命题,都属于非科学的命题。他反对逻辑实证主义的经验证实的分界标准,指出伪科学(如占星术等)也是关于经验的陈述,也可能被经验证实。他还认为,形而上学并不是无意义的,它对于科学有指导和启发的意义。波普尔反对逻辑实证主义关于科学理论来自对经验归纳的观点,认为科学的增长是通过猜测和反驳发展的。理论不能被证实,只能被证伪,因而他的理论又被称为证伪主义。

波普尔提出的科学知识增长的模式是:$P_1 \rightarrow TT \rightarrow EE \rightarrow P_2$……即从问题($P_1$)开始,根据问题提出大胆的尝试性的猜测,即假设或理论(TT),各种理论互相竞争,新理论经受经验的检验而得到暂时的确认,但不是被证实,并最终被证伪(EE),之后,科学又面临新的问题(P_2)。如此循环往复,从而不断提高理论逼近真理的程度。50年代以后,波普尔研究的重点转向本体论。他和艾克尔斯合著《自我及其脑》，提出了关于"三个世界"的理论。其中世界1是物理世界，包括物理对象和状态；世界2是精神世界，包括心理素质、意识状态、主观经验等；世界3是客观知识世界，包括一切见诸于客观物质的精神产品，如语言、神学、文学、艺术、科学以及技术装备等。波普尔认为上述三个世界是同等实在的，而且同等地相互作用的：世界1和世界2相互作用，世界2和世界3也相互作用，世界3与世界1则通过世界2相互作用。由于他的论述中存在着许多混乱与不妥，因而，引起哲学界和科学界的热烈争论。但不管怎样，他把世界3从世界2中划分出来，包含着很有价值的创见。它为我们了解精神的本性，把握自我，提供了一种类似客观科学的研究手段；为增进对精神产品的理解，解决精神和脑的关系，提供了新的思路；它还是人类精神不死的见证，对人类的生存和发展，也具有重大的意义。

波普尔把科学看成一个永不止息的动力学系统，把问题看作科学发展的动力，强调科学发展是一个不断革命的过程，强调发挥思维的能动作用，强调革命的批判精神，充分肯定意识和意识现象发展的内在规律性，等等。这些观点，反映了20世纪科学革命中知识增长的动态特征，有其合理之处，应该给予肯定。但他否认科学知识的继承积累，否定观察、实验在科学认识中的地位和作用，忽视了证实与证伪在实践检验中的对称性与复杂性，片面否定归纳法的作用，把意识内容的客观性夸大为意识本身的客观性和实在性，等等。这些都是片面的，错误的。如果说，逻辑实证主义受马赫主义的影响，把经验看作主观感觉的直接报道；那么，批判理性主义则在科学知识的来源问题上，接受了康德"理性给自然立法"的先验论观点，认为普遍性和规律性不是来自自然界，而是来自人的理性。

波普尔的哲学思想在西方发生过较大影响，它是西方科学哲学中从逻辑实证主义演变到历史主义学派的中间环节。

二 历史主义学派

历史主义学派在前一阶段逻辑实证主义与批判理性主义对立的基础上，特别强调从科学与社会的关系中，从科学发展的历史事实中，研究科学发展的规律性。他们认为科学哲学的研究要与科学史的研究相结合。在研究科学史时，既要研究科学思想自身的发展；又要研究社会诸因素对科学发展的影响。这个学派的主要代表有：库恩（T. S. Kuhn）、拉斯托斯（I. Lakatos,

1922—1974）和费耶阿本德（P. K. Feyerabend）。

库恩是美国科学史家、科学哲学家，他在《科学革命的结构》（1962年）一书中，系统地阐述了一种从西方看来十分新颖的科学观。他把科学看作一定的"科学共同体"按照一套共有的"范式"所进行的专业活动。他所说的"范式"（Paradigm）是指建立在具体的科学成就上的、科学共同体的共有的信念，包括思想框架、具体范例、发展道路和工作方式等。由此出发，他提出的科学发展的动态模式是：前科学→常规科学→反常→危机→科学革命→新的常规科学……这里所说的"前科学"，是指尚未形成该学科"范式"的原始科学阶段。在他看来，科学首先是在"范式"支配下，为解决"范式"所提出的"疑点"的高度定向的研究活动，这是科学的常规活动。只有当已有的"范式"不足以应付新的问题的挑战时，这个常规的发展才会暂时中断，科学便因此陷入危机，最后导致新"范式"取代旧"范式"的科学革命。在他看来，科学发展的模式，既不是传统归纳主义的"渐进积累"，也不是波普尔的"不断革命"，而是新旧"范式"不断更替、常规科学和科学革命的相互交替。因此，科学既要有收敛式的思维，又要有发散式的思维，并要在两者之间保持必要的张力。他认为，科学发展和选择的过程，并不等于科学的逻辑论证过程。一种新的理论的提出和评价，首先取决于整个社会文化背景、科学共同体的偏好以至于科学家的个人癖性等因素。这样，他就把科学从认识论范畴，放大到人的社会活动及其历史发展过程的范畴，有力地补充了传统逻辑主义之不足。但他在一定程度上把科学的发展历史同科学的逻辑论证对立起来，认为不同的"范式"只是应付不同问题的工具，它们在逻辑上是不可通约的；"范式"的转换是"格式塔"式的心理转变。库恩的科学发展模式在一定程度上反映了科学发展历史过程中实际存在的量变和质变、肯定和否定的辩证关系，从理论形态上表达了科学家们朴素的科学革命观，这对人们理解历史上的科学革命是有启发的。但他在认识论方面，只承认知识的相对性，否认科学的客观真理性，从而陷入了相对主义和主观主义；在"范式"的产生和转换问题上，夸大了灵感、直觉的作用，带有比较浓厚的非理性的色彩。

拉卡托斯是出生于匈牙利的数学哲学家、科学哲学家。他不以推广、应用波普尔的思想为满足，提出了一种有独到见解的科学研究纲领方法论。他认为，科学中的基本单位和评价对象，不应是一个一个孤立的理论，而应是在一个时期中由一系列理论有机构成的研究纲领。因此，任何个别的理论是谈不上被经验证实或者证伪。研究纲领是以下列几个相互联系的部分组成：

（1）由最基本的理论构成的"硬核"。它不容经验反驳；如放弃了它，就等于放弃了整个研究纲领。

（2）围绕在硬核周围的许多辅助性假设构成的"保护带"。通过对它的调整、修改，以消除研究纲领与经验事实的不一致。

（3）不准放弃或修改研究纲领的硬核的原则——反面启发法。

（4）丰富、完善和发展研究纲领的原则——正面启发法。

拉卡托斯认为，每个时代、每门学科并非仅有一种纲领存在，而是有不同的研究纲领的竞争。科学的发展，就是能对经验事实作出成功预言的进化的研究纲领，通过竞争，取代退化的研究纲领的过程。由此，他提出，这样的科学发展模式：科学研究纲领的进化阶段→科学研究纲领的退化阶段→新的进化的研究纲领取代退化的研究纲领→新的研究纲领的进化阶段……他认为，新纲领只有继承纲领的全部合理的经验内容，并有新的预见，才能取代旧纲领。由于拉卡托斯坚持了科学理论的整体性，肯定了科学研究纲领之间更替的先后连续性和继承性，较好地体现了科学发展中进化与革命、量变与质变的辩证统一，因而，他的科学研究纲领理论既不同于波普尔"不断革命"的模式，也不同于库恩把科学发展归结为非理性的信念变换的心理主义，它更合理、更全面，也更切合科学发展的实际。拉卡托斯认为，感性经验也不能证伪理论，只有一种具有更多经验内容或具有更大预见性的新理论，才能证伪理论并取而代之；因而经验预见性是科学与非科学的划界标准。拉卡托斯把波普尔的证伪主义看作是朴素的证伪主义，把他的证伪主义称之为精致的证伪主义。他强调预见对于科学的重要意义，这是他比波普尔和库恩进步之处，但他不了解预见性本身也仍需要实践的检验。而且，他断言一种理论当它处于进化阶段时是科学的，处于退化阶段时就是伪科学的；这样，他实际上混淆了科学与伪科学的界限，从而为费耶阿本德的科学虚无主义打开了方便之门。

费耶阿本德是美国科学哲学家，他把波普尔、库恩以及拉卡托斯思想的某些相对主义，非理性主义的因素，发展到了极端，从而构成一种"无政府主义的认识论"。传统的科学哲学把科学看成是理性的事业。波普尔修改了这种见解，认为科学理论的发现产生于"灵感"或"直觉"，是非理性的；库恩进一步认为，不仅科学理论的发现是非理性的，就是科学理论的检验和竞争也是非理性的，它不是认识而只是一种信念。费耶阿本德更进了一步,明确提出科学不能排除非理性,而且它比通常所理解的要非理性得多。在他看来,科学与宗教、理性与非理性都对认识起重要作用,因此,根本无需对科学与非科学进行划界。他反对科学方法论的研究,认为科学本质是一种"无政府主义"的事业,它没有普遍的规范性的方法。因此,他主张要自觉地冲破任何一种方法论的规则的束缚,正确的无碍于科学进步的唯一原则是:"怎么都行"。他反复宣称,他的无政府主义只是方法论的或认识论的无政府主义,而不是政治上的无政府主义。科学研究是一种十分复杂的创造性活动,当然不能受一种僵化不变的刻板方法的束缚。费耶阿本德反对程式化的研究方法,固然不无道理;但他反对对科学方法论的研究,从而鼓吹"怎么都行",这显然是不对的。至于他从反对"科学主义"的立场出发,进而反对科学本身,就更是十分错误的了。他的这些错误观点,理所当然地受到许多科学哲学家的批评;在对它的批判中,分化出了一个新历史主义学派。

三 新历史主义学派

新历史主义学派围绕着科学发展与科学进步问题,在肯定和继承历史主义学派关于科学哲学与科学史相结合的思想的同时,又批判了库恩等人的相对主义与非理性主义的错误观点,从而给西方科学哲学带来了生机。其代表人物是夏皮尔(D. Shapere)、劳丹(L. Fudan)等。

夏皮尔是美国科学哲学家。他的理论体系的中心问题是科学发展的理性问题,核心概念是"信息域"(Domain of formation)。它类似我们所说的学科研究领域或学科范围,而更为灵活。他认为,这一概念不是指客观世界的某一方面或某种自然现象,而是指我们已掌握的包括理论和事实两方面的知识整体。夏皮尔既反对逻辑实证主义者单纯探讨归纳逻辑问题,又指责有些历史主义者公然否认科学的合理性。他认为,在整个认识过程中,从形成学科范围、提出问题,直到答案的评价或接受,每一环节都有推理。因此,不能像逻辑实证主义者那样,认为仅仅在评价阶段或辩护范围才有推理;更不能以社会的或心理的因素代替科学推理。他认为,科学推理的一切环节都同科学内容密切相关,随着不同时期科学知识的发展,科学推理方法也随之变化,没有超历史的科学推理方法。但是,又不能像某些历史主义者那样,把不同时期的科学及其推理方法看作是不可比较、毫无高下之分的;更不能把理论的选择和更替看作是由社会或心理因素决定而与推理无关。在理论与观察的相互关系问题上，夏皮尔不赞成脱离任何知识背景而谈论中立的观察，也不赞成把理论看成是观察的"负载"。他认为一切知识都要以观察为基础，而观察又要以背景知识为前提。这是一种与逻辑实证主义者和历史主义者库恩都不相同的新看法。总之，夏皮尔不仅坚持科学是理性的事业，而且坚持科学知识的客观性以及人们获得真理的可能性。

劳丹是美国科学哲学界颇有影响的后起之秀。他在实用主义真理论的基础上建立他的"科学研究传统"的科学哲学，以与库恩的"范式"和拉卡托斯的"科学研究纲领"相区别。他认为，一个研究传统就是一个为具体理论的发展提供一整套指导原则的理论体系，它构成了具体理论的本体论和方法论。具体理论可以用经验来直接检验，而研究传统是不能直接被经验检验的。即使如此，研究传统并非与具体问题的解决过程无关；相反，它的全部功能就在为人们提供解决问题所需要的关键性的工具。劳丹虽然坚持科学理论的进步性和科学理论评价的合理性，但他是从实用主义的立场出发的。他认为对一个研究传统而言，说它成功或不成功并不是说它是真理或谬误。他把科学理论活动归结为应付环境变化的随机活动，这就从根本上否定了理性在认识过程中的意义，从而陷入了非理性主义。其结果是，他反对了库恩和费耶阿本德的非理性主义，而又与他们殊途同归。从这个意义上说，新历史主义学派虽然比较正确、比较全面地肯定了整个科学认识过程的合理性，但在本质上与老历史主义者没有多大的区别。

现代西方科学哲学是现代西方哲学中的一个分支，它是受现代西方哲学的指导的。现代西方哲学的主流是唯心主义和形而上学的，因而，现代西方科学哲学的主流也是唯心主义和形而上学的。对此，我们必须有一个清醒的基本评价。当然，现代西方科学哲学也在一定程度上反映了现代科学发展中日益明显的唯物主义和辩证法的性质，体现了广大西方科学家自觉或不自觉地接受唯物主义和辩证法的进步倾向。这一点，也必须充分地加以肯定。他们对科学发现的合理性以及科学知识增长的模式所作的探索，有其合理的因素，可供我们借鉴。但是，他们之中的不少人把自然观中的物质范畴作为与形而下的具体科学相对立的形而上学而加以拒斥，回避认识的最终来源和实践在认识过程中的决定作用问题，在归纳与演绎、相对与绝对、证实与证伪以及科学发展中理性与非理性的关系问题上，又往往不能辩证地思考，从形而上学的片面性而走向相对主义和主观主义。因此，我们必须坚持用辩证唯物主义的观点和方法对它们进行分析和批判，既肯定、吸取其合理的成分,又否定、批判其错误的糟粕,简单地肯定一切和否定一切都是不对的。

第三节　继续巩固和进一步发展哲学家和科学家的联盟

自然辩证法要得到丰富和发展,还必须继续巩固和进一步发展哲学家和自然科学家的战斗联盟。

一　"联盟"主张的提出和发展

人们通常认为,关于哲学家和科学家建立联盟的主张是列宁最早提出的。其实,早在18世纪,法国著名的唯物主义哲学家狄德罗(D. Diderot, 1713—1784)就已经明确地提出来了。狄德罗在《对自然的解释》(1753年)一书中写道:

> 有一些,在我看来是有很多仪器而很少观念的;另一些则有很多观念而根本没有仪器。真理的利益将要求那些思考的人终于肯和那些行动的人结合起来,以便使思辨的人免得从事运动;使操作的人在他所从事的无限运动中有一个目标;使我们的一切努力彼此联合起来并且同时被导向对付自然的抵抗;以及使得在这种哲学的联盟中,每人都充当一个适合于他的角色。[①]

很明显,狄德罗在这里所说的那些"没有仪器"的"思考的人",指的就是哲学家;而那些"很少观念"而又有"很多仪器"的"操作的人",指的就是自然科学家。他在这里已经十分明确地使用了"联合起来","哲学的联盟"这样的提法了。

恩格斯在《自然辩证法》中,强调的是哲学理论家和自然科学家之间在知识上、学术研究上的"相互补偿"。他说:

> 正如今天的自然科学家,不论自己愿意与否,都不可抗拒地被迫注意理论的一般结论一样,每个研究理论问题的人,也同样不可抗拒地被

[①]　《狄德罗哲学选集》,三联书店,1956年,第52页。

迫接受近代自然科学的成果。在这里发生某种的相互补偿。如果理论家在自然科学领域中是半通，那末今天的自然科学家在理论的领域中，在直到现在被称为哲学的领域中，事实上也同样是半通。①

恩格斯的这个主张，是贯串在整个《自然辩证法》手稿中的一个非常重要的基本观点。

列宁在新的社会历史条件下，在现代物理学革命兴起之初，于1922年为《在马克思主义旗帜下》杂志而写的著名论文《论战斗唯物主义的意义》中，阐明了对人民群众进行无神论教育的意义，特别强调了共产党人的唯物主义者，除了同非党的彻底的唯物主义者结成联盟以外，还要同自然科学家结成联盟。他说：

> 必须记住：正因为现代自然科学经历着急剧的变革，所以往往会产生一些大大小小的反动的哲学学派和流派。因此，现在的任务就是要注意自然科学领域里最新革命所提出的种种问题，并吸收自然科学家参加哲学杂志所进行的这一工作。如果不解决这个任务，战斗唯物主义根本就既没有战斗性，也不是唯物主义。②

当哲学和自然科学还汇合在一起的时候，当然不存在两者的联盟问题。在自然科学从哲学中分化出去并独立起来时，哲学家和自然科学家的联盟问题，就具有现实性，并显得十分重要，而且随着自然科学的发展，这种联盟关系的重要性就愈来愈加重。今天，现代科学正朝着整体化的方向发展，自然科学和社会科学相互渗透的趋势不断加强。在这种情况下，哲学家不仅要和自然科学家建立联盟，而且还要和社会科学家（包括管理科学家）建立联盟，这是不言而喻的。否则，就正如列宁所说的，"战斗唯物主义根本就既没有战斗性，也不是唯物主义"！

二 正确评价自然科学家的哲学思想

要继续巩固和进一步发展哲学家和自然科学家的联盟，其中一个关键性

---

① 《自然辩证法》第45页。
② 《列宁选集》第4卷，人民出版社，1972年，第608页。

的问题就是要正确评价自然科学家的哲学思想。而要做到这一点，就必须重视并加强这方面的研究；否则，联盟的问题只能是一句空话。

列宁曾经把在自然科学家中存在着根深蒂固的唯物主义传统称之为"自然科学的唯物主义"。这种唯物主义，按照列宁的分析，是"绝大多数自然科学家对我们意识所反映的外界客观实在的自发的、不自觉的、不定型的、哲学上无意识的信念"。对于近代自然科学家的绝大多数人来说，情况确属如此。他们虽然在总体上没有越出狭隘经验主义的水平，在思维方式上受形而上学的束缚；但唯物主义是他们世界观的本质和核心。不过，他们并不是用系统的哲学形式表现出来。他们这种自然科学的唯物主义，是人类知识大厦的基础，同思辨哲学的旧唯物主义，即形而上学的唯物主义也有原则的区别。它们之中的许多人处在理论自然科学发展的前沿，以其划时代的科学理论的发现，为新的唯物主义，即辩证唯物主义和历史唯物主义的产生提供了坚实的基础。

现代科学家的唯物主义是现代科学革命的产物，他们的思维方式，研究的主题，以及同哲学思维的关系，都表现出与近代科学唯物主义不同的一系列新的特征。爱因斯坦认为，哲学是"最普遍和最广泛形式中对知识的追求"，因此，哲学是"全部科学研究之母"。[①] 他还说，本世纪初只有少数物理学家对哲学感兴趣；而到了50年代，几乎所有的理论物理学家都是哲学家了。薛定谔说，哲学是科学大厦的脚手架，没有哲学，科学的大厦就建筑不起来。海森堡也说，科学家如果不知晓一定的哲学思想，就无法深入现代物理学的殿堂并揭开它的奥秘。他们之中的某些人深深地涉足于哲学的领域，如果再用自发的、无意识的哲学信念来形容他们恐怕是不很恰当了。在本体论方面，他们已经远远地超越了朴素实在论的水平，他们倾向于人与自然相统一的科学自然观，并把唯物主义的原则作为自己的基调和出发点。在认识论和方法论上，虽然有的表现为唯理论类型，有的表现为经验论类型，但在理论与经验的关系的处理上却力图把两者结合起来，以求得对实在对象的整体性认识，并愈来愈自觉地趋向于对科学认识本质和方法的辩证理解。这同近代科学唯物主义那种机械论的倾向、绝对主义的思维方式，也相去甚远了。

我们无意于把现代科学唯物主义者，个个都说成是彻底的辩证唯物主

---

① 《爱因斯坦文集》第1卷，商务印书馆，1976年，第519页。

义者。应当说，他们还有不彻底性和不完备性，在历史上也未能很好地摆脱唯心史观的影响。但他们扎根于科学实践的唯物主义信念和辩证法思想，使他们成功地解决了理论与实验或旧理论与新理论之间的矛盾，从而在科学发现方面取得了丰硕的成果。他们对方法论的贡献超过了同时代的哲学家。仅就20世纪而言，爱因斯坦、玻尔、海森堡、薛定谔、皮亚杰等著名科学家，对现代科学哲学产生了巨大的影响；他们是当之无愧的科学哲学家。而且，没有哪一位专业的科学哲学家的影响能和爱因斯坦相比。

现代西方著名的科学家始终站在自然科学革命和科学的自然观和思维方式变革的前沿，他们对哲学问题的探索是以科学的实际进展为基础，是为了解答科学提出的难题，而不是去论证某种哲学传统。在这些方面，与现代西方的各种流派的哲学家，包括科学哲学家都不同。现代西方各种流派的专业哲学家，他们对科学问题所作的哲学概括，本质上是依据某种哲学传统，他们关心的往往是论证自己的哲学观点，总是企图把科学发展的成果纳入自己的哲学体系之中。某些唯心主义的哲学家，甚至还会利用现代科学唯物主义者在哲学上的不彻底性和对科学成果的理论解释中的不完善之处，以售其奸。哥本哈根派对量子现象不确定性的理论解释，就曾经被某些哲学家利用来"论证"不可知论或"存在就是被感知"一类的命题。对科学成果进行理论解释时，难免会有不完善之处，但这是科学认识发展中带来的问题和困难，这同唯心主义哲学利用这种困难完全是性质不同的两回事。

自然科学家在进行科学研究时，由于是从自己研究工作的背景和需要出发，来寻求、吸取和选择哲学的养料，而不同背景、不同课题有不同的需要，即使是同一背景、同一课题也有多种多样的需要。这就决定了他们必须博采众长，为之所用，决定了他们哲学思想的多面性和可变性，而不可能那么纯粹、简单、固定。这些是完全可以理解的。爱因斯坦曾经很生动地描述这种情况，他说：

> 认识论同科学的相互关系是值得注意的。它们互为依存。认识论要是不同科学接触，就会成为一个空架子；科学要是没有认识论——只要这真是可以设想的——就是原始的混乱的东西。可是，寻求一个明确体系的认识论者，一旦他要力求贯彻这样的体系，他就会倾向于

按照他的体系的意义来解释科学的思想内容，同时排斥那些不适合于他的体系的东西。然而，科学家对认识论体系的追求却没有可能走得那么远。他感激地接受认识论的概念分析；但是，经验事实给他规定的外部条件，不容许他在构造他的概念世界时过分拘泥于一种认识论体系。①

爱因斯坦的这一段话，指出了哲学家和科学家的区别：哲学家是按照他自己的哲学体系来解释科学的思想内容的，所以，他能够保持自己哲学体系的一贯性和固定性。而科学家则必须严格遵循经验事实给他规定的条件，这样，他就不可能过分拘泥于一种认识论体系。在一个有固定体系的哲学家的眼光中，自然科学家很可能被当作"机会主义者"而遭到指责。用爱因斯坦的话来说，就是——

> 从一个有体系的认识论者看来，他必定像一个肆无忌惮的机会主义者：就他力求描述一个独立于知觉作用以外的世界而论，他像一个实在论者；就他把概念和理论看成是人的精神的自由发明（不能从经验所给的东西中逻辑地推导出来）而论，他像一个唯心论者；就他认为他的概念和理论只有在它们对感觉经验之间的关系提供出逻辑表示的限度内才能站得住脚而论，他像一个实证论者。就他认为逻辑简单性的观点是他的研究工作所不可缺少的一个有效工具而论，他甚至还可以像一个柏拉图主义者或者毕达哥拉斯主义者。②

爱因斯坦的这番话实际上是他自己的哲学观点的真实写照，不过他用"机会主义""唯心论""柏拉图主义"或"毕达哥拉斯主义"来描写，未必妥当。因为注重理性，强调思维的自由创造，追求逻辑简单性原则，并不就一定会走向唯心主义。

不仅一位科学家自己的哲学观点会出现多面性、可变性，而且不同的科学家即使是对待同一个科学问题，也可能会有不同的理论解释，从而产生分歧，引起争论。围绕量子力学的理论解释不同而发生的爱因斯坦和玻尔之间

---

① 《爱因斯坦文集》第1卷，商务印书馆，1976年，第480页。
② 《爱因斯坦文集》第1卷，商务印书馆，1976年，第480页。

的长期争论，就是一个很典型的例子。爱因斯坦从自然界的内在和谐的原则出发，否认量子论的统计解释是对微观实在的完备描述，他的观点具有明显的唯理论特征。玻尔则强调对微观实在的理性认识，必须以经验观测为基础，坚持理性知识和经验知识的统一性。两者的差别固然反映了哲学观点的差异，但属于科学中不同学派之间的争论，而不是哲学上唯物和唯心不同派别的斗争。

总之，对于现代自然科学家的哲学观点，首先要肯定其积极意义，同时也不讳言其失误之外，下功夫分析它的形成、发展、变化的背景。只有这样，才能给予客观、全面、公正的评价。一句话，我们要满腔热忱地，认真细致地发扬利用其有益的成分，作为宝贵的精神财富而加以批判继承并发扬光大。这将大大地有助于促进马克思主义哲学包括《自然辩证法》的不断丰富与发展。

第四节　把恩格斯开创的伟大事业继续向前推进

恩格斯在《自然辩证法》中创立了自然辩证法学科，他本人又为我们树立了将哲学和自然科学最新进展结合起来的光辉典范。列宁在新的历史条件下，即在现代物理学革命刚刚兴起，一部分物理学家由于不懂得辩证法而产生思想混乱，唯心主义哲学家趁机加以利用，大肆宣扬唯心主义和形而上学的情况下，对科学的发现进行了哲学概括，提出了科学的物质概念和关于电子也是不可穷尽的科学预见，批判了诸如"物质消失了"、想象没有物质的运动等错误论点，从而丰富和发展了自然辩证法。毛泽东在把马克思列宁主义的普遍真理与中国革命和建设的实践相结合的过程中，不仅十分重视科学技术的作用，他还从哲学高度总结自然科学的新发展、新成果，运用对立统一的观点着重指出物质的内部矛盾性和物质无限可分性，深化了自然辩证法思想。邓小平在新的技术革命迅猛发展的新形势下，根据国际社会经济政治斗争的全局和我国社会主义建设的实际，把科学技术工作的重要性提到战略地位的高度来强调。1988年，他深刻地概括出"科学技术是第一生产力"的新论断，继承并发展了马克思主义和毛泽东思想。所有这些，都是人们所熟悉的。

现在摆在马克思主义的学术工作者面前的艰巨任务是：如何把恩格斯所开创的伟大事业继续向前推进？

前面已经说过，要认真研究20世纪以来科学技术发展的新成就，从中做出应有的哲学概括。这项工作要哲学工作者和科技工作者通力合作，才能有所收效。在这个问题上，要防止简单搬用现代科学概念的偏向。近年来，有的同志试图用现代系统科学的一些概念、规律来代替、"改造"马克思主义哲学，想在现代物理学、神经生理学和系统科学的基础上，建造什么"人类共同体"的哲学。这条路肯定是走不通的。须知：用哲学来代替自然科学是错误的、行不通的；如果反过来，想用自然科学来代替哲学，同样也是错误的、行不通的。

前面也已经说过，要认真研究现代西方科学哲学，吸收其中合理的成分，为我所用。这些年来，我们对现代西方科学哲学，总的状况是介绍得多，研究得不够，从而给人们一种错觉：似乎只有西方科学哲学各个流派才热心研究科学认识论和方法论。其实，注重科学认识论和方法论的研究，本来就是马克思主义的传统。恩格斯在《自然辩证法》中就已经这样做了。列宁在《唯物主义和经验批判主义》和《哲学笔记》中对认识论问题和辩证思维方法问题，又有了新的发展与开拓。现代西方科学哲学，正如我们在前面所说的，有不少合理的因素，值得我们吸取；但也有许多唯心主义、相对主义和非理性主义的东西，绝对不能照搬，更不能用现代西方的科学哲学，来代替马克思主义的自然辩证法。

要很好地概括现代科学技术的新成就，并批判地吸取现代西方科学哲学的积极成果，其中巩固和发展哲学家和自然科学家的联盟是个关键的环节，甚至具有决定性的意义。而要做到这一点，提高哲学家的科学素养和提高科学家的哲学素质都非常重要。只有这样，才能有更多的共同语言，才能进行卓有成效的合作。由于众所周知的社会历史方面的原因，我国从事哲学研究的理论工作者，就总体而言，科学的素质很不适应工作的需要，这是亟待解决的一个问题；而从事科学技术工作的专业工作者，在提高哲学素质方面，也还有许多工作可做。总的来说，恩格斯在《自然辩证法》中关于自然科学家和哲学理论家在专业方面"相互补偿"的观点，永远值得我们认真去实践。广大科技工作者，对列宁的这一段话是很熟悉的，列宁说：

> 任何自然科学，任何唯物主义，如果没有充分可靠的哲学论据，是无法对资产阶级思想的侵袭和资产阶级世界观的复辟坚持斗争的。为了

坚持这个斗争，为了把它进行到底并取得完全胜利，自然科学家就应该做一个现代的唯物主义者，做一个以马克思为代表的唯物主义的自觉拥护者，也就是说应当做一个辩证唯物主义者。[①]

列宁的这些话已经被不少科技工作者当作自己从事科学工作的座右铭。

---

① 《列宁选集》第4卷，人民出版社，1972年，第608—609页。

再版跋
辩证自然观·生态伦理·生态文明
——兼论《自然辩证法》的理论价值和现实意义

恩格斯的《自然辩证法》手稿涉及的问题很多，包括自然界、自然科学以及科学研究的方法论、科学与社会关系等。由于相关问题书中已经有所阐明，不必全面论列。这里，仅就有关生态系统、生态伦理和生态文明的问题，做出必要的阐述，并由此论及《自然辩证法》一书的理论价值和现实意义。

为了阐述生态系统、生态伦理和生态文明的有关问题，不妨先回顾一下环境问题的历史发展。

人类环境问题在古代就有人提出来了，一些有远见的思想家早就强调对可再生资源的永续利用问题。管子曾说："江海虽广，池泽虽博，鱼鳖虽多，网罟必有正，船网不可一财而成也。"① 《吕氏春秋》讲得更明确："竭泽而渔，岂不获得？而明年无鱼；焚薮而田，岂不获得，而明年无兽"。这说明对自然资源要取之有度，否则就会灭绝种群。当然，由于古代的生产力的发展水平低下，科技并不发达，对环境的影响和破坏毕竟是局部的、有限的。

自从工业革命以来，随着西方工业经济迅速发展，人类改造利用环境的能力极大地增强了。这就在给人类带来空前的物质文明的同时，也极大地恶化了人类的生存环境。全球性的环境问题，直接严重地威胁着人类的生存与发展。环境污染，酸雨毒雾的出现，温室效应，臭氧层破坏，森林资源锐减，水资源枯竭，土地资源和海洋受到破坏，能源危机，生物物种濒危与灭绝，等等。问题越来越多，越来越严重。

---

① 《管子·八观》。

其实，早在19世纪，恩格斯在《自然辩证法》中，根据当时已经出现的问题，对人类的生态环境危机提出了严重的警告。他说：

> 我们不要过分陶醉于我们人类对自然界的胜利。对于每一次这样的胜利，自然界都对我们进行报复。
>
> 我们必须在每一步都记住：我们统治自然界，决不象征服者统治异民族那样，决不同于站在自然界以外的某一个人，——相反，我们连同肉、血和脑都是属于自然界并存在于其中的；我们对自然界的全部支配力量就是我们比其他一切生物强，能够认识和正确运用自然规律。①

但是，实际情况的发展并不因此而向良性方面发展。20世纪以来，人类环境恶化，生态系统更为加剧破坏的严酷事实，引起了更多有识之士的关注。20世纪60年代初，美国女科学家蕾切卡·卡逊出版《寂静的春天》一书，引发了一场环境意识的革命。曾任美国副总统的阿尔·戈尔说："1962年，当《寂静的春天》第一次出版时，公众政策中还没有'环境'这一条款……《寂静的春天》犹如旷野中的一声呐喊，用它深切的感受、全面的研究和雄辩的论点改变了历史的进程。"② 从那时起，公众对滥用自然资源，对工业生产污染所造成的公害，表现出极大的义愤。环境问题，生态系统的维护，已经不是单纯的自然科学与工业生产问题，而是一种社会公德，一种为了人类生存而必须肩负的道德责任，它已经进入了伦理道德的范畴了。

从20世纪70年代开始，欧美国家环境保护运动，方兴未艾，高潮迭起。较早地将环境权作为基本人权见之于正式文件的是1970年美国总统尼克松的演说，以及1972年联合国通过的《人类环境宣言》。尼克松把"拥有清新的空气、干净的水源和开放的大地"，作为每一个美国人的"与生俱来的权利（birth right）"。而于1972年6月5日至16日，在瑞典斯德哥尔摩召开的"人类环境会议"所通过的《人类环境宣言》中，就环境权利问题明确地向全世界宣布："保护和改善人类环境是关系到全世界各国人民的幸福和经济发展的重要问题，也是全世界各国人民的迫切希望和各国政府的责任。""为了这一代和将来世世代代的利益，地球上的自然资源，必须通过

---

① 《自然辩证法》，人民出版社，1984年，第304—305页。
② 参见吉林人民出版社1997年出版的该书中译本。

周密计划和适当管理加以保护"。这个宣言实际上为"可持续发展"的思想和战略,奠定了初步的基础,提供了雏形。因为它指出了环境问题,不仅是当代人之间的相互关系问题,而且是当代人与子孙后代的关系问题。

也是在1972年,罗马俱乐部发表了研究报告《增长的极限》,第一次提出了地球的极限和人类社会发展极限的观点,警示人们在有限的地球上无止境地追求增长所带来的必然的悲惨后果。D. H. 米都斯在书中还对不可再生资源枯竭的前景做了若干预测。

20世纪的80年代,人们就开始对工业文明社会进行了初步的反思,各国政府开始将生态保护作为一项重要的施政内容。1981年,美国经济学家莱斯特·R·布朗在他所写的《建立一个可持续发展的社会》一书中,首先正式提出了"可持续发展"的问题。1987年,联合国环境与发展委员会以《我们共同的未来》为题,发表了研究报告。这个报告对可持续发展作了理论表述,从而形成了人类建构生态文明漫长征途中的另一个纲领性文件。

1992年6月,"联合国环境与发展大会"在巴西的里约热内卢召开了。这时,全球的环境继续恶化了,如果仅仅就事论事,单纯地重视环境保护,那已经远远不够了,必须把环境问题与发展问题联系起来统一考虑,才能找到环境问题的根源。这已经是国际越来越多有识之士的共识。这次会议共有183个国家的代表团和联合国及其下属机构等70个国际组织的代表出席了会议,102位国家元首或政府首脑到会讲话。会议通过和签署了《里约热内卢环境与发展宣言》、《21世纪议程》、《关于森林问题的原则声明》、《联合国气候变化框架公约》和《生物多样性公约》等重要文件。随后,我国也制定了《中国21世纪议程》的文件,做出了庄严的承诺。这次会议提出了全球性的"可持续发展"战略,真正拉开了人类自觉改变生产和生活方式,建设生态文明的序幕。

众所周知,人类社会曾经长期处在农业社会,形成了农业文明。近代以来,许多发达国家由于科学技术的发展,促进了生产力的提高,逐步从原来的农业社会转变为工业社会,形成了工业文明。工业生产在给社会带来大量物质财富的同时,也产生了许多矛盾,特别是环境污染和生态平衡的严重破坏。这种情况引起了人们的越来越多的关注与警觉。在这种形势下,许多社会学、未来学的学者纷纷提出工业社会将向何处去的问题。于是,各种关于"后工业社会"、"信息社会"的理论应运而生。但是,无论是后工业社会,还是信息社会,对这些未来社会形态的分析,不能光从科技和生产力的本身来着眼，必须把科技、生产力与生产关系，与整个经济社会的发展联系起来考察，才能抓住问题的症结所在。

1995年，美国著名作家、评论家罗伊·莫里森在《生态民主》一书中明确地提出了"生态文明"（ecological civilization）的概念，并把"生态文明"作为"工业文明"之后的一种新的文明形式。这就意味着工业文明因面临多重全球性问题而必将发生转型，从而走向新的文明形态。

在此之后，许多国家的学者，包括我国的生态学家们对"生态文明"的界定及其在人类文明中的地位问题，各抒己见，形成了各种不同的观点、理论和主义。在此，我们不必一一详列。从总体上看，"生态文明"概念的核心思想都离不开人类在改造利用自然的同时，要积极改善和优化人与自然的关系，建立良好的生态环境。如果我们以生产方式作为划分人类文明形态的坐标尺，那么，人类文明形态的发展，迄今为止，已经经历过前文明——农业文明——工业文明几种形态。"工业文明"是人类历史上已经经历或正在经历的文明形态，而"生态文明"则将是工业文明之后新的人类文明形态。生态文明将是一种科学的、自觉的、可持续发展的文明形态，它应当包括先进的生态伦理观念，发达的生态经济，完善的生态环境管理制度和良好的生态环境，等等。

生态文明是工业文明之后的新的文明形态，从历时性的维度看，它和以往的农业文明、工业文明既有连接之点，更有超越之处。它应当是运用现代生态学的概念来应对工业文明所带来的人与自然关系的紧张局面，强调人与自然、人与人、人与社会关系的和谐，在不断创造文明成果的同时，还要致力于对自然生态的人文关怀。

以往我们常常把"生态"概念与"环境"概念等同使用，但严格说来，两者是不同的。当我们使用"环境"一词时，那就表明是以"人"为中心，人之外的各种自然条件，构成了"环境"。这种说法带有明显的"人类中心主义"的色彩。如果我们使用"生态"这个概念，那就表明人只是生态系统中的一个部分，是生态这个系统中的要素，人是在自然大系统之内的。从这个意义上说，"生态文明"所指的含义应该是：人类在利用自然过程中，维护生态环境整体文明的一种状态。

这就意味着，我们不仅要从"历时性"的维度来考察生态文明在文明系统结构中的地位，还要从"共时性"的维度来进行这种考察，把人与自然的关系，同社会诸要素的经济、政治、伦理、人的消费观念、价值观念等精神层面等方方面面进行综合，全面地加以把握。于是，就有经济文明、政治文明、精神文明、社会文明以及生态文明概念的出现。它们之间相互联系、相互渗透，紧密结合在一起而不可分离。由此可见，生态文明的概念就不再仅仅是一个局部的、技术性的问题，而是一个关于全局的、战略性的问题。生态文明概念的确立，必然会带来价值观和伦理观的巨大转换，意味着人们在观念上要从"人类中心主义"走向"生态中心主义"。

传统的"人类中心主义"的伦理观认为，人类影响自然环境的行为是正当的。之所以说是"正当"的，是因为它有利于人类的福利，或有利于保护与高扬人类的正义与人权。在这种理念的指引下，人类关心动物、关心生命、关心自然界，其目的是为了人类的利益，而不是为了其他生物的利益。而"非人类中心主义"的伦理观认为，只有在行为的后果有利于生态系统或生命共同体的稳定、繁荣与发展的前提下，人类影响自然环境的行为才有可能是正当的。人类有责任维护生物世界的利益，维护生态系统的完整性，保护野生物种免受人类的干扰而灭绝，保证地球生命尽可能免受人类造成环境污染的危害。

人类中心主义的思想早在古希腊时就已萌生，在基督教的教义中也有明确的反映。亚里士多德认为，自然界是有等级结构的，一个等级层次是为了另一个等级层次的目的而存在，例如，植物是为了动物而存在，家畜是为了人们的役使和供人作食物，野生动物也是供人作食物，等等。基督教的教义也宣传人类要统治自然的观点。《圣经·旧约全书·创世纪》讲得十分直白：上帝创造了人类，要"使他们支配统治（dominion over）海里的鱼、空中的鸟、地上的牲畜和地球，以及地上所爬的一切昆虫。"近代工业社会继承了西方的人类中心主义的传统，并发展到登峰造极。培根的著名口号"知识就是力量"，这个"力量"也是"权力"，要人们运用科技的手段来"征服自然"。为了探求自然的奥秘，"对待自然要像审讯女巫一样，在实验中用技术发明装置折磨她，严刑拷打她，审讯她，以便发现她的阴谋秘密"。①

正如我们前面已经指出的，在现代社会中，人与自然的关系处于十分对立，非常紧张的状态。人类以征服者的姿态出现，繁殖人口，砍伐原始森林，导致水土流失，土地植被破坏，并逐渐退化为沙漠。人类更以发展现代

---

① 转引自吴国盛主编：《自然哲学》第2辑，第501—502页。

化技术，使自然资源、石油、煤矿、金属矿藏渐渐消耗殆尽，而建立起来的大工业，又污染了大地、河水、海洋，使地球上许多物种濒于绝种。而生物物种的递减，破坏了地球生物圈的基因库，破坏了生态系统的平衡；污染的结果又导致整个地球气候的恶化。

这种严酷的现实一再警示我们，必须清醒地认识到：人不是自然环境的征服者，人类只不过是地球生态系统的一个组成部分，是众多物种中的一个物种。人类不仅与地球上的其他生命是相互依赖、协调发展的，而且与整个自然环境也是相互依赖、协调发展的。因此，人类不但要关心自己的利益，而且关心其他物种、所有生命形式的利益，关心整个生态系统的稳定性和完整性。尊重生命、尊重生命共同体、尊重整个自然界，这样，才能从人类中心主义，走向生态中心主义，进而在实践中推进生态文明的建设。

当代的生态运动中存在着两种伦理思潮：一种是强调保护生态环境、控制人口增长、反对工业污染、保护野生动物，特别是提出了"环境人权"和"代际伦理"的观念，它虽然对人类生态意识的觉醒起了很大的作用，但因其仍然着眼于人类的利益，未能超越人类中心主义，因而具有明显的局限性。因此，这种思潮被称之为"浅层的生态运动"。相对而言，还有被称为"深层生态运动"的另一种思潮，这种思潮的特征是以超越人类中心主义作为立论的出发点。它不仅考虑到人的自身内在价值，而且承认人类以外的动物、生命的共同体，以及整个生态系统都有其内在的价值，并不仅仅是人类的工具与手段。这种思潮提出了"动物权利"的概念，甚至还提出了"大地伦理"或"生态系统伦理"的构想。这里的"大地"包括土壤、水、植物和动物等，实际上就是"生态系统"的另一种表述。

"大地伦理"是以美国生态学家 A. 莱奥波尔德为代表，他的基本思想反映在 1949 年出版的《沙乡年鉴》中。在这种思潮的基础上，挪威哲学家 A·纳西提出了以生态系统为中心的伦理思想，也就是"深层生态伦理思想"。纳西在《深层生态运动：几个哲学的方面》一文中，具体地从八个方面阐述了他的深层伦理思想原则。其中最基本的是：维护生命世界的内在价值、维护生命世界多样性的价值，以及维护生命世界的丰富性和多样性等三条基本的原则。此外，还有大幅度降低人类的人口、反对过分干预自然、实行生态政策的根本转变、转变生活目标和生活方式（从更多追求物质享受转变为提高文化以及人性的自我实现）、不断试探新政策，等等。① 以上所述的两种伦理思潮实际上代表着眼前与长远、近期与远期两个视角，两者都有其合理性，正确的态度应该将两者相互结合起来，使之相互补充。

人类需要经过几千年的劳动包括自然科学的不断进展，才能逐步学会估计自己的生产行动的较远的自然影响，逐步从自然界的盲目状态之下解放出来。在这个过程中，如果人类能愈来愈多地认识和掌握自然的规律，在改造自然界的同时改造自己的认识，那么，也就能愈来愈深刻地认识正确处理人与自然的矛盾的重要性和迫切性。现在，人类终于认识到生态问题的极端重要性，并把生态文明作为推进社会主义建设的战略目标之一，这是来之不易的认识成果。

生态文明建设可以分为理论与实践两个层面。以上所说，侧重于理论层面。从理论层面来说，生态系统概念本身就是整体主义、系统主义。我们说从人类中心主义走向生态中心主义，实际上就是返回整体主义、系统主义。而整体主义、系统主义从哲学高度来看，是辩证思维的具体体现。在恩格斯撰写关于自然辩证法的一系列论文和札记时，他正是从辩证思维的高度来审视近代以来，由于工业化而带来的人与自然关系的诸多矛盾。虽然当时还没有出现并使用当今我们所运用的这些概念，当时所产生的工业化与生态系统的循环运作之间的矛盾，也没有今天这么尖锐。但是，如前面所引述的，恩格斯对人们所发出的关于"自然界报复"的严重警告中，实际上为我们批判人类中心主义、建立生态主义伦理观，奠定了哲学理论的基础。从这个意义来说，恩格斯关于自然界各种事物相互联系辩证发展的思想，关于人与自然和谐相处的思想，至今并没有过时。联系到当今的现实，愈加证明其理论上的预见。由于生态文明建设是长期渐进的，其中人的观念的转变起着关键的作用。因此，生态文明理念需要通过学习得以不断强化，也就是说，应当而且可以从建设生态文明的行为主体着手，促进生态文明的实践和发展。

从实践的层面来看，20世纪下半叶以来各国政府和有识之士提出的有关"可持续发展"的战略方针和一系列具体政策，表明人类在这个问题上的觉醒，这是一个非常大的进步。但是，必须看到，这个"可持续发展"只是相对于人类当代与后代而言，并没有考虑到整个生命世界和各种生物物

---

① 张华夏：《现代科学与伦理世界》，中国人民大学出版社，2010年，第268—271页。

种的可持续发展，以及整个自然界生态系统的动态平衡，所以，还没有达到对人类中心主义的超越。现在我们在工业中盛行的还是"直线式"的生产方式，根据生态文明的总体要求，必须将它们改造成"循环式"的。在这样循环式的生产系统中，一切工业剩余品都应对生物无害，并能为自然界所吸收。

正因为这样，进入21世纪以来，特别是2012年中共十八大，把生态文明建设作为我国当前战略性的任务，提到了全党和全国人民面前；把生态文明建设提高到与经济建设、政治建设、文化建设、社会建设并列的地位，使之成为建设现代化国家的五大战略之一，形成"五位一体"的总布局。这更是表明了我们在生态问题认识上的新进展、新突破。众所周知，人类在不同历史时期所形成的文化，它对于人的认识和实践活动，以及思维方式都会产生深远持久的影响。建设生态文明就是要改变在工业文明阶段所形成的价值观、发展和消费方式，以及利益分配的模式，平衡人、自然、社会三者之间的关系，将人类从已经被扭曲了的价值观和消费观中解放出来，促使人的充分而全面的发展。

总之，从历史与现实、理论与实践相统一的高度来看，我们都"一定要更加自觉地珍爱自然，更加积极地保护生态，努力走向社会主义生态文明新时代。"实现这一战略目标，在当前来说，就是要加快经济发展方式的转变，走生产发展、生活富裕、生态良好的文明发展道路，形成节约资源和保护环境的空间格局、产业结构、生产方式、生活方式，建设资源节约型、环境友好型社会，努力建设美丽中国，实现中华民族的永续发展。

如上所述，生态文明是相对于工业文明与农业文明而言的，如果从人类社会历史上曾经存在的生产方式的类型而言，那就是马克思所划分的五种形态。此外，马克思在《政治经济学批判（1857—1858年草稿）》中，又以人的发展为特征，把社会发展分为三种形态。他说：

> 人的依赖关系（起初完全是自然发生的），是最初的社会形态，在这种形态下，人的生产能力只是在狭窄的范围内和孤立的地点上发展着。以物的依赖性为基础的人的独立性是第二大形态，在这种形态下，才形成普遍的社会物质变换，全面的关系，多方面的需求以及全面的能力的体系。建立在个人全面发展和他们共同的生产能力成为他们的社会财富这一基础上的自由个性，是第三阶段，第二个阶段为第三个阶段创

造条件。①

这里所说的第一种形态是"人的依赖关系",这种关系"起初完全是自然发生的,是最初的社会形态,在这种形态下,人的生产能力只是在狭窄的范围内和孤立的地点上发展着。"这种社会形态相对应的,实际上就是"农业文明"。第二种形态是"以物的依赖性为基础的人的独立性","在这种形态下,才形成普遍的社会物质变换,全面的关系,多方面的需求以及全面的能力的体系。"这种社会形态相对应的,实际上就是"工业文明"。第三种形态是"建立在个人全面发展和他们共同的生产能力成为他们的社会财富这一基础上的自由个性"。按照马克思的看法,"第二个阶段为第三个阶段创造条件",我国当前的社会,又正好处于第二个阶段向第三个阶段的发展过程中,因此,正确处理"物的依赖性"与"人的独立性"的关系极为重要。工业化文明的时代,人们在向自然的索取中,看起来似乎人类可以不顾自然界的生态平衡,为所欲为。其结果是:在生产发展的同时,也遭受到自然界的报复与惩罚。以人类为中心,到头来还是受制于物,摆脱不了"物的依赖性",更谈不上"人的独立性"!只有从人类中心主义走向生态中心主义,人与自然、社会三者和谐相处了,进入生态文明的阶段,才能真正实现"人的独立性"!

1848年,马克思和恩格斯在他们合著的《共产党宣言》这一纲领性的文件中,提出了关于人类发展的前景及其价值理想:"代替那存在着阶级和阶级对立的资产阶级旧社会的,将是这样一个联合体,在那里,每个人的自由发展是一切人的自由发展的联合体"。在《资本论》这部经典著作中,马克思进而指出,社会主义—共产主义社会是"以每个人的全面而自由的发展为基本原则的社会形式"。这些都是人所共知、耳熟能详的。这种"一切人的自由发展的联合体",这种"人的全面而自由的发展为基本原则的社会形式",它的实现是和上述从工业文明提升到生态文明的进程是分不开的。

在人类发展的历史中,人与自然的关系经历了原始的和谐→工业化以来的尖锐矛盾→现在又要向着实现人与自然新的和谐共处的目标迈进。这是一个否定之否定的发展进程。其中既有人与自然之间的矛盾,又有人与人之间

---

① 马克思、恩格斯:《马克思恩格斯全集》第46卷(上),人民出版社,1980年,第104页。

的矛盾。而人与自然的矛盾的最终解决，是与人与人的矛盾的解决紧密相关，而且前者是有赖于后者的。

人与动物的本质区别在于人有主观能动性，而人之所以会有主观能动作用则是由于人的社会劳动。但是，人类的劳动是社会性的实践，只有通过人与人之间的社会联系，才会有人对自然的关系，才能从事生产劳动。所以，要真正做自然的主人，首先要做社会的主人。恩格斯说，我们要认识和掌握自然的规律已经是非常不容易的事情，而要认识和掌握社会的规律就更加困难得多了。即使是认识了社会发展的规律，也还不等于已经能够调节和统治社会生活。因为在剥削阶级占统治地位的社会里，统治阶级为了自己的利益，他们自己既不可能按社会利益去调节社会生活，也不可能让被统治阶级去行使这种调节和统治的权利。这正如恩格斯所说：

> 要实行这种调节，仅仅认识是不够的。这还需要对我们迄今存在过的生产方式和这种生产方式在一起的我们今天整个社会制度的完全的变革。①

只有通过变革，建立起"一个在其中有计划地进行生产和分配的自觉的社会生产组织"时，人类才能不仅在"物种关系"方面，而且在"社会关系"方面，使自己从动物中提升出来，人类的主观能动性才能得到充分的、有成效的发挥。② 也只有这样，人类才有可能支配和调节生产活动较远的社会影响，成为自然界和社会的自觉的和真正的主人，从而实现从必然王国向自由王国的飞跃。

恩格斯关于人与自然协调发展的论断，是恩格斯自然哲学的精髓。在人与自然的关系的认识上，已经从对立走向协调，这是人类在自然观、自然哲学方面的深刻革命，而恩格斯则是这场革命的奠基人和先驱。这也充分表明了：包括恩格斯《自然辩证法》在内的、马克思主义关于人与自然相互关系，人与自然、社会三者和谐发展的思想，至今仍然具有的深远的理论价值和重大的现实意义。

---

① 《自然辩证法》第306页。
② 《自然辩证法》第19页。

※ ※ ※ ※ ※

本书曾于1997年由福建教育出版社出版，现在被列入福建师范大学省重点高校建设项目《马克思主义理论与现实研究文库》之中，得以由社会科学文献出版社再版。在此特向"文库编委会"的有关领导的及时支持表示感谢！还要向社会科学文献出版社社会政法分社王绯社长的周到安排和责任编辑郑茵中女士的辛勤劳动表示感谢！

林可济 于福建师范大学华庐

2013.4.1

附录 1
马克思与自然辩证法

马克思恩格斯共同创立了以马克思为命名的马克思主义，其中也包含作为马克思主义哲学重要组成部分的自然辩证法。这本是人所共知的事实，不曾有过什么疑义。但是，本世纪20—30年代，特别是最近20多年以来，西方的一些所谓的"马克思主义者"，制造并散布了种种关于马克思反对自然辩证法的言论。他们把马克思同恩格斯对立起来，把自然辩证法同社会辩证法对立起来，把客观辩证法同主观辩证法对立起来。对于这些言论，马克思主义者当然是不能漠然视之或置之不理的。因为这是关系到要不要坚持和捍卫马克思主义基本理论的重大原则问题。

20世纪70年代以来，国外已经有人写文章批判"西方马克思主义者"的观点。在十年内乱期间，我国的理论工作者对国外的情况接触不多，这是由当时的历史条件所造成的。粉碎"四人帮"后，随着中外文化的交流，"西方马克思主义"的观点，引起了我国理论界的注意，并引起了争议。现在看来，进一步弄清这个问题，对捍卫马克思主义理论的基本原则，把自然辩证法理论的学习与研究推向前进，仍然是必要的。

一 马克思本人确认自然界的辩证法

"西方马克思主义者"对马克思的攻击和诬蔑的论据之一，就是认为只有恩格斯才谈自然辩证法，而马克思却不谈自然辩证法，只谈社会辩证法。他们说，"马克思本人从未谈过自然辩证法"，"马克思的辩证方法，主要地适用于人类历史和社会"。因此，"在马克思那里，辩证法的原则主要地表现历史意识和阶级活动的逻辑，自然的客观秩序只有当它隐含地涉及它制约着社会和历史活动的方式时，才是同辩证法有关的"。在他们看来，马克思从来没有把无机世界看作有独立于人之外的存在，并有自己的本质的规律。因此，辩证法不存在于自然界本身，而只存在于人和自然界的相互关系中。

事情果真像他们听说的这样吗？否，事情同他们所说的恰好相反。

我们知道，马克思主义的辩证法是唯物的辩证法，同黑格尔的唯心的辩证法是根本对立的。马克思本人多次申明过这一点。马克思主义的辩证法所研究的是自然界、人类社会和人的思维的最一般的规律。自然科学告诉我们，人类社会并不是从来就有的，只是无限的自然界发展到一定阶段上才产生的。人们头脑中的概念辩证法，是自然界和人类社会的客观辩证法的反映。离开了自然界的辩证法，就不可能有什么社会辩证法和思维辩证法。这些，都已经成为马克思主义的常识了。可是，上述那些怪论，正是违背了这些常识。

我们并不否认，马克思同恩格斯两人，在创立马克思主义的活动中，存在着某种的分工。但是，只要考察一下马克思的有关著作就可以看到，马克思并不像"西方马克思主义者"所说的那样，是"从来不谈自然辩证法的"。

《资本论》是马克思的最重要的科学巨著，它不仅是马克思的最重要的经济学著作，也是马克思主义的最重要的哲学著作之一。尽管在这里他是研究资本主义经济发展的规律，讲的是社会的辩证法，但是，他也经常强调指出辩证法规律所具有的普遍适用的性质。例如，他在书中论述"不是任何一个货币额或价值额都可以转化为资本"这个重要思想时写道："货币或商品的所有者，只有当他在生产上预付的最低限额大大超过了中世纪的最高限额时，才真正变为资本家。在这里，也像在自然科学上一样，证明了黑格尔在他的《逻辑学》中所发现的下列规律的正确性，即单纯的量的变化到一定点时就转化为质的区别。"在这段话的注释中，马克思还指出："现代化学上应用的，最早由罗朗和热拉尔科学地阐明的分子说，正是以这个规律为基础的。"[①] 1867年6月22日，马克思在致恩格斯的信中，还提到这段话，认为辩证法的规律在自然界和在社会中是同样存在着的，他说："我在那里，在正文中引证了黑格尔所发现的单纯量变转为质变的规律，并把它看做在历史上和自然科学上都是同样有效的规律。"[②] 在《资本论》中，类似的

---

① 《马克思恩格斯全集》第23卷，人民出版社，1972年，第342—343页。
② 《马克思恩格斯全集》第31卷，人民出版社，1972年，第312页。

论述还有不少。在该书的第1卷中，马克思在分析商品的交换过程的矛盾运动时，曾说：

> 我们看到，商品的交换过程包含着矛盾的和互相排斥的关系。商品的发展并没有扬弃这些矛盾，而是创造这些矛盾能在其中运动的形式。一般说来，这就是解决实际矛盾的方法。例如，一个物体不断落向另一个物体而又不断离开这一物体，这是一个矛盾，椭圆便是这个矛盾借以实现和解决的运动形式之一。①

马克思在这里所谈的椭圆运动，在自然界中是随处可见的，太阳系中诸行星的绕日运动，就是一个明显的例子。在该书的第3卷中，在分析原料价格波动的要素时，马克思又一次讲到辩证规律在自然界中的表现。他说：

> 按照事物的性质，植物性物质和动物性物质不能以像机器和其它固定资本、煤炭、矿石等等那样的规模突然增加，因为前二者的成长和生产必须服从一定的有机界规律，要经过一段自然的时间间隔，而后面这些东西在一个工业发达的国家，只要有相应的自然条件，在最短的时间内就能增长起来。②

仅举以上几例，就足以证明"西方马克思主义者"所谓马克思的辩证法就是历史实在的辩证法，主要适用于人类历史和社会，而把自然界的辩证发展排除在外的说法，是毫无根据的无稽之谈。

为了给自己的错误观点寻找"论据"，"西方马克思主义者"还利用了马克思在他的一些早期著作中，关于人在改造环境中的能动性的论述。他们散布了这样一种论调，即马克思早期的观点是和晚期的观点相反的，似乎马克思在《1844年经济学哲学手稿》、《神圣家族》、《德意志意识形态》等著作中是否认自然界的辩证法的。这种观点，同样是经不起事实的检验的。

我们知道，《1844年经济学哲学手稿》是马克思主义科学世界观形成阶段的一部重要著作。马克思在这里第一次试图从唯物主义和共产主义的立场

---

① 《马克思恩格斯全集》第23卷，人民出版社，1972年，第122页。
② 《马克思恩格斯全集》第25卷，人民出版社，1974年，第135页。

出发，对资本主义经济制度和资产阶级经济学进行批判性考察，对自己的新的哲学、经济学观点和共产主义思想作综合的阐述。但是，"西方马克思主义者"却把马克思的这一早期著作看作是同成熟的马克思主义背道而驰的。他们抓住马克思在这部著作所讲的"被抽象地孤立地理解的、被固定为与人分离的自然界，对人说来也是无"这句话大做文章，企图从中"证明"马克思是否认自然界的独立存在，否认自然界辩证法的客观性质的。其实，他们这样做是徒劳的。因为这句话不是马克思本人对自然界的理解，而是转述黑格尔的意思。马克思这句话的原文是：

> 但是被抽象地孤立地理解的，被固定为与人分离的自然界，对人说来也是无。不言而喻，这位决心进入直观的抽象思维者是抽象地直观自然界的。①

马克思所说的"这位决心进入直观的抽象思维者"，不是别人，就是指黑格尔。在黑格尔那里，自然界不是独立于绝对观念的客观实在，而是绝对观念异化的产物，具有抽象的性质。因此，对黑格尔说来"整个自然界不过是感性的、外在的形式下重复逻辑的抽象而已。"② 诚然，马克思在青年时期，曾经接受过黑格尔的唯心主义。但他在写经济学哲学手稿的1844年，已经接受了费尔巴哈的唯物主义了。他说，"费尔巴哈的伟大功绩"在于"创立了真正的唯物主义和现实的科学"。当然，马克思并不停留在费尔巴哈唯物主义的水平上。一方面，马克思同费尔巴哈一样，把物质，自然界看作是所有存在物、包括作为社会生物的人的基础；另一方面，马克思不像费尔巴哈那样，用形而上学的观点来观察物质世界，而是用辩证法的观点考察一切，认为通过对立的变化、运动、发展是自然界所固有的，自然界是充满辩证法的。马克思在批判黑格尔把自然界看作是绝对观念的自我异化的唯心主义观点时，明确指出：

> 如果绝对观念不愿意再去从头经历全部抽象活动并满足于充当种种

---

① 《马克思恩格斯全集》第42卷，人民出版社，1979年，第178—179页。
② 《马克思恩格斯全集》第42卷，人民出版社，1979年，第179页。

抽象的总体或自我理解的抽象，那么，绝对观念也要再一次扬弃自身。①

因此，整个黑格尔的《逻辑学》，同其创立者的意图相反，都证明，"抽象思维本身是无，绝对观念本身是无，只有自然界才是某物。"② 马克思肯定自然界的客观存在的唯物主义观点在这里不是表述得十分清楚明白了吗？

在人同自然界的关系问题上，马克思的观点当然与费尔巴哈以及一切旧唯物主义者不同。包括费尔巴哈在内的旧唯物主义者，看不到社会实践的伟大作用，否认人在改造自然界中的能动作用。马克思则与之相反，高度评价社会实践的作用，十分强调人在改造自然、改造社会中的能动性。马克思在《1844年经济学哲学手稿》中，曾经说过这样的话：

> 在人类历史中即在人类社会的产生过程中形成的自然界是人的现实的自然界；因此，通过工业——尽管以异化的形式——形成的自然界，是真正的、人类学的自然界。③

那么，能不能够由此得出结论说，马克思的辩证法是把自然界排斥在外的呢？当然不能。人能够改造自然同自然界可以不依赖人而独立存在，这不是相互冲突的两件事，而是一个问题的两个方面。我们不能因为前者而否认后者，更何况，被人打上印记的、人化了的自然界，只是无限的自然界中的一小部分！在这部著作中，马克思在肯定了人对自然界的改造的同时，又强调指出了外部自然界的优先地位。他说：

> 没有自然界，没有感性的外部世界，工人就什么也不能创造。它是工人用来实现自己的劳动，在其中展开劳动活动，由其中生产出和借以生产出自己的产品的材料。④

在马克思那里，关于人类通过实践而能动地改造自然界的原理，同自然界处

---

① 《马克思恩格斯全集》第42卷，人民出版社，1979年，第177页。
② 《马克思恩格斯全集》第42卷，人民出版社，1979年，第177页。
③ 《马克思恩格斯全集》第42卷，人民出版社，1979年，第128页。
④ 《马克思恩格斯全集》第42卷，人民出版社，1979年，第92页。

于优先地位的唯物主义观点,同人们必须认识并掌握自然界的辩证发展规律的自然辩证法观点,不仅不是矛盾的,而且是完全一致的。

正因为这样,我们在手稿中,不止一次地看到马克思对自然界辩证发展的精彩论述:

> 太阳是植物的对象,是植物所不可缺少的、确证它的生命的对象,正象植物是太阳的对象,是太阳的唤醒生命的力量表现;是太阳的对象性的本质力量的表现一样。
>
> 光是反对于自身的自然形式。象月亮和彗星这样的物体,是对立物的自然形式,按照《逻辑学》,这种对立物一方面是以自身为根据的肯定的东西,而另一方面又是以自身为根据的否定的东西。地球是作为对立物的否定统一等等的逻辑理由的自然形式。
>
> 大地创造说,受到了地球构造学(即说明地球的形成,生成是一个过程,一种自我产生的科学)的致命打击。自然发生说是对创世说的唯一实际的驳斥。①

马克思的上述几段论述,虽然由于采取了黑格尔哲学的某些术语而显得不够通俗,但我们从他对太阳与植物互为对象的关系的论述中,从他对月亮、彗星、地球之间存在着既肯定、又否定的对立统一的关系的论述中,以及从他对地球构造学的热情欢呼中,不是看到马克思对于自然辩证法的肯定态度吗?

在马克思的早期著作中,谈论自然辩证法的,除了《1844年经济学哲学手稿》以外,还有他与恩格斯合著的《神圣家族》和《德意志意识形态》等书。

马克思在《神圣家族》中说:人在改造自然中所能做的只是"创造了物质的新的生产能力",但"人并没有创造物质本身,甚至人创造物质的这种或那种生产能力,也只是在物质本身预先存在和条件下才能进行"。② 虽然这是马克思为了批评所谓"对土地的开垦'创造充分的土地所有权'"这种观点而讲的,但却表达了马克思在人与自然的关系问题上的辩证唯物主义

---

① 《马克思恩格斯全集》第42卷,人民出版社,1979年,第168页、179页、130页。
② 《马克思恩格斯全集》第2卷,人民出版社,1957年,第58页。

的明确立场。

马克思在《德意志意识形态》中曾经说到"周围的感性世界不是某种开天辟地以来就已存在着的、始终如一的东西","而是劳动社会状况的产物"。这句话,常常被"西方马克思主义者"作为马克思否认自然辩证法的"论据"。其实,这也是站不住脚的。因为只要不是存心歪曲和故意断章取义,人们都会看到,马克思这段话的本意是在肯定自然界的客观存在的前提下来谈人类改造自然的能动作用的,如果联系上下文,就会发现,马克思一方面在批判费尔巴哈的形而上学时,指出费尔巴哈"没有看到,他周围的感性世界决不是某种开天辟地以来就已存在的、始终如一的东西,而是工业和社会状况的产物,是历史的产物,是世世代代活动的结果"①;另一方面,马克思并没有夸大人的能动作用,他在充分估计人的实践活动的作用时,毫不含糊地指出:"在这种情况下外部自然界的优先地位仍然存在着"。② 这就是说,马克思的站在唯物辩证法的立场上来批判费尔巴哈的形而上学的。马克思在第2节"关于意识的生产"中,还批判了唯心主义的历史观,指出:

> 历史并不是作为"产生于精神的精神"消融在"自我意识"中,历史的每一阶段都遇到有一定的物质结果、一定的数量的生产力总和,人和自然以及人与人之间在历史上形成的关系,都遇到有前一代传给后一代的大量生产力、资金和环境,尽管一方面这些生产力、资金和环境为新的一代所改变,但另一方面,它们也预先规定新的一代的生活条件,使它得到一定的发展和具有特殊的性质。由此可见,这种观点表现:人创造环境,同样环境也创造人。③

马克思的这段话清楚地告诉我们,马克思所讲的人的"周围的感性世界决不是某种开天辟地以来就已存在的、始终如一的东西",不能从否认自然界先于人类而存在这个意义上去理解,而只能理解为:在历史的每一阶段上生活的人们,总是要把前一代人所创造出来的"生产力、资金和环境",当作

---

① 《马克思恩格斯全集》第3卷,人民出版社,1960年,第48页。
② 《马克思恩格斯全集》第3卷,人民出版社,1960年,第50页。
③ 《马克思恩格斯全集》第3卷,人民出版社,1960年,第43页。

"现成的东西承受下来"。从这个意义上当然可以说，人们所面对的自然界，已经不是"开天辟地以来就已存在的、始终如一的"那个自然界了。只要我们不存在什么偏见，就不会得出马克思只讲社会辩证法，只讲人的改造自然的能动性，而否认有离开了人而独立存在的自然界，否认自然界的辩证法等诸如此类的结论了。

通过上述的考察，我们看到，马克思不仅在晚期所写成的成熟的巨著《资本论》中，而且在早期所写的《1844年经济学哲学手稿》等有关著作中，都谈到了自然界的独立存在和自然界的辩证发展，马克思虽然很重视人的改造自然的能动性，但却没有、也不可能因此而否认自然辩证法。那种把马克思的辩证观与恩格斯的辩证观对立起来，把马克思的晚期著作与早期著作对立起来的种种说法，都是没有根据的，因而是错误的。

二 马克思支持恩格斯对自然辩证法的研究与写作

"西方马克思主义者"编造出马克思反对恩格斯从事自然辩证法的研究，研究自然辩证法只是恩格斯个人的"冒险行为"等等奇谈怪论。他们之中有的人说："马克思从来没有谈过自然辩证法，是恩格斯在马克思逝世后才研究它"。另外一些人说，自然辩证法的创立只是恩格斯一个人在"马克思不敢涉及的领域里进行了冒险"，因而是"不明智"的个人发明。马克思是否同意恩格斯这样做，这"是一个有许多争论的问题"。

我们认为，要弄清楚这类问题，不需要进行"许多争论"，而只要查一下历史就行了。

恩格斯创立自然辩证法的工作，可以划分为好几个阶段。

1858年7月到1873年5月，是恩格斯创立自然辩证法的准备阶段。1858年7月14日，恩格斯写信给马克思，向马克思介绍了他正在进行生理学和比较解剖学研究的情况。他要马克思把黑格尔的《自然哲学》寄给他，在他看来30年代以来自然科学所取得的成就，处处显示出自然界的辩证性质。马克思同意恩格斯的看法，并在第二天的回信说，要马上把《自然哲学》寄给恩格斯。

达尔文的《物种起源》于1859年刚刚问世后，马克思和恩格斯都非常迅速并且十分高兴地阅读了它。他们在通信中，互相交换了对达尔文进化论的看法。例如，1860年12月19日，马克思致恩格斯的信中指出，达尔文的进化论"为我们的观点提供了自然史的基础。"① 1861年1月16日马克思致斐·拉萨尔的信中又指出,达尔文的《物种起源》"这本书我可以用来当作历史上的阶级斗争的自然科学根据。"②

在这个阶段,马克思和恩格斯除了关于达尔文的《物种起源》一书的看法有过交流以外,还就德国有机化学家奥·威·霍夫曼所著《现代化学通论》中有关的分子理论问题,进行了讨论。1867年6月16日,恩格斯写信给马克思,信中说:

> 霍夫曼的书已经读过。这种比较新的化学理论,虽然有种种缺点,但是比起以前的原子理论来是一大进步,作为物质的能独立存在的最小部分的分子,是一个完全合理的范畴,如黑格尔所说的,是在分割的无穷系列的一个"关节点",它并不结束这个系列,而是规定质的差别。③

六天之后,即6月22日,马克思在复信中,同意恩格斯联系分子理论对质量互变问题所作的分析,并以《资本论》中的论述作为证明。

1873年5月到1876年5月,是恩格斯创立自然辩证法的第一阶段,1873年5月30日,恩格斯写信给马克思,信中提出了"关于自然科学的辩证思想",并从机械运动、物理运动、化学运动、生物运动等四个方面谈了他对这些运动形式及其相互关系的看法,提出了他撰写《自然辩证法》的全面构思。④ 马克思在恩格斯发信的第二天,即5月31日,就给恩格斯写了回信说,"刚刚收到你的来信,使我非常高兴"。在肖莱马看了恩格斯的信后,马克思又告诉恩格斯说:肖莱马"基本上完全同意你的看法"。⑤

1876年5月到1878年7月,恩格斯在马克思的建议和支持下,为了斗争的需要,中断了《自然辩证法》的写作,担负起写作《反杜林论》的任务。这是恩格斯创立自然辩证法的第二阶段。在《反杜林论》恩格斯充分利用了前一阶段研究自然辩证法时积累的大量自然科学材料,全面地阐发了马克思主义的三个组成部分的基本原理。特别在概论和哲学篇中,恩格斯深

---

① 《马克思恩格斯全集》第31卷,人民出版社,1972年,第309页。
② 《马克思恩格斯全集》第31卷,人民出版社,1972年,第574页。
③ 《马克思恩格斯全集》第31卷,人民出版社,1972年,第309页。
④ 《马克思恩格斯全集》第33卷,人民出版社,1973年,第82—86页。
⑤ 《马克思恩格斯全集》第33卷,人民出版社,1973年,第89页。

刻地阐述了辩证唯物主义自然观的基本原理，提出了诸如"自然界是检验辩证法的试金石"、"自然界的一切归根到底是辩证地而不是形而上学地发生的"，①"辩证法不过是关于自然、人类社会和思维的运动和发展的普遍规律的科学"，②等一系列著名论断。在该书的第二版序言中，恩格斯写道："马克思和我，可以说是从德国唯心主义哲学中拯救了自觉的辩证法并且把它转为唯物主义的自然观和历史观的唯一的人。""在自然界里，同样的辩证法的运动规律在无数错综复杂的变化中发生作用，正像在历史上这些规律支配着似乎是偶然的事变一样"。③恩格斯的这些论述不但表明了自然界的辩证法及其客观性，而且也揭示了自然辩证法与历史辩证法的统一性。现在，对我们来说，最重要的问题是：恩格斯在书中所阐述的自然辩证法思想，是恩格斯一个人独有的呢，还是他与马克思两人的共同观点？这个问题恩格斯在二版序言中讲得十分明确：

> 本书所阐述的世界观，绝大部分是由马克思所确立和阐发的，而只是极小的部分是属于我的，所以，我的这部著作如果没有他的同意就不会完成，这在我们相互之间是不言而喻的。……在各种专业互相帮助，这早就成了我们的习惯。④

恩格斯在这里所说明的马克思的态度，在马克思本人的言论中，也可以得到有力的佐证。例如，马克思在1877年4月11日致威·白拉克的信中，谈到《反杜林论》时指出："真正有科学知识的人，都能从恩格斯的正面阐述中汲取许多东西。"⑤这也表现马克思是同意恩格斯在《反杜林论》中所阐述的、包括自然辩证法在内的基本观点的。

在这个阶段，当恩格斯以主要精力从事《反杜林论》的写作时，马克思仍然对恩格斯的《自然辩证法》的写作，十分关切。他在1876年10月7日给威·李卜克内西的信中说："现在恩格斯正忙于写他的批判杜林的著作。这对他来说是一个巨大的牺牲，因为他不得不为此而停写更加重要得

---

① 《马克思恩格斯全集》第20卷，人民出版社，1971年，第25页。
② 《马克思恩格斯全集》第20卷，人民出版社，1971年，第154页。
③ 《马克思恩格斯全集》第20卷，人民出版社，1971年，第13页。
④ 《马克思恩格斯全集》第20卷，人民出版社，1971年，第11页。
⑤ 《马克思恩格斯全集》第34卷，人民出版社，1972年，第242页。

的著作。"[①] 被马克思称为比《反杜林论》"更加重要得多的著作",不是别的,就是《自然辩证法》。

1878年7月到1883年3月,这是恩格斯创立自然辩证法的第三阶段。在这个阶段,特别要指出的是马克思和恩格斯关于数学手稿的通信。马克思是精通数学的,他写了大量关于微积分理论的手稿,于1881年誊清并寄给恩格斯。恩格斯仔细地读了这份手稿,并于1881年8月18日给马克思写了回信。恩格斯在信中高度评价马克思对数学的研究,说"你无需害怕在这方面会有数学家走在你的前面。"[②] 不仅恩格斯为马克思的成就感到高兴,而且,马克思也为恩格斯的成就而表示祝贺。恩格斯在1882年11月23日写信给马克思报告了他在电学方面的研究成果。马克思在四天以后,即11月27日就复信加以肯定。信中说:"你对于平方在变换形式的能的传递中所起的作用的论证非常好,为此向你祝贺。"[③]

以上是马克思在世时恩格斯为创立自然辩证法所做的工作,以及马克思对恩格斯的工作的评价。在马克思逝世后,恩格斯继续阐发了自然辩证法的光辉思想,这些我们就不去说它了。

三 评"西方马克思主义者"对自然辩证法的否认

在前面两个部分中,我们以无可辩驳的事实,分别从马克思本人对自然辩证法的态度,以及马克思对恩格斯研究自然辩证法的态度两个方面,论证了马克思和恩格斯一样,承认并坚持自然辩证法的。现在,我们不禁要问:事实既然如此的明白,为什么"西方马克思主义者"还要制造和散布上述那些奇谈怪论呢?这些奇谈怪论的错误实质又是什么呢?

首先,他们是把马克思和恩格斯对立起来。在这方面,美国印第安纳州德堡大学的诺曼·莱文的观点是很典型的。他在1975年曾以《可悲的骗局:马克思反对恩格斯》为题,出版了一部全面论述马克思和恩格斯在理论方面的分歧点的专著。这个题目本身就够说明问题了。在洋洋30万言的著作中,他从自然观、历史观,对共产主义的看法以及策略等各个方面,说明马克思与恩格斯之间的重大差别,并把马克思和恩格斯的思想体系分别称为马

[①] 《马克思恩格斯全集》第34卷,人民出版社,1972年,第194页。
[②] 《马克思恩格斯全集》第35卷,第21页。
[③] 《马克思恩格斯全集》第35卷,第115页。

克思主义和恩格斯主义。这种观点是不符合实际的。如同世界上找不到两个完全相同的事物那样,我们并不认为马克思和恩格斯两人会在所有方面完全一样。但是,我们却可以这样说,他们两人在马克思主义理论的重大原则问题上,观点是完全一致的(本文在前面已经论述了他们在自然观方面的一致。其他方面,限于题旨,不可能一一论及)。正因为如此,他们两人在一起共同战斗了四十年,共同创立了马克思主义的科学理论,这个科学理论之所以不称为马克思恩格斯主义,而只称为马克思主义,恩格斯本人有过极为动人的说明。恩格斯说:

> 我不能否认,我和马克思共同工作四十年,在这以前和这个期间,我在一定程度上独立地参加了这一理论的创立,特别是对这一理论的阐发。但是,绝大部分基本指导思想(特别是在经济和历史领域内),尤其对这些指导思想的最后的明确的表述,都是属于马克思的。……所以,这个理论用他的名字命名是公正的。[①]

人们尽管可以对恩格斯在创立这一理论中究竟起多大作用,恩格斯这一段话中是否有谦虚的成分,作这样或那样的估计。但是,绝对不可能,也不允许说,恩格斯没有参加马克思主义的创立工作,或者说恩格斯搞的同马克思搞的是两回事。因此,事实上没有,也不可能有什么与马克思主义对立的什么恩格斯主义。

其次,他们把马克思分成两截,把马克思的成熟的著作同马克思的早期著作对立起来。前面已经说到,马克思无论在他最重要的成熟的著作《资本论》中,还是在他早期著作(如《1844年经济学哲学手稿》等)中,都是坚持自然辩证法的。"西方马克思主义者"之所以要把马克思的晚期与早期对立起来。赞扬青年马克思,攻击和歪曲老年马克思,其目的就是要把无产阶级革命家的马克思改造、装扮成为资产阶级人道主义者。基于这点,他们说,马克思在青年时代的观点是同恩格斯的观点截然不同的,到了晚年,马克思之所以"并不反对恩格斯在《反杜林论》和其他著作中所发表的哲学观点,因为他在自己这位朋友的影响下改变了自己早期的观点,从而自己向这些带来灾难的哲学谬误屈服了。"真是越说越离奇了。

---

① 《马克思恩格斯选集》第4卷,人民出版社,1972年,第238页。

再次，他们把马克思主义哲学中的历史唯物主义和辩证唯物主义割裂开来，对立起来。他们说马克思只讲社会辩证法，不讲自然辩证法。而马克思之所以不讲自然辩证法的原因，据说是因为马克思强调了人们改造自然的实践，以及在这种实践活动中所体现出来的主观能动性。他们这种说法是从根本上违背了马克思主义！在马克思主义看来，重视人的实践的作用，充分估计人的能动作用，同承认自然界的客观存在及其辩证性质，是两个互相统一而不是互相排斥的命题。如果因为承认后者而否认前者，那就是形而上学唯物主义；如果因为承认前者而否认后者，那就成了唯心主义了。马克思主义所讲的实践，当然是人们的社会实践，但是，难道说这样一来，马克思主义就只能讲社会辩证法而不能讲自然辩证法吗？当然不能这样。事实上，马克思本人在他的著作中，常常把社会辩证法与自然辩证法统一起来，并把后者看作是前者的基础。例如，马克思在1859年著的《政治经济学批判》一书的序言中曾经有过："生产的经济条件方面所发生的物质的、可以用自然科学的精确性指明的变革"① 这样的提法。这里说的"自然科学的精确性"是什么意思呢？无非是说明马克思认为社会经济的发展正如任何自然界的发展过程所显示的那样具有严格的客观规律性。正因为这样，马克思在《资本论》第1卷第1版序言中又说：

> 我的观点是：社会经济形态的发展是一种自然历史过程；不管个人在主观上怎样超脱各种关系，他在社会意义上总是这些关系的产物。②

马克思的这种社会辩证法与自然辩证法相统一的观点，在他著作中是不乏其例的。前面我们举的他对达尔文进化论的评价，就是一个很典型的事例，他认为达尔文的进化论，是从自然科学方面支持了他和恩格斯所揭示的社会发展规律。除此之外，我们还可以举一个例子。马克思在《中国革命和欧洲革命》中说：

> 有一个爱好虚构的思辨体系，但思想极其深刻的研究人类发展基本原则的学者一向认为，自然界的基本奥秘之一，就是他所说的对立统一

---

① 《马克思恩格斯全集》第13卷，第9页。
② 《马克思恩格斯全集》第23卷，人民出版社，1972年，第12页。

[contact of extremes] 规律。在他看来,"两极相逢"这个习俗用语是伟大而不可移易的适用于生活一切方面的真理,是哲学家不能漠视的定理,就象天文学家不能漠视刻卜勒的定律或牛顿的伟大发现一样。"对立统一"是否就是这样一个万应的原则,这一点可以从中国革命对文明世界很可能发生的影响中得到明显的例证。①

马克思在这篇论述中国革命(这里是指太平天国革命)和欧洲革命的文章中,一开始为什么要引用黑格尔关于对立统一规律的思想?这无非是要说明对立统一这个辩证法的规律,无论对于自然界还是对于社会都是适用的,是"一个万应的原则",同时,他还说明了自然辩证法与社会辩证法的内在联系。

最后,他们还把辩证法同唯物论割裂开来、对立起来。对他们说来,这是不可避免的,因为从历史的观点来看,应该是先有自然界的辩证法,然后才有社会的辩证法,而历史唯物主义也正是在一般唯物主义的基础上发展而来的,当他们把社会辩证法与自然辩证法对立起来,离开后者而讲前者的时候,这种辩证法还有什么客观性可言呢?这种辩证法实质上就是唯心主义的辩证法,而不是马克思主义的辩证法。在他们的心目中,马克思所讲的社会辩证法,就是这样一种离开自然辩证法的唯心主义的辩证法,无怪乎他们竭力使马克思向黑格尔接近,硬把黑格尔关于主体和客体的同一性的观点强加给马克思,断言马克思的辩证法只存在于主体与客体相互作用之中。

上述这些,就是"西方马克思主义者"制造并散布的关于马克思不谈并反对自然辩证法的论调的实质和要害所在。他们这样做的目的,就是要把马克思主义哲学阉割、歪曲成资产阶级可以接受的东西。从这个意义上说,他们对马克思的污蔑和攻击,并不只是针对马克思个人,而是针对马克思和恩格斯共同创立的马克思主义。他们在攻击马克思主义的自然辩证法时,似乎很重视、很强调实践的作用。但是,他们却把重视实践和承认自然辩证法,看作是不相容的两件事。如果我们真正是把马克思主义作为科学的世界观来看待,我们就应当承认,自然辩证法比起社会辩证法,具有更为根本的意义。因为,如果自然界没有辩证法,那么,作为自然界发展到一定阶段上所产生的人类社会,还有什么辩证法可言呢?而离开了自然界辩证法来讲社

---

① 《马克思恩格斯全集》第9卷,人民出版社,1961年,第109页。

会辩证法，这种社会辩证法还有什么客观性可言？当辩证法不是作为世界观而只是作为一种方法时，这种辩证法叫什么辩证法都行，但绝对不能把它叫做马克思主义的辩证法。

毋庸讳言，在马克思主义理论队伍中，在一定程度上存在着对自然辩证法重视不够的情况，也有一些同志在讲马克思主义哲学时，有意无意只讲辩证法的认识论意义，而不讲辩证法的本体论的意义。这些都是错误的。能不能这样说："西方马克思主义者"对自然辩证法的歪曲和攻击，可以从反面教育我们，应当重视对自然辩证法的学习和研究呢？我想，在一定意义上是可以这样说的。因为自然辩证法是马克思主义哲学的一个重要组成部分，重视自然辩证法的学习和研究，不仅是为了捍卫马克思主义唯物辩证法的纯洁性，而且是为了更好地用自然科学的新成就来不断丰富和发展马克思主义哲学，并用马克思主义哲学来指导和促进自然科学技术的迅速发展。

在这方面，我们应当向马克思学习，要像马克思那样高度评价和重视科学技术的社会作用，满腔热情地支持科学的每一个新发现，不断地从科学技术中吸收养分，用科学技术的新成就来发展马克思主义。

马克思有一句名言："哲学家们只是用不同的方式解释世界，而问题在于改变世界。"① 马克思和恩格斯之所以重视自然辩证法，不仅是为了认识自然界，更重要的是为了改造自然界。而自然科学技术正是我们认识自然、改造自然的强大的武器。在粉碎"四人帮"后，人们对科学技术在发展经济、建设社会主义物质文明方面的作用，对马克思关于科学技术是生产力的重要论断的认识，虽然有了很大的提高，但是还是很不够，这种状况必须迅速改变。

马克思认为，科学技术不仅在发展经济、提高劳动生产率方面有着巨大的作用，而且，科学技术还是一种在历史上起推动作用的、革命的力量。它对于推动社会进步，消灭三大差别、消灭阶级，促进人们的思想革命化，也是"最强有力的杠杆"。马克思在目睹 18 世纪"蒸汽大王"推动资产阶级工业革命的伟大事业后明确指出："蒸汽、电力和自动纺机甚至比巴尔贝斯、拉斯拜尔和布朗基诸位公民更危险万分的革命家"。② 当反动派镇压了 1848 年的欧洲革命，满以为革命从此窒息了的时候，马克思嘲笑了这帮蠢

---

① 《马克思恩格斯选集》第 1 卷，人民出版社，1972 年，第 19 页。
② 《马克思恩格斯选集》第 2 卷，人民出版社，1972 年，第 78 页。

货，因为他们没有想到自然科学在准备一次新的革命："蒸汽大王在前一世纪中翻转了整个世界，现在它的统治已到末日，另外一种更大得无比的革命力量——电力的火花将取而代之。"1850年7月，英国伦敦的瑞琴特街上展出了一个牵引火车的电力机车模型。马克思看后对李卜克内西说："现在问题已经解决了，这件事的后果是不可估计的。经济革命之后一定要跟着政治革命，因为后者是前者的表现而已。"① 正因为如此，马克思对于科学技术上的每一个新发现，都感到由衷的喜悦。直到他在逝世前不久，还密切关注电学方面的发展，注意询问马赛尔·德普勒架设实验性输电线路的情况。

马克思在关心、支持科学技术中的新发现的同时，还对自然科学成果，从哲学高度加以概括和总结。在《资本论》这部巨著中，他对许多科学技术问题进行了精辟的概括，为了写第1卷第13章《机械和大工业》，曾写了长达20万字的手稿，引述和分析了极其丰富的工艺史资料，阐发了技术发展的辩证法。《机器。自然力和科学的应用》一书，就是马克思这方面研究的结晶。

今天，我们所处的时代与马克思所处的时代相比，科学技术更加发展了，科学技术对社会各个方面所起的作用更加显著了。我们应该更加自觉地重视科学技术事业，使科学技术更好地在实现四化建设中起关键作用。这就是我们研究马克思与自然辩证法关系的现实意义，也是我们在批判"西方马克思主义者"对自然辩证法的歪曲与攻击时所应当得出的结论。

（原载《福建论坛》1982年第4期，
收入本书时有所增订）

---

① 保尔·拉法格等：《回忆马克思恩格斯》，人民出版社，1973年，第35页。

附录 2
恩格斯《自然辩证法》中从抽象上升到具体的方法

恩格斯在同马克思一起，创立马克思主义的战斗生涯中，曾经花费了10多年的工夫来研究自然科学。《自然辩证法》一书，就是他长期对自然科学进行深湛研究的结晶。尽管它是一部未完成的手稿。在这部重要著作中，恩格斯对19世纪中叶自然科学的最重要成就，作了辩证唯物主义的概括，进一步发展了唯物辩证法，并批判了附着在自然科学中的唯心主义和形而上学观念，内容十分丰富。本文仅从方法论的角度，谈谈恩格斯在这本书中所运用的从抽象到具体的方法。

一 "从抽象上升到具体"的含义

什么是从抽象上升到具体的方法呢？我们知道，在哲学史上，黑格尔第一次从唯心主义的观点出发，对抽象与具体的统一，以及真理的具体性问题作过深刻的阐述。黑格尔在说到从抽象上升到具体的过程时说：

> 这个前进运动的特征就是：它从一些简单的规定开始，而在这些规定之后的规定性就愈来愈丰富，愈来愈具体。①

黑格尔认为，概念诸规定的必然联系，表现为概念发展的系统。在这个系统中，最贫乏、最空洞的概念，也就是最抽象的概念，它自己否定自己，进入到较高的概念。而每前进一步，都比较地更深入事物的本质，每后一个概念都是对前一个概念的"扬弃"。因此，每后一个概念就比前一个概念更

---

① 《马克思恩格斯选集》第2卷，人民出版社，1972年，第103页。

加具体，最后的概念就是最丰富、最完满，也就是最具体的概念。黑格尔的整个《逻辑学》，就是概念从抽象上升到具体的系统。从最初的一个范畴"纯有"，到最后一个范畴"绝对理念"的演变，就是一个不断地、一环扣一环地从抽象上升到具体的过程。

马克思在唯物主义的基础上，批判地吸收了黑格尔的合理思想，在谈到政治经济学方法时，对从抽象上升到具体的方法，有过明确的阐述。他说：

> 如果我从人口着手，那末这就是一个浑沌的关于整体的表象，经过更切近的规定之后，我就会在分析中达到越来越简单的概念；从表象中具体达到越来越稀薄的抽象，直到我达到一些最简单的规定。于是行程又得从那里回过头来，直到我最后又回到人口，但是这回人口已不是一个浑沌的关于整体的表象，而是一个具有许多规定和关系的丰富的总体了。①

马克思在这段话中，实际上讲了抽象思维的两个进程、两种具体：在第一个进程中，"完整的表象蒸发为抽象的规定"，这时的具体是"表象中的具体"，它是我们认识客观事物的起点，属于认识的感性阶段；在第二个进程中，"抽象的规定在思维在行程中导致具体的再现"。这时的具体，是"思维中的具体"，属于认识的理性阶段。马克思这样讲，是针对古典政治经济学的。后者的根本缺点之一，就是只完成了认识的第一个进程，从而未能把政治经济学建立在科学概念的基础之上。因为，"表象中的具体"虽然是我们认识客观事物的起点，但它只能接触到事物的现象，只有"思维中的具体"，才能实现"许多规定的综合"，达到"多样性的统一"，从而能更深刻地抓住事物的本质。因此，只有"从抽象上升到具体的方法"，才是一个"科学上正确的方法"。②

在马克思看来，思维中的具体，不是指那些可以看得见、摸得着的感性之物，而是指已经认识、理解了的具有丰富内容的东西。"具体之所以具体，因为它是许多规定的综合，因而是多样性的统一。"正因为这样，从抽象上升到具体的过程，也就是认识从简单到复杂、从片面到全面、从初级本

---

① 《马克思恩格斯选集》第 2 卷，人民出版社，1972 年，第 103 页。
② 《马克思恩格斯选集》第 2 卷，人民出版社，1972 年，第 103 页。

质前进到更高一级本质的过程。虽然这个过程，"决不是具体本身的产生过程"，而"只是思维用来掌握具体并把它当做一个精神上的具体再现出来的方式"，但它确实是思维运动固有的逻辑，是思维由抽象概念向愈益具体的概念运动的普遍规律。

马克思在《〈政治经济学批判〉导言》中所说的这种从抽象上升到具体的方法，在他本人所写的经济学巨著《资本论》中，得到了出色的贯彻。因此，列宁说，马克思虽然没有遗留下像黑格尔《逻辑学》那样的"逻辑"，但"马克思把黑格尔辩证法的合理形式运用于政治经济学"，"他遗留下《资本论》的逻辑"。①

二　恩格斯在《自然辩证法》中"从抽象上升到具体"方法的具体运用

恩格斯在《自然辩证法》中，同马克思在《资本论》中所做的一样，也运用了从抽象上升到具体的方法。当然，这两部著作有重大的差别：马克思的《资本论》是一部结构严密的完整的科学巨著，而恩格斯的《自然辩证法》却是一部未完成的手稿，其中包括恩格斯在不同时期写的论文和札记。这就在客观上给我们研究这部著作带来了很大的困难，也是目前学术界对这部著作所使用的方法的看法存在分歧的一个重要原因。前苏联学者勃·凯德洛夫在《论恩格斯〈自然辩证法〉》一书中认为，恩格斯《自然辩证法》的撰写方法，就是从抽象上升到具体的方法。国内学者对此有不同看法。笔者认为，这个方法虽不是恩格斯在该书中所运用的唯一方法，至少也是其中的一种重要方法。

恩格斯的《自然辩证法》同马克思的《资本论》这两部著作，尽管所讲的内容很不相同，但是，由于人类社会是自然界发展到一定阶段上的产物，因此，这两部著作在内容上很自然地紧密相连。恩格斯写作《自然辩证法》一书的目的之一，就是要揭示自然界发展的客观过程，是怎样有规律地越出自然界本身的范围而到达人类社会历史领域的。

为了揭示自然界各个部分和自然科学各个领域的辩证内容，使之彼此间联系起来，就必须做出像达尔文在生物学方面和门捷列夫在化学元素方面所做出的那样发现。在恩格斯之前，当时自然科学家用各种互不联系的"自

---

① 《列宁全集》第38卷，人民出版社，1959年，第190、357页。

然力"的概念来描述自然现象。恩格斯从物质和运动不可分割的观点出发，提出了"运动形式"的概念，把整个自然界统一起来。1873年5月30日，恩格斯在致马克思的信中写道：

> 物体和运动是不可分的，各种物体的形式和种类只有在运动中才能认识，离开运动，离开同其他物体的一切关系，就谈不到物体。物体只有在运动中才显示出它是什么。因此，自然科学只有在物体的相互关系中，在物体的运动中观察物体，才能认识物体。对运动的各种形式的认识，就是对物体的认识。所以对这些不同的运动形式的探讨，就是自然科学的主要对象。①

在这封信中，恩格斯提出了写作《自然辩证法》的指导思想和最初计划，整个《自然辩证法》的写作，就是以各种运动形式及其相互转化为线索，来运用从抽象上升到具体的方法的。

在运用从抽象上升到具体的方法时，一般地说，要解决如下三个问题：一是要选择和确定好逻辑起点；二是要弄清从抽象到具体上升过程的逻辑顺序；三是要明确逻辑终点是什么。那么，恩格斯在《自然辩证法》中是怎样解决这些问题的呢？

（一）关于从抽象上升到具体的逻辑起点问题

列宁在谈到《资本论》的起点时指出：

> 马克思在《资本论》中首先分析资产阶级社会（商品社会）里最简单、最普通、最基本、最常见、最平凡、碰到过亿万次的关系——商品交换。这一分析从这个最简单的现象中（在资产阶级社会的这个"细胞"中）揭示出现代社会的一切矛盾（或一切矛盾的胚芽）。往后的叙述为我们揭明了这些矛盾以及这个社会在这个社会的各个部分的总和中，在这个社会的开始直到终结的过程中的发展（和生长，和运动）。②

---

① 《马克思恩格斯选集》第4卷，人民出版社，1972年，第407页。
② 《列宁全集》第38卷，人民出版社，1959年，第409页。

从列宁的这段话中可以看出：一个理论体系的逻辑起点，首先，它必须是对象的最简单、最基本、最一般的本质规定。其次，在这个体系中，它必须是构成整个体系的基本单位（如同动植物机体中的"细胞"一样）。最后，它是以"胚芽"的形式，包含着对象的发展全过程中的一切矛盾。而作为资本主义社会"细胞"的商品，就是《资本论》的逻辑起点。这是人所周知的。

根据逻辑起点所必须具备的这些特点，我们看到，在《自然辩证法》中，运动物体的最简单的位置移动——机械运动，正是研究自然界发展规律的逻辑起点，是全部发展过程的最初的"细胞"。正如恩格斯所指出的："一切运动都是和某种位置移动相联系的"，因此，"研究运动的性质，当然应当从这种运动的最低级、最简单的形式开始"。[①] 当然，我们说机械运动是运动形式中最简单的形式，这并不意味着机械运动本身是没有矛盾的；恰恰相反，机械运动本身包含着较为复杂的运动形式所固有的一切矛盾的萌芽。

（二）关于从抽象到具体的上升过程的逻辑顺序问题

确定从抽象到具体的上升过程的逻辑顺序，绝不是主观随意的，应当有其客观的依据。由于客观具体对象的各个方面、发展的各个阶段之间的内在联系，以及它与周围其他对象的各种关系是错综复杂的，因此，反映客体的各个抽象规定之间的联系方式，也必然是多种多样的，不可能有千篇一律的固定模式。

既然《自然辩证法》一书是以物质运动形式的相互转化为线索，来揭示自然界发展过程的辩证法的，那么，很自然的，从抽象到具体的上升过程的顺序，实际上就是一种运动形式怎样向更高的运动形式的转化问题。在这里，最抽象的规定，就是最低级、最简单的运动形式，而最具体的规定，就是最高级、最复杂的运动形式。其中，每一种运动形式发展的最高点，同时就是下一个阶梯上更为复杂的运动形式的起点。这充分表明，从抽象到具体的认识过程，像人们上楼的阶梯一样，是逐步上升的。

我们在《自然辩证法》的"辩证法"、"运动的基本形式"等许多论文和札记中，通过恩格斯关于从机械运动向各种更为复杂的运动形式转化的论述，可以清楚看出从抽象到具体上升过程的逻辑顺序。

机械运动是怎样转化为物理运动的呢？恩格斯认为，这是通过"碰撞"

---

① 《马克思恩格斯全集》第20卷，人民出版社，1971年，第408页。

和"摩擦"来实现的。经过碰撞和摩擦,机械运动"转化为性质不同的各种运动形式,转化为热,转化为电——转化为分子运动的形式。所以,摩擦和碰撞引起物体运动(力学的对象)向分子运动(物理学的对象)的转化。"① 在自然现象的发展和复杂化的更高的阶段上,不同运动形式之间的衔接较少采取简单的方式,而且一般地不是通过运动着的物体的直接的、外部碰撞的途径来实现的。恩格斯在书中详细地研究了伽伐尼电池中实现的电化学的过程,在那里发生了化学能转变为电能;而在电解槽里进行着的则是由电能转变为化学能的相反过程。当电运动达到自己发展的最高点时,就越出了原有的范围而进入了化学的领域。同样,当化学运动发展到自己的最高点时,便进入了生命的领域。恩格斯说:

> 当化学产生了蛋白质的时候,化学过程就像上述的机械过程一样,要超出它本身的范围,就是说,它要进入一个内容更丰富的领域,即有机生命的领域。②

上述从机械运动转化为各种其他运动形式,最后转化为生命运动形式的过程,正是《自然辩证法》一书的理论体系中从抽象到具体上升过程的逻辑顺序的现实原型。

(三)关于从抽象上升到具体的逻辑终点问题

在所考察的系统内,作为逻辑终点的范畴应该是最丰富、最具体的范畴。当然,哪一个范畴被确定为逻辑终点,是根据所要考察的对象而定的,并不是固定不变的。例如,在《资本论》的第一卷中,剩余价值的生产虽然是最具体的范畴,但对整个《资本论》来说,情况就不是如此了。因为生产只是资本主义经济的一个方面,还必须有流通的过程。否则,剩余价值生产及其实现就成为不可能。《资本论》第二卷所考察的资本主义流通过程,《资本论》第三卷所考察的资本主义的生产和流通的统一,都比资本主义生产过程,更为具体。当马克思主义在第三卷中,以抽象上升到具体的方法,逐一考察了剩余价值在各个剥削集团之间的分配,考察了剩余价值转化为利润、利润转化为平均利润和生息资本、以及超额利润转化为地租等情况

---

① 《马克思恩格斯全集》第20卷,人民出版社,1971年,第448页。
② 《马克思恩格斯全集》第20卷,人民出版社,1971年,第600页。

时，整个资本主义的生产、流通和分配的统一物，才真正作为一个被把握了的"思维具体"呈现在人们的面前。在《自然辩证法》中，考察的对象是自然界的运动形式。在自然界的各种运动形式中，生物运动是最复杂、最高级的运动形式。因此，生物界发展过程中的最高点，也就同时是整个自然界范围内各种运动形式发展过程中的最高点了。从高度发展的类人猿而形成的人，就是这个最高点：既是生物发展的最高点，又是自然界范围内各种运动形式发展的最高点。恩格斯在《自然辩证法》中，把人类比喻为"地球上最美的花朵"，指出，只有出现了人类，自然界才"达到了自我意识"。[①]

从这个意义上说，人既是自然界发展的最高点，又是人类社会发展的起点。相对于社会运动来说，自然界发展的逻辑终点又转化为人类社会发展的逻辑起点了。恩格斯的著名论文《劳动在从猿到人转变过程中的作用》，正是处在自然界运动形式和社会运动形式交接点的位置上。通过"劳动"这个环节，恩格斯的《自然辩证法》和马克思的《资本论》衔接起来了。

三　逻辑与历史的辩证统一

在我们简略地分析了恩格斯《自然辩证法》中从抽象上升到具体的方法时，必须着重指出的是，恩格斯在这本书中所使用的科学方法，是极其丰富的。从抽象上升到具体的方法，并没有、也不可能把书中的科学方法包括无遗。由于这本书中从抽象到具体上升过程的逻辑顺序是同运动形式的从简单到复杂、从低级到高级相吻合的，所以，在这本书中，从抽象上升到具体的方法，还极其鲜明地体现出逻辑和历史的统一：这种从抽象上升到具体的过程不是别的，它正是历史过程在逻辑形式上的反映。

逻辑的东西和历史的东西统一，是辩证逻辑的一个重要问题。任何一种科学的理论，都表现为一种系统的逻辑体系。但是，这种逻辑体系不是任意虚构的，而是历史过程的反映。恩格斯在评价马克思的《政治经济学批判》一书时认为，马克思所运用的从抽象上升到具体的逻辑方法，实质上也是一种历史的方法："历史从哪里开始，思想进程也应当从哪里开始，而思想进程的进一步发展不过是历史进程在抽象的、理论上前后一贯的形式上的反映"。[②] 当然，在这种反映的过程中，要撇开历史行程中迂回曲折的细节及

[①] 《马克思恩格斯全集》第20卷，人民出版社，1971年，第379页。
[②] 《马克思恩格斯选集》第2卷，人民出版社，1972年，第122页。

大量次要的、偶然的因素，在纯粹的形态上来把握事物发展内在必然性。所以，逻辑的和历史的统一，就不是机械的统一，而是辩证的统一，是在总的发展趋势上的大体的一致。

逻辑的东西和历史的东西的统一，这里所讲的历史，包括研究对象的历史发展过程和人们认识它的历史发展过程。从《自然辩证法》一书论述的范围来说，就是自然界的发展历史和自然科学的发展历史。

恩格斯在《自然辩证法》中，曾经以生动的笔触，描绘了自然界发展的辩证图景，根据当时的科学材料，考察了从原始星云到人类社会产生和发展的过程。

恩格斯指出，按照康德和拉普拉斯的天体演化学，整个太阳系是由自己旋转着的极端稀薄的气体逐渐收缩而产生的。在太阳系形成以后，"最初是我们称为热的那种物质运动形式占优势"，在"那样一种温度下，是谈不上元素的化学化合物的；对太阳的进一步的观察，将表明热在这种场合下在多大的程度上转变为电和磁；在太阳上发生的机械运动不过是从热和重量的冲突中产生出来的"。按照当时自然科学所提供的理论，是把太阳系的发展看作是从热到冷的过程。所以，恩格斯说："随着进一步的冷却，互相转化的物理运动形式的相互作用就出现得愈来愈多，直到最后达到这样一点，从这一点起，化学亲和力开始起作用，以前在化学上没有分别的元素现在在化学上互相分别开来，获得了化学的性质，相互化合起来。"① 这样，就有了化学的运动形式。"如果温度降低到至少在相当大的一部分地面上不高过能使蛋白质生存的限度，那么在其他适当的化学的先决条件下，有生命的原生质便形成了"。这就是说，生命是经过化学的途径产生的。有了生命之后，随着细胞的产生，整个有机界的形态形成的基础也产生了。有机界的一个分支，渐次发展为植物；另一个分支发展成为动物，"最后在这些脊椎动物中，又发展出这样一种脊椎动物，在它身上自然界达到了自我意识，这就是人。"② 有了人，就有了历史，物质运动就从自然界领域进入了人类社会历史的领域。

逻辑的东西不仅和研究的对象的发展历史是统一的，而且和人类对它的认识的历史也是统一的。恩格斯在《自然辩证法》中，还考察了人类对自然界的认识史，阐明人类对自然界的认识，也是一个从简单到复杂、从低级

---

① 《马克思恩格斯全集》第20卷，人民出版社，1971年，第371—372页。
② 《马克思恩格斯全集》第20卷，人民出版社，1971年，第373页。

到高级的发展过程。

恩格斯指出：在古代，人类对自然界的认识水平是十分低下的，最先发展起来的自然科学就是天文学、力学和数学这样三个部门。天文学和力学是研究天体和地球上物体的机械运动的，而数学是由于天文学和力学的发展而发展并服务于它们的。当然，自然科学各个部门的这种发展顺序，是由生产所决定的。如果从认识论的角度来分析，其原因也是显而易见的。正如恩格斯所指出的："研究运动的性质，当然应当从这种运动的最低级、最简单的形式开始，先理解了这些最低级的最简单的形式，然后才能对更高级的和更复杂的形式有所阐明"。[①] 因此，"在自然科学的历史发展中最先发展起来的是关于简单的位置移动的理论，即天体和地上物体的力学，随后是关于分子运动的理论，即物理学，紧跟着它、几乎和它同时而且有些地方还先于它发展起来的，是关于原子运动的科学，即化学。只有在这些关于统治着非生物界的运动形式的不同的知识部门达到高度的发展以后，才能有效地阐明各种显示生命过程的运动进程。"[②] 自然科学的发展历史的从简单到复杂、从低级到高级的进程，有力地证明了从抽象上升到具体的逻辑方法，不仅与自然界的发展史、而且也和自然科学的发展史是统一的，说明这个方法无论在自然界的发展中，还是在自然科学的发展中都是有效的。

四 "从抽象上升到具体"方法的普遍意义

恩格斯在《自然辩证法》中指出："每一时代的理论思维，从而我们时代的理论思维，都是一种历史的产物"。[③] 从抽象上升到具体的思维方法，也不例外。从15世纪到18世纪，当时自然科学处于搜集材料的阶段。在这个阶段，自然科学的各个学科，通过分门别类地搜集材料，以达到对自然界某个方面的认识。18世纪下半叶以后，自然科学开始进入理论的领域，必须系统地和依据其内在联系，把经验自然科学收集的大量的材料加以整理，这时，日益分化的自然科学，已经越来越明显地作为一种把一切自然过程联结成一个伟大整体的科学展示在人们面前。在这种情况下，单靠从感性具体到抽象的原则与方法已经不够用了，必须借助于从抽象上升到思维具体的原

---

① 《马克思恩格斯全集》第20卷，人民出版社，1971年，第408页。
② 《马克思恩格斯全集》第20卷，人民出版社，1971年，第408页。
③ 《马克思恩格斯全集》第20卷，人民出版社，1971年，第382页。

则与方法，以便逐步地形成对自然界的具体的、系统的认识。在这里，笔者是把从抽象上升到具体与综合方法联系起来考察的。当然这两者不能等同，但毕竟是有联系的。马克思在《〈政治经济学批判〉导言》中，当讲到从抽象上升到具体时，曾指出，具体是"许多规定的综合""它在思维中表现为综合的过程"。① 今天，随着自然科学的飞速发展，迅速分化了的各门科学都不是孤立地存在着的，而是作为统一的科学大厦的一个有机部分而存在。它不像过去那样只是导致学科之间的分离，而是导致各个学科的相互渗透、相互结合。现代科学这种高度分化和高度综合相统一整体化的发展趋势，比以往任何时期都为从抽象上升到具体的辩证方法在自然科学中运用，提供了更为广阔的前景。

为了使各个学科的内容作为一个科学的理论体系，展现在人们面前，采取什么样的叙述方法无疑是十分重要的事情。无论哪一门学科，只有在逻辑结构上能够反映该学科研究对象的总体及其各个部分之间相互联系的理论体系，才称得上建立了科学的理论体系；而只有能够建立起这样的逻辑结构方法，才称得上是科学的方法。从这个意义上来说，从抽象上升到具体的方法，应当是建立各学科理论体系的普遍适用的方法。事实上，任何一本好的自然科学（以及哲学社会科学）教科书，都是运用从抽象上升到具体的方法来撰写的。

既然任何一个学科的理论体系，都应当按照从抽象上升到具体的方法来建立，那么，如果我们能够自觉地掌握这个科学方法，就能更加深刻地理解所要研究的学科的精神实质，弄清该学科中主要概念的演变，以及概念之间的相互关系，从而系统地而不是零碎地、联系地而不是孤立地把该学科的基本内容学到手。从这个意义上说，研究恩格斯《自然辩证法》中从抽象上升到具体的方法，不仅对于进一步研究恩格斯的这部著作有着直接的作用，而且对于整个科学研究工作和科学教育工作，都有着普遍的指导意义。

（原载《福建师大学报》1983年第1期下卷，曾收入
科普出版社1983年9月出版的《科学方法论研究》一书。
收入本书时又有所增订）

---

① 《马克思恩格斯选集》第2卷，人民出版社，1972年，第103页。

附录 3
现代科学技术对自然辩证法的丰富与发展
——读新校重编的《自然辩证法》

弗里德里希·恩格斯与马克思一起共同创立的马克思主义,给我们留下了无法估量的精神财富,《自然辩证法》就是其中的主要著作之一。本文拟根据最近出版的新校重编的《自然辩证法》(于光远等译编)的基本内容,联系现代科学技术的主要成就,谈谈这本著作的主要思想和现实意义。

我们知道,马克思和恩格斯十分重视自然科学和技术的革命作用,并且花费了很多时间进行这方面的研究。恩格斯说:

> 马克思和我,可以说是从德意志唯心哲学中拯救了自觉的辩证法并且把它转为唯物主义的自然观与历史观的唯一的人。可是对于辩证的同时是唯物主义的自然观,需要有数学的与自然科学的知识。马克思是精通数学的,可是对于自然科学,我们只能作零星的,时停时续的、片断的研究。因此,当我摈弃商业并移居伦敦时,我获得了进行此种研究所必需的时间,并且尽可能地使自己在数学和自然科学方面经历一个"脱毛"——象李比希所说——,在八年中,我把大部分时间用在这上面。[1]

从这段话中,我们可以看到自然科学在创立辩证唯物主义的自然观和历史观中所起的重要作用,同时也对恩格斯从事自然科学研究的经历,有个大致的了解。恩格斯这里所讲的八年,实际上是包括两段时间。这两段时间,也就恩格斯写作《自然辩证法》的两个主要阶段:

---

[1] 恩格斯:《自然辩证法》,人民出版社,1984年,第342页。

第一段时间是1873年5月30日开始到1876年5月，共三年。恩格斯比较集中地研究了自然科学和自然辩证法，写了94篇札记，其中包括体现全书精髓的《导言》。这时，《自然辩证法》一书的"最终的全貌"已经开始呈现在恩格斯的脑海之中了。[①] 但是，为了批判杜林，恩格斯中断了自然辩证法的写作，用两年的时间来写《反杜林论》。

第二段时间是1878年至1883年，共五年。恩格斯陆续写了《运动的基本形式》等论文和70多个札记以及两个计划草案。当时恩格斯本想尽快地结束自然辩证法的写作，可是由于1883年3月14日马克思的逝世而未能如愿。因此，他留给我们的《自然辩证法》只是一部未最后完成的手稿。

这部未最后完成的手稿，包括10篇论文、169段札记和片段，两个计划草案，——总共181个部分所组成。其中绝大部分是在上述那八年时间内写作的。恩格斯在晚年曾经把它们分成四束，分别加上标题：第一束的总标题是《辩证法和自然科学》，共127篇，都是较短的札记和片断。第二束的总标题是《自然研究和辩证法》，共6篇，基本上都是准备为别的著作而写，后来又放在《自然辩证法》之中的。第三束的总标题是《自然辩证法》，共有6篇已完成的论文。第四束的总标题是《数学和自然科学。不同的东西》，共有42篇札记和片断，包括《总计划草案》（1878年）和《局部计划草案》（1880）年。上述四束材料中，第二、三束恩格斯亲自编了目录，而第一、四束则没有编目录。这样，不仅它们的内容是否曾被后人更动过，我们不得而知；而且，恩格斯为什么这样分束，其确切的理由也无法从恩格斯的手稿中得到直接的答案。这就给后人如何编排恩格斯的这些手稿，留下了很大的余地。

最近出版的新校重编的《自然辩证法》中译本与以往的版本不同，除了它重校了译文使之更加准确，补充了内容（增加了《自然辩证法》准备材料和三种附录）使之更加丰富之外，最主要之点在于它采用了新的编排方式。其编辑原则可归结为两点：（1）将论文和札记片断统一按主题编排；（2）大体上（不是完全严格）按照恩格斯的《总计划草案》的次序编排。这样做的好处是，贯彻了按主题编排的原则，既能更好地体现恩格斯的写作意图，又更方便于读者的阅读和研究。

---

① 《自然辩证法》，人民出版社，1984年，第333页。

新编本的正文部分是由下列 10 个部分所组成。这就是：Ⅰ．总计划草案；Ⅱ．自然科学的历史发展；Ⅲ．自然科学和哲学；Ⅳ．自然界的辩证法。辩证法的规律和范畴；Ⅴ．认识自然的辩证法。认识论和辩证逻辑；Ⅵ．物质的运动形式。自然科学的辩证法；Ⅶ．数学和各门自然科学中的辩证法；Ⅷ．劳动在从猿到人的转变中的作用；Ⅸ．各束手稿的名称目录；Ⅹ．《自然辩证法》准备材料。

以上编排基本上与恩斯写的《总计划草案》的次序相符，变动的地方在于把《总计划草案》中的第 3 项辩证法，分为Ⅳ和Ⅴ两个部分，并把草案中有关对反辩证法、反唯物论思想的批判的项目，分散到正面论述的各部分中去。在这 10 个部分中，如果把第 1、9、10 这三个部分暂且撇开不谈，那么，余下的七个部分，大体上可归纳为三个大问题。

（一）自然辩证法的一般问题，包括第 2、3、4、5、6 几个部分。

恩格斯在这些部分中，用自然科学历史发展的丰富材料，揭示辩证法唯物主义自然观代替形而上学自然观的历史必然性；并以当时自然科学的材料，描绘了自然界辩证发展的图景；根据历史的经验和现实的教训，论证了自然科学家掌握唯物辩证法的极端重要性。此外，恩格斯还第一次明确地把辩证法的规律归纳为三个规律，举了自然界中的大量事例，阐明辩证法的规律是自然界的实在的发展规律。为了使自然科学家们能更好地认识自然，恩格斯阐发了认识论和辩证逻辑的若干问题：特别是对自然界与精神、感性悟性与理性的关系、抽象与具体、历史与逻辑、概念的辩证本性、判断的分类、归纳与演绎、认识中的有限与无限、相对与绝对，以及假说在科学发展中的作用等问题，对这些问题都作了精辟的论述。他在提出物质运动形式的辩证关系，论述辩证唯物主义的运动观的同时，还对自然科学的分类原则作了阐明。以上这些问题，是《自然辩证法》一书中最基本的内容，也是"自然辩证法"这个学科的核心部分。目前我国高等学校的自然辩证法教材中的自然观、科学观和科学方法论，大体上是根据恩格斯在书中所阐明的基本内容来编写的。

（二）自然科学各门学科中的辩证内容，也就是书中的第 7 部分。

恩格斯在这里阐明了数学、天文学、力学、物理学、化学和生物学中的辩证法问题，批判了存在于这些学科领域中的错误的哲学观点。

（三）从自然界到社会的飞跃，就是指《劳动在从猿到人的转变中的作用》这篇著名论文，是书中的第 8 部分。

恩格斯在这一篇论文中，论证了劳动在从猿到人转变过程中所起的决定性作用。通过劳动这个中介环节，实现了从自然界向人类社会的转化。因此，这篇论文起着把恩格斯的《自然辩证法》与马克思的《资本论》衔接起来的重要作用。

恩格斯的《自然辩证法》的写作时间最早的是1873年，最迟的是1886年，前后共用了13年。从那时起到今天，已经有一个多世纪的时间。由于这段时间内，自然科学有了飞速的发展，使得书中的某些材料和个别具体观点，显得陈旧、过时了。但以上所提到的基本观点并没有过时，而且对今天仍然有其指导意义。

认识这一点是十分重要的。现在，摆在我们面前更为重要的任务，是要根据现代科学技术的新成就，来丰富和发展马克思主义的自然辩证法。这里只能选择其要者简略阐述如下：

（一）自然辩证法所要研究的是自然界和自然科学发展的最一般的规律。就自然界这个概念而言，我们现在的理解比恩格斯当年已经丰富得多了。

我们现在讲的自然界，除了"天然自然"以外，还有"人化自然"和"人造自然"，甚至还可以包括"人工智能"。天然自然，又称第一自然，是指人类没有产生以前的整个物质世界，以及在人类产生后、但人类的影响所不及的地方。人化自然又称第二自然，是指天然物在人的影响下有所改变，但根本性质又未变的状况。一般的生物也会对环境产生影响，而人除了影响自然以外，还会改造自然，利用自然物制造出自然界本来没有的东西，如机器、建筑物、人造材料、人工运河等等。这些可称为人工自然，或社会自然，又叫第三自然。它们是人类有目的、有意识的产物，是人类的一种创造。在人工自然物中，有一种东西与众不同，它不像别的人工自然物那样，是为了直接满足人类的物质方面的需要，或是扩大人的体力劳动的效能，它能够模拟自然界发展的最高成果——人脑的部分功能，扩大人的脑力劳动的效能，这就是电子计算机。因此，有人把它从第三自然中分化出来，称之为第四自然。在这四种自然中，第一自然是基础，在它的基础上才有人类的产生，才有第二、第三自然。但是，对人类来说，直接相关的却是第二、第三自然。这一点，恩格斯讲得很明确：

> 我们的自然科学的最外面的界限，直到今天仍然是我们的宇宙，而

在我们的宇宙以外的无限多的宇宙,是我们认识自然界时所用不着的。……我们的整个公认的物理学、化学和生物学都是绝对地以地球为中心的,仅仅是为地球打算的。①

恩格斯在世时,还没有出现第四自然,但从社会发展的未来趋势来看,电子计算机在社会生产和生活的各个方面将发挥越来越大的作用,对此,我们要有足够的认识和估计。在未来的社会里,人类直接掌握的将主要是第四自然(电脑),并且通过它来控制和运用包括各种自动机器、机器人在内的第三自然,以作用于第一自然,同时也逐步改善作为人类所居住和活动的范围的第二自然,使之成为最优的生态环境。

(二)恩格斯在《自然辩证法》中曾经指出:

和我们相接触的整个自然界形成一个体系,即各种物体相互联系的总体,而我们在这里所理解的物体,是指所有的物质存在,从星球到原子……②

当时,科学上对微观物体只认识到分子、原子,对宏观天体只认识到太阳系、银河系。但是,恩格斯曾预言:

原子决不能看作简单的东西或一般来说已知的最小的实物粒子。③

他还把银河系称之为"我们的宇宙岛",并认为这种宇宙岛只是"无限的宇宙"中的一部分。事实证明了这些预见,现在,自然科学从微观来看,已深入到原子核、基本粒子、夸克等层次,并向亚夸克这个层次进军;从宏观来说,已超出银河系,扩展到星系团、超星系团、总星系。这样,呈现在我们面前的是一个多层次的物质系统。不仅非生命界的物质是如此,生命界的物质也是如此。如果从原子开始,我们可以看到如下的层次:原子→无机分子→有机分子→细胞结构和病毒→细胞→组织→器官→器官系统→有机体→

---

① 《自然辩证法》,人民出版社,1984年,第109页、第101页。
② 《自然辩证法》,人民出版社,1984年,第125页。
③ 《自然辩证法》,人民出版社,1984年,第161页。

种群→群落→生态系统→生物圈。总之，无论是无生命世界，还是生命世界，都是多层次的物质系统。自然界是以系统形式存在的，物质都是由要素按一定的结构组成的、具有特定功能的有机整体。自然界是一个由物质的不同层次构成的开放系统，对于其中的一个特定的系统来说，都有其产生、发展、消亡和转化的过程，处于永不停息的运动之中。这种对自然界存在的系统观，使得原来自然界中各种事物相互联系的观点更加具体、更为丰富了。

（三）恩格斯在《自然辩证法》中曾经根据自然科学的能量守恒与转化定律，进一步阐发了笛卡尔早就提出的关于运动不灭的原理。在论述这个原理时，恩格斯批判了"宇宙热寂论"并提出了热量重新聚集的问题。现代科学的发展使我们对这些获得了新的认识。

"宇宙热寂论"是克劳胥斯等人提出的，这个理论是从热力学第二定律中作了错误的推论而引申出来的。恩格斯正确地批判了"宇宙热寂论"，但却没有解决热力学第二定律与达尔文进化论之间的矛盾。热力学第二定律指出，一个封闭系统，随着时间的推移，总是要朝着"熵增加"（"熵"是标志一个系统有序或与无序的物理量）的方向发展，趋向于平衡和混乱，即从有序趋向无序。而达尔文的生物进化论却认为，生物进化的方向是从单细胞生物到人，发展的方向是从简单到复杂，从低级到高级，从无序到有序，刚好与之相反。这就产生了克劳胥斯与达尔文的矛盾、即物理学与生物学的矛盾。比利时布鲁塞尔学派领导人普利高津的"耗散结构"理论指出，一个开放系统只要通过从外界引入"负熵流"来抵消自身的熵的产生，可以从混沌无序状态，演化发展形成新的稳定有序结构，即"耗散结构"。一个复杂的开放系统，在一定条件下，既可以从有序走向无序，也可以从无序走向有序。这就解决了上述的矛盾。（这里附带说一句，普利高津本人也是不同意"宇宙热寂论"的。）

恩格斯在批判"宇宙热寂论"时还指出：

> 放射到宇宙空间中去的热一定有可能通过某种途径（指明这一途径，将是以后某个时候自然研究的课题）转变为另一种运动形式，在这种运动形式中，它能够重新集结和活动起来。[①]

[①] 《自然辩证法》，人民出版社，1984年，第22页。

现代天文学关于恒星起源和演化过程的研究告诉我们，恒星的整个演化过程，生动地表现了各种运动形态的相互转化：引力势能转化为热能，热能又提供了热核反应的条件，成为天体演化的主要能源。这种引力收缩使星云物质炽热起来的理论，充分证实了恩格斯上述论断的正确性，并且使之具体化了。

（四）恩格斯在《自然辩证法》以及《反杜林论》中，多次讲过物质、运动、时间、空间相互联系的观点，但在当时还只是哲学上的论断。自从本世纪初爱因斯坦相继提出"狭义相对论"和"广义相对论"以后，上述哲学论断就成了科学上的结论。相对论不仅指出了时间、空间、物质、运动四者之间的联系（"时间的膨胀"和"长度的收缩"），能量与质量的联系（$E=MC^2$），而且还论证了物质分布与空间结构的内在关系。这就彻底推翻了牛顿的"绝对空间"与"绝对时间"的形而上学，把辩证唯物主义的时空观放在科学的基础之上。

（五）如果说，在恩格斯所处的时代，考察物质的存在形式时离不开运动和时空的话，那么，今天我们在考察物质的存在形式时，除了运动和时空之外，还应当着重地谈一谈"信息"，因为它已成为可以同物质、运动并列的重要哲学范畴。

信息的实质是反映出来的事物的属性，是物质固有的一种特殊的运动形式。从内容上看，它是一种事物的属性在另一种事物上的再现；从表现上看，作为反映的形态，它必须具有一定的物质负荷体，一定的结构和一定的能量。

信息普遍地存在于非生命世界和生命世界。19世纪末、20世纪初，玻尔兹曼把熵函数引入统计物理学，第一次把熵和信息联系起来，把熵作为一个物理系统信息不足的量度。申农在他的信息量的数学公式中，借用热力学中的熵概念来表示信源自身的信息量，他的信息量计算公式与热力学的熵公式完全相同，只是公式前多了一个负号。这意味着，信息量实质上就是负熵，它的作用正在于提高系统的有序性和结构水平，系统所含的信息量越大，系统本身的结构也就越复杂，等级也就越高。从这个意义上说，物质世界的进化过程，既是一个减熵的过程，也是信息集聚的过程。信息形态的发展与物质形态的发展有着同步的关系。

物质形态的发展是从无机界到生命界、再到人类社会；与此相对应，信息形态也从无机信息（无意识反映，只有信息的接收、传递和贮存而无信息的加工与制造)到生物信息(生物利用信息以趋利避害,能加工和制造信息,用第一信号系统作为载体,信息成为生物生存的必不可少的条件),再到人类信息(有意识反映,具有各种复杂的信息编码与加工的能力,用第二信号系统的语言和文字作为载体,信息成为社会进化的动力和标志之一)。随着电子计算机和人工智能的出现,信息成为一种最重要的战略资源,以至于有些西方学者把未来社会,直接称之为"信息社会"。

唯物辩证法把对立统一规律作为三大基本规律之一,认为它揭示了事物的内在动力和源泉。但是,这个规律并没有指出在"向上发展"和"向下退化"这两种截然相反的过程中,矛盾运动有什么本质的区别。既然信息形态发展与物质形态的发展存在着同步关系,那么,把信息的传递同物质的交换,能量的转移联系起来考察,对于具体说明物质向上发展的机制与动力,有着极为重要的意义。这也是对辩证法基本规律的丰富与发展。

(六)恩格斯在《自然辩证法》中,把自然界的物质运动形式归纳为机械运动、物理运动、化学运动、生物运动四种,并把运动形式的区别作为自然科学分类的客观根据。他针对物理学家和化学家都不重视电化学问题的研究,明确地提出了边缘科学的发展问题。他说:

> 在分子科学和原子科学的接触点上,双方都宣称无能为力,但是恰恰就在这个地方可以期望取得最大的成果。[①]

恩格斯的这个预言,已被现代科学技术的发展所证实。现代科学技术的发展,一方面是高度分化,学科越来越多;另一方面又高度综合,出现了整体化的趋势。在 19 世纪末和 20 世纪初以来,在物理、化学和生物这些以研究某种运动形式为对象的,比较接近的学科之间,就出现了一些边缘科学,如物理化学、生物物理学、生物化学、量子化学等等。20 世纪 40 年代以来,相继出现了一些不是专门研究某个特定的运动形式,而是研究一切运动形式中共同的属性的"横断科学"或"横向科学",如控制论、信息论、系统论等。这些横断科学的出现,是同各种不同学科之间知识的移植和概念、方法的交流分不开的。此外,还出现了一批以研究某一特定整体性问题为对象的、涉及许多学科的所谓整体性科学,如环境科学、能源科学、科学学、管

[①] 《自然辩证法》,人民出版社,1984 年,第 273 页。

理科学等等。这类科学的综合性质，就更为明显了。但是，各门科学之间综合化和相互渗透的倾向，最为重要的莫过于自然科学与社会科学的相互结合了。

关于自然科学与社会科学的相互渗透问题，马克思早有预测。他在《1844年经济学哲学手稿》中说：

> 自然科学往后将包括关于人的科学，正象关于人的科学包括自然科学一样：这将是一门科学。①

到20世纪，在现代科学技术革命的有力推动下，马克思的预测正在变为现实。科学技术革命逐渐把社会科学也纳入了自己的轨道，并对社会科学产生越来越明显的影响。当今之世，任何一个重大社会问题的研究和解决，都不能离开自然科学；反之，自然科学的发展也越来越需要社会科学的帮助。现在，自然科学和社会科学正在同时渗入技术科学之中，使技术科学成为这两大科学门类之间的联结点。认识到这一点，也就不难理解：当前世界新的技术革命的到来，为什么不但为自然科学家，同时也为社会科学家所高度重视。恩格斯在《自然辩证法》中曾经说过：

> 正如今天的自然科学家，不论自己愿意与否，都不可抗拒地被迫注意理论的一般结论一样，每个研究理论问题的人，也同样不可抗拒地被迫接受近代自然科学的成果。在这里发生某种的相互补偿。②

这种"相互补偿"使得自然科学家、社会科学家、哲学家之间建立广泛的战斗联盟，不仅是必要的，而且也是可能的。

（七）在自然科学与社会科学的相互渗透过程中，数学起着重要的作用。恩格斯在《自然辩证法》中讲到数学的应用时曾经这样说：

> 数学的应用：在刚体力学中是绝对的，在气体力学中是近似的，在液体力学中已经比较困难了——在物理学中多半是尝试性和相对的——

---

① 《马克思恩格斯全集》第42卷，人民出版社，1979年，第128页。
② 《自然辩证法》，人民出版社，1984年，第45页。

在化学中是具有最简单本性的简单一次方程式——在生物学中 $=0$。[①]

长期以来，数学学科的发展，主要受自然科学的推动，它的方法也更多地应用于自然科学领域。恩格斯的这段话，反映了19世纪时数学在自然科学各学科应用的情况。但最近几十年来，情况有了很大的变化。数学各学科的发展，特别是电子计算机的出现和广泛应用，使得数学方法和定量化的研究，不仅广泛地应用于自然科学的各个领域，而且也越来越多地渗透到社会科学中去。这里我们且不说在被恩格斯认为数学的应用=0的生物学中，由于生物学本身的发展，分子生物学的建立，数学方法所得到的应用。就是在社会科学中，数学的应用也日益增多。数学不仅在经济学、历史学、语言学、社会学和历史学的研究中成了有力的工具，而且在像文学、艺术这样以形象思维为主要特征的学科中，也扮演着不可忽视的角色。最后，甚至连哲学这样高度抽象的学科，人们也在探讨它是否能够数学化的问题。数学在自然科学和社会科学中的广泛应用，不但使它自身得到了发展，同时也有力地促进了自然科学和社会科学之间的相互渗透。

（八）恩格斯在《自然辩证法》中，从认识论和辩证逻辑的高度，论述了科学研究方法的历史发展和各种方法之间的内在联系。而系统论、信息论、控制论的出现，又为科学研究方法论的领域增添了新的东西。

从19世纪末、20世纪初开始的现代科学，它的特点是在分析的基础上强调综合，并且注重分析与综合、归纳与演绎、专与博、经验与理论、逻辑与直觉等的辩证统一。特别是在本世纪40年代以来，由于电子计算机及其他科学技术领域的重大成就，信息在社会物质生产和人类生活中的地位和作用日益显著，社会的各个部分相互贯通、相互渗透、相互作用、相互融合，构成了一个统一的、综合的有机整体。这种客观情况不能不带来科学研究方法的根本性变化，即在总体上从"分析的时代"转入"综合的时代"。而系统论、信息论、控制论的方法，是最能体现这个时代思维特点的科学研究方法。

现在我们所面临的自然科学或社会科学的重大问题，大多是多因素的、动态的、复杂系统的问题。为了解决这些问题，不仅要认识单个事物，而且要研究复杂的系统；不仅要搞清事物之间的纵向联系，而且要揭

[①] 《自然辩证法》，人民出版社，1984年，第172页。

示事物之间的横向联系。这样，以往行之有效的那种处理单因素、静态、简单系统的分析就显得不够用了，必须代之以注重从整体上研究事物的结构、功能、关系和信息反馈的综合方法。系统论、信息论、控制论方法的实质，就在于它运用新的综合的概念（系统、信息、反馈等）和现代化手段（电子计算机等）来研究自然或人工构成的巨大机体，以便从整体上最优地加以解决。因此，它既不同于近代的分析方法，也不同于古代的那种笼统的、模糊整体的方法，而是一种建立在现代科学技术成就基础上，符合于辩证综合思维的崭新的科学方法。它的出现对于自然科学的研究，固然是非常有效的新式工具，对于社会科学研究，也必将产生越来越大的影响。

（九）现代科学技术的发展和电子计算机的广泛应用，不仅促进了物质资料的生产，而且也加快了知识的增长速度。

恩格斯在《自然辩证法》中说，自从哥白尼提出太阳中心说使得自然科学从神学中解放出来以后，"科学的发展从此便大踏步地前进，而且得到了一种力量，这种力量可以说是与其出发点起的（时间的）距离的平方成正比的"。[①] 恩格斯在这里实际上提出了科学知识加速发展的客观规律。

现代科学技术的发展，证实了恩格斯的上述预测。据英国科学家詹姆斯·马丁的推算，人类的科学知识在19世纪是每50年增加一倍，20世纪中叶每10年增加一倍，70年代每5年增加一倍。目前，有的专家估计是每3年增加一倍。另据联合国教科文组织国际教育委员会编著的《学会生存》一书指出，全部科学知识四分之三，是在20世纪50年代以后发现的。这些推算是否准确姑且不论，但知识增长越来越快的趋势，却是没有疑问的。因而，西方一些人士认为，现在已经到了"信息爆炸"或"知识爆炸"的时代。

面对这种形势，智力开发的问题突出地、尖锐地提到了人们面前。为了适应这个形势，人们不仅要学习知识，更重要的提高能力；不仅要重视开发人类的智能，而且要重视开发人工智能；不仅要在专与博的方面不断地积累有用的知识，注重调整知识结构，尤其是掌握如何学习的方法。

（十）研究自然科学，认识自然界发展的规律，归根到底是为了更好地改造自然。在科学技术高度发展的今天，如何正确解决人与自然的关系，是

[①]《自然辩证法》，人民出版社，1984年，第8页。

个带有全局性的问题。

恩格斯早就指出：

> 我们不要过分陶醉于我们人类对自然界的胜利，自然界都对我们进行报复。每一次胜利，在第一线确实取得了我们预期的结果，但是在第二线和第三线却有了完全不同的、出乎预料的影响，它常常把第一个结果重新消除。①

事实正是如此。例如，工业生产中排放的大量二氧化硫，氮氧化合物造成了被称之为"空中死神"的酸雨；各种金属元素排放入大气、土壤和水流中，破坏了原有的人体微量元素丰度和地球环境元素丰度的平衡，从而严重地威胁着人类的健康；大量含碳的化石燃料的使用，森林的规模破坏等，增加了大气中的二氧化碳的含量，促使地球平均温度升高；等等。面对这种污染环境，破坏生态平衡的严重情况。恩格斯指出：

> 我们必须在每一步都记住：我们统治自然界，决不象征服者统治异民族那样，决不同于站在自然界以外的某一个人，——相反，我们连同肉、血和脑都是属于自然界并存在于其中的；我们对自然界的全部支配力量就是我们比其他一切生物强，能够认识和正确运用自然规律。②

为此，人类必须致力于掌握自然发展规律，正确估计自己行为的后果，协调人与自然的矛盾，以积极的态度不断创造条件建立新的生态平衡，使自然能造福于人类。既然人对自然界的改造必须在社会里进行，那么，要真正解决人与自然的矛盾，就不能离开社会关系方面的改造。恩格斯把能否"有意识地自己创造自己的历史"，作为人是否"离开狭义的动物"的根本标志，指出

> 只有一个在其中有计划地进行生产和分配的自觉的社会生产组织，才能在社会关系方面把人从其余的动物中提升出来，正象一般生产曾经

---

① 《自然辩证法》，人民出版社，1984年，第304—305页。
② 《自然辩证法》，人民出版社，1984年，第305页。

在物种关系方面把人从其余的动物中提升出来一样。[①]

这里讲的"有计划地进行生产和分配的自觉的社会生产组织",就是共产主义社会。换句话说,只有到了共产主义社会,人们才能成为社会的主人;而只有成为社会的主人,人才能成为自然界的主人,才能达到人与自然矛盾的真正解决。

以上我们从自然观、科学技术发展规律和科学研究方法等几个方面,考察了恩格斯写作《自然辩证法》以来,现代科学技术对自然辩证法基本原理的丰富和发展。至于各门自然科学中新成就,对于丰富和发展自然辩证法的规律和范畴的重大意义,因限于篇幅,就不再逐一论述了。

(原载《福建师范大学学报》1986年第1期,
收入本书时有所增订)

[①]《自然辩证法》,人民出版社,1984年,第19页。

参考文献

[1] 马克思、恩格斯：《德意志意识形态》，《马克思恩格斯全集》，第 3 卷，人民出版社（1960）。

[2] 马克思：《1844 年经济学哲学手稿》，《马克思恩格斯全集》，第 42 卷，人民出版社（1979）。

[3] 马克思：《机器。自然力和科学的应用》，人民出版社（1978）。

[4] 恩格斯：《反杜林论》，《马克思恩格斯选集》，第 3 卷，人民出版社（1972）。

[5] 恩格斯：《费尔巴哈和德国古典哲学的终结》，《马克思恩格斯选集》，第 4 卷，人民出版社（1972）。

[6] 列宁：《唯物主义和经验批判主义》，《列宁选集》，第 2 卷，人民出版社（1972）。

[7] 列宁：《论战斗唯物主义的意义》，《列宁选集》，第 4 卷，人民出版社（1972）。

[8] 《中国大百科全书（哲学）》，该书编辑委员会，中国大百科全书出版社（1987）。

[9] 《自然辩证法百科全书》，该书编辑委员会，中国大百科全书出版社（1995）。

[10] W. C. 丹皮尔：《科学史》，商务印书馆（1975）。

[11] J. D. 贝尔纳：《历史上的科学》，科学出版社（1959）。

[12] 钱三强等：《科学技术发展的简况》，知识出版社（1980）。

[13] 潘永祥主编《自然科学发展简史》，北京大学出版社（1984）。
[14] 林可济：《科技与文明》，福建教育出版社（1988）。
[15] 全增嘏主编《西方哲学史》（上、下册），上海人民出版社（1983、1985）。
[16] 梁志学：《论黑格尔的自然哲学》，上海人民出版社（1986）。
[17] 林可济：《中西哲学源流》，福建教育出版社（1995）。
[18] 勃·凯德洛夫：《论恩格斯〈自然辩证法〉》，三联书店（1980）。
[19] 杜镇远等：《哲学与科学——现代自然科学唯物主义引论》，山西人民出版社（1991）。
[20] 龚育之：《自然辩证法在中国》，北京大学出版社（1996）。
[21] 查汝强：《论马克思主义自然哲学》（争鸣集），北京大学出版社（1991）。
[22] 黄顺基等主编《自然辩证法发展史》，中国人民大学出版社（1988）。
[23] 《爱因斯坦文集》，第1—3卷，商务印书馆（1976、1977、1979）。
[24] 《N. 玻尔文集》，第1卷，商务印书馆（1986）。
[25] W. 海森堡：《物理学与哲学》，科学出版社（1974）。
[26] E. 薛定谔：《生命是什么》，上海人民出版社（1973）。
[27] J. 莫诺：《偶然性和必然性》，上海人民出版社（1978）。
[28] N. 维纳：《控制论》，科学出版社（1963）。
[29] I. 普利戈金：《从存在到演化》，上海科技出版社（1986）。
[30] I. 普利戈金、I. 斯唐热：《从混沌到有序》，上海译文出版社（1987）。
[31] K. 波普尔：《猜想与反驳》，上海译文出版社（1986）。
[32] T. S. 库恩：《科学革命的结构》，上海科学技术出版社（1980）。

图书在版编目(CIP)数据

《自然辩证法》研究/林可济著.—北京:社会科学文献出版社,2013.6
(马克思主义理论与现实研究文库)
ISBN 978-7-5097-4682-0

Ⅰ.①自… Ⅱ.①林… Ⅲ.①《自然辩证法》-恩格斯著作研究 Ⅳ.①A811.24

中国版本图书馆 CIP 数据核字(2013)第 114178 号

・马克思主义理论与现实研究文库・
《自然辩证法》研究

著　者 / 林可济

出 版 人 / 谢寿光
出 版 者 / 社会科学文献出版社
地　　址 / 北京市西城区北三环中路甲 29 号院 3 号楼华龙大厦
邮政编码 / 100029

责任部门 / 社会政法分社 (010) 59367156　　责任编辑 / 郑茵中
电子信箱 / shekebu@ ssap. cn　　　　　　　　责任校对 / 季武西　邓　敏
项目统筹 / 王　绯　　　　　　　　　　　　　责任印制 / 岳　阳
经　　销 / 社会科学文献出版社市场营销中心 (010) 59367081　59367089
读者服务 / 读者服务中心 (010) 59367028

印　装 / 三河市尚艺印装有限公司
开　本 / 787mm×1092mm　1/16　　　印　张 / 17.25
版　次 / 2013 年 6 月第 1 版　　　　　字　数 / 287 千字
印　次 / 2013 年 6 月第 1 次印刷
书　号 / ISBN 978-7-5097-4682-0
定　价 / 68.00 元

本书如有破损、缺页、装订错误,请与本社读者服务中心联系更换
版权所有　翻印必究